爸爸是孩子最好的榜样

冠诚◎编著

天津科学技术出版社

图书在版编目（ＣＩＰ）数据

爸爸是孩子最好的榜样 / 冠诚编著. —天津：天津科学
技术出版社，2009.5
ISBN 978-7-5308-5158-6

Ⅰ. 爸… Ⅱ. 冠… Ⅲ. 家庭教育 Ⅳ. G78

中国版本图书馆 CIP 数据核字（2009）第 066331 号

责任编辑：范朝辉　陈震维

责任印制：王　莹

天津科学技术出版社出版

出版人：胡振泰

天津市西康路 35 号　邮编 300051

电话：(022)23332390(编辑室)　23332393(发行部)

网址：www.tjkjcbs.com.cn

新华书店经销

中青印刷厂印刷

开本 787×1092　1/16　印张 16.5　字数 170 000

2009 年 6 月第 1 版第 1 次印刷

定价：28.00 元

前　言

　　父亲是家庭关系中不可或缺的重要一员，更在孩子的成长教育中扮演了关键角色。以往的有关调查显示，缺乏父爱或单亲家庭中出来的孩子多少存在一定程度的性格障碍，在与人交往、独立工作甚至判断决策方面都容易出现不健康倾向，如独断专行、偏激极端、冲动易怒等，这一度成为社会热点话题。而不久前的一份调查结果暴露出了新的问题，即健全家庭中的孩子也往往存在父教缺失的情况。参加调查的人有 60.7% 认为现在的孩子缺乏父教，这是由多种原因造成的。随之浮出水面的我国家庭教育现状，即孩子缺乏父教，父亲对孩子缺少必要的关注和正确引导，这已成为当前和今后教育子女中不可忽视的重要环节。

　　相较于母亲对孩子内心情感的影响来说，父亲对孩子的影响更多体现在人格、逻辑思维等方面。一旦缺乏父教，孩子的性格成长、心理建设、决策意识以及遇事时的思考反应都容易走入偏轨，进而在今后的学习、工作、生活以及重要转折关头无法做出正确的选择。因此在如今父教缺乏的情况下，许多人都说现在的孩子缺乏应有的责任和勇气，经常显得缺乏主见、优柔寡断、胆小软弱等，具有明显的女性特征。

　　调查结果显示，造成这种现象的主要原因是如今生活压力巨大，父亲主要负责赚钱，难以兼顾孩子的教育；以及男性本身的职业压力更为明显，无暇顾及其他；同时大多数人表示，父教缺失是教育观念失衡以及整个社会忽视男性教育的结果，即在忽略父爱教育的大环境影响下，所导致的个体家庭问题。

　　父教缺失已经成为如今家庭教育中凸显的严重问题，为人父者应尽快意识到自己在孩子成长中所承担的教育责任。专家指出，父亲会给孩子权威感、纪律感以及约束感，而母亲在这些方面对孩子的影响相对较小。对于父亲在孩子成长过程中对其的影响，参与调查中，85.3%的人表示能"让孩子勇敢，有魄力和勇于承担责任"；80.7%的人认为利于使孩子建立健全的人格和健康的心理；53.8%的人认为父亲会让男孩子成为一个真正的男子汉；44.1%的人认为会让女孩更具有自立精神。同时，46.6%的人认为父亲在孩子人格培养上的作用比母亲更大。而在对于父亲应该怎样教育孩子的选择中，排在首位的是"以身作则，言行处处做表率"，有79.5%的人选择此项。由此可见，父亲对孩子的影响更多来自于言传身教和以身作则，所以，父亲在孩子的成长中更多的扮演了一个"榜样"角色，父亲应充分利用榜样的作用，利用孩子会对父亲的言行举止进行模仿、学习的特点，对孩子的人格、心理、行为等进行正确的潜移默化和影响引导。

　　爸爸是孩子最好的榜样，在孩子的成长中担当了引导、熏陶、陪伴、结交、沟通等重要的教育使命，认识到这点，给予孩子充分必要的精神营养和人格熏陶，会让你的孩子将来更优秀。本书向爸爸们讲述了如何担当起家庭教育的责任，作一位称职的父亲，从而培养出身心健康、出色优异的孩子。

目　录

1

爸爸在孩子生命中的角色

爸爸是不会倒塌的家庭顶梁柱

慈母严父，父爱如山。在一个家庭里，爸爸是顶梁柱，是整个家庭的支柱，对妈妈与孩子来说，是一种责任，一个精神支柱，一种依靠，要给予妈妈和孩子无尽的安全感。把深爱如山的父爱给予孩子，让孩子感到爸爸是坚强有力的家庭顶梁柱。

爸爸在家庭教育中是关键。作为男性，爸爸更多地提供给孩子成长的主干，母亲的细心则提供了枝叶与养分。只有粗细结合，孩子这棵树苗才会长得主干挺拔，同时又枝繁叶茂。

爸爸在孩子眼中是力量的象征。但这种力量，不应仅仅狭义地体现在为家庭提供物质保障上，更应体现在家庭的精神支柱上。他具有协调家庭、关心培养孩子、热情教育孩子，使孩子深深感应到父爱之神圣、父爱之伟大、父爱之温暖，认识到只有在充满父爱的家庭中，才会真正感受到生活之完善，情感之平衡。

在一个家庭中，爸爸就是妈妈与孩子的精神支柱。他给予这个家庭的爱是深沉的。作为家庭的顶梁柱，就要对家庭中的每一个成员都有所了解，了解孩子的妈妈现在到底有哪些担心与不安，孩子到底有哪些需求或不满，母子的关系如何，等等。必须要正确地掌握这些状况，给妻子以有力的支持，为孩子解除成长的困惑，营造一种乐观向上的家庭气氛。

身为一家之主，爸爸必须要了解妈妈的立场。养育孩子非常艰辛，并不是孩子上了学，妈妈的负担就减轻了。如果孩子不愿意上学、成绩一直上不去等，需要操心的事情还很多。在精神上，妈妈的负担也很重。她需要你的关怀与体谅，需要你在精神上给予她有力的支撑。孩子生存于压力较多的社会中，会受到他人"做得好、做得不好"的评价，需要不断适应，同样也需要从你这里找到谅解与支持。让家中每个人都拥有心理的自由，这是成为精神领导者的爸爸的责任之一，必须靠爸爸自己多加努力才能做到。当孩子与妻子向你诉说心里话时，他们无疑在认为你是他们的指引者

和领路人。

爸爸作为家庭的顶梁柱，对孩子来说既是严师又是慈父，对孩子既要关心疼爱又要同朋友一般平等地交流相处。爸爸可以通过对妈妈的爱与关心来间接地影响孩子，也可以从与孩子的直接交往中发展与孩子的亲密关系，指导孩子的成长，成为孩子成长过程中一个称职的男性引路人。

越来越多的研究表明，爸爸的教养态度以及教养方式对孩子个性、学习成绩、性别角色的形成等有着举足轻重的作用。若爸爸在孩子成长的过程中缺席，对妈妈和孩子来说就会有很大的影响。诸如，妈妈心力交瘁；孩子智力发展缓慢；孩子学业成就较低；孩子缺乏应有的自信；影响夫妻关系和孩子未来的婚姻；男孩子很难建立起父子的认同，所以长大后在成为负责任的爸爸上会有障碍。

作为家庭顶梁柱的爸爸，要多花一些时间与孩子在一起。多参与孩子的活动，与孩子一起玩玩泥沙，带孩子踢踢球、爬爬山、放放风筝，既锻炼了孩子的体力，又能培养孩子积极向上的性格，同时也让孩子体验到爸爸的慈爱。多了解孩子的内心世界，不同年龄段的孩子，拥有各不相同的心理世界。关爱孩子的内心，满足孩子的心理需求，这比给孩子物质上的满足更为宝贵。

鼓励孩子积极探索周围世界。一种鼓励式的态度或教养方式，有时比爸爸与孩子在一起的时间多少更为重要。通过言传身教，鼓励孩子多参与户外活动和动手实践，加强与同伴的竞争与合作，从而培养孩子的果敢性、责任感和合作意识。

作为家庭顶梁柱的爸爸，要和妈妈共同分担教育职责，要亲力亲为。对于亲子关系，哲学家纪伯伦说得好："你的孩子并非你的孩子。他们经由你而来，却不是你创造的。跟随你却不属于你。你是弓的话，你的孩子就是弦上射出的飞箭。"好的亲子关系胜过好的教育！爸爸必须意识到你对孩子的重要性，对孩子负起当爸爸应有的责任。

爸爸是家庭的顶梁柱，有了你，家庭才能按照正常的程序运转下去。爸爸是孩子学习的榜样，要在自己擅长的方面做一些表率，也是对一个家庭的责任，所以要有责任心和责任感。作为家庭顶梁柱的爸爸是最关心孩子和妈妈的人！是给孩子指导方向的人！让孩子感觉到你是个不会倒塌的家庭顶梁柱，为孩子撑起一片父爱的天空，孩子才会安全幸福地成长！

在男孩眼中，以后要当个爸爸那样的男人

男孩和女孩是不同的。在婴儿期和学步期，男孩沐浴在妈妈女性的温柔怀抱中。那时父爱是重要的，但母爱是首要的。但是，再过3～5年，男孩便开始故意和妈妈拉开距离，而努力去建立一种男性身份。在爸爸角色缺失的情况下，男孩的损失要大于女孩。很多社会学家认为，男孩如果大部分的时间和妈妈在一起，长大以后就不知道该怎样做男人。如果不知道怎样做男人，就会越来越像个长不大的孩子。父爱是高山，母爱如大海。爸爸要用自己的行动告诉儿子，什么是真正的男子汉。

研究发现，男孩在他成长中寻找爸爸榜样的作用比起说教、责骂、惩罚、收买和哄骗等做法要有效得多。男孩往往会专注爸爸的一举一动，注意他们的行为和价值观的每一个微小的差异。如果爸爸经常在家发火、侮辱妻子，儿子就会对妈妈和其他女性采取同样的不尊重态度；如果爸爸经常喝酒过多，儿子也可能会染上酗酒等恶习。如果爸爸是诚实可信、关爱他人、严谨自律，并能用心经营自己家庭的男人，那么男孩也会受到这些品质的影响，将来更有可能成为一个对社会、对家庭负责的男人。因此，做爸爸的必须为你的小男子汉做出榜样，这将有利于培养男孩的人格魅力和自主能力，使你的小男子汉更好地适应现实世界和未来社会。

在男人参与抚养和教育孩子的过程中，做到完美虽然不易，但是要成为一个好爸爸，只要努力，就一定能做到。

有一个人非常喜欢喝酒，每天下班后，他都要到附近的酒馆喝几杯，经常喝到半夜才醉醺醺地回家。有一天，天空下起鹅毛大雪，积雪把路铺了厚厚的一层。下班后，他和往常一样向酒馆走去，走着走着，他听到后面发出奇怪的声音。他回头一看，原来是放学的儿子。儿子正顺着父亲的脚印走过来，他的小脸因为兴奋而涨得通红："爸爸你看，我正在踩着你的脚印呢！这多有趣！"儿子的话让父亲心头一震。他立刻意识到："如果我去酒

馆，儿子顺着我的路走，也会找到酒馆的。"父亲马上改变了行走的路线，向家的方向走去。从那以后，他改掉了喝酒的习惯，再也没去过酒馆。

在男孩的人格发展过程中，超我和自我意识的发展是通过对爸爸榜样作用的模仿来实现的。对于男孩来说，榜样作用就是通过克服恋母情结，度过人格成长的危机，继而追随效仿爸爸，以期将来也成为像爸爸那样的人。

爸爸们可能没有意识到，你的儿子就像一个永不停息的小雷达，正在专注地观察你的一举一动，并模仿各种被你忽略的琐碎细节。身教重于言传，爸爸的每一个眼神、每一句话、每一个举动都会被孩子收入囊中。如果爸爸自己行为不正，又怎么能要求孩子行为不出差错？丰子恺曾说："孩子的心灵是最纯洁的，他们是身心全部公开的人，好的教育和坏的教育都很容易被接受。父亲是孩子们的第一任老师，因此，父亲对孩子们的影响是至关重要的。"

一个刚刚读小学一年级的男孩，常常有意识地模仿爸爸的男性风格特点。在一家人乘车外出时，男孩经常会热情地招呼爸爸："爸爸，快来，我们男的坐前排，女的坐后排。"事例中，这个男孩就是想让别人知道：他是像爸爸一样的一个"家伙"。这就是他在刻意地模仿爸爸的动作行为和男性风格。

教育孩子的实质在于教育自己，而自我教育则是父母影响孩子最有力的方法。要想把儿子培养成合格的小男子汉，作为爸爸，首先就要成为一个顶天立地的人。爸爸在儿子榜样作用中的突出地位不可小觑。因此，爸爸应该意识到，自己就是男孩的摹版，如果希望"复制"出让人满意的效果，就要把自己刻画得精细些。

作为爸爸，你需要以身作则，为男孩做出人生的榜样；你还需要在潜移默化间，将男子汉的气概传输给你的男孩。

作为爸爸，你在生活中努力扮演着榜样的角色，同时，你还希望自己的儿子能像那些优秀的成功人士一样，具备一切优秀的品质：诚实、乐观、积极向上、有头脑、有能力。但是，你的这些希望并不是很轻易就能够实现的。对于爸爸而言，言传身教不仅是一种责任，更是最适合男孩的教育手段。要知道，男孩是尚在接受培训的男人，他出于本能的行为习惯需要爸爸的循循善诱。同时，与男孩交流，用语言把调皮、不懂事的男孩教育好，也是一门深奥的艺术。

在女孩心中，以后要嫁个爸爸那样的男人

人们通常认为女儿经常跟着妈妈，她的性格形成自然受妈妈的影响更大，甚至生活习惯也以妈妈为榜样，其实不然。爸爸对女儿性格的形成往往有更大的影响。一般来说，女儿在内心会相当爱爸爸的。爸爸的举止言行，是她模仿的对象。一个好爸爸在女儿的自尊感、身份感及温和个性形成的过程中，扮演着重要的角色。让一个女孩在很小年龄即开始认识爸爸的一些性格，亲近爸爸，让她知道这一切都是对的，她不必一切都像妈妈，这对她个性的发展很重要。

爸爸奠定了女儿心目中最初的男性形象，是女儿生命中出现的第一位男性，她对男性的最初印象都源于爸爸，不管这最初的印象是好是坏。如果爸爸给予女儿的是积极的影响，女儿会感受到爸爸的责任、坚强，这样爸爸既可以成为女儿的榜样，也可以帮助女儿明白她作为女性和男性不同的家庭位置。

女孩的恋父情结很普遍。好多女孩希望嫁一个像爸爸那样的男人！对于养育女孩的家庭来说，为了培养女儿良好的男性观，爸爸应该成为她的偶像。女孩子男性观的形成，在很大程度上受自己爸爸的影响。具有正确男性观的女孩，会选择与这个男性观相应的男子作为结婚的对象。

作为男性角色的榜样，做爸爸的要传授女儿生活上重要的经验与教训。一个有影响力的爸爸无形中给了女儿一个未来丈夫的模范榜样，替她订出一个判断未来夫婿的标准。

尽管妈妈在生活层面上更多地影响了女儿，爸爸却会对女儿的性格和一生的幸福有着至关重要的影响。女儿似乎永远是爸爸心中最柔情的那个角落，即使再严肃的男人在女儿面前也会温情万种，因此，爸爸对女儿来说永远是个特别的角色，对女儿未来生活有着不可估量的影响。如果女儿

对爸爸的印象不好，或者爸爸在生活中忽视了她的存在，她就会在将来择偶时，设法取代心中的爸爸形象。

爸爸往往是家庭中最忙碌的角色，但是再忙也应拿出一定的时间陪伴在女儿身边。爸爸更容易给女儿带来安全感，这在她的成长中是必需的。女儿如果从小缺乏这种安全感，在她将来的人际关系中就会不断地去寻找"爸爸"，这会导致心理障碍。

女孩多渴求得到爸爸的疼爱，从情感潜意识上更偏向爸爸，对爸爸的依赖性和爱戴心理更强。这是因为她能够从父爱当中得到异性的安全感和特有的保护性心理。所以，我们往往发现，女孩对父爱的情感效应突出，表明她能从心灵深处理解和宽慰爸爸的感情和过失。而相应的，父爱更能使她得到一种崇高的精神慰藉。女孩在受到挫折或遇到困惑时，得到爸爸的关心、爱护，将是她人生莫大的安慰。

爸爸给予女儿的认可和赞同不同于妈妈所给予的。妈妈与女儿待在一起的时间较多，正因为如此，爸爸对事物的评论和反应对女儿的影响更大。因为爸爸的表达是通过一种完全不同的方式，并且次数很少。爸爸的积极介入有助于抑制女儿对妈妈的过度依赖。爸爸对女儿及其能力的信任会逐渐给她自立的信心，在女儿处在青春期的时候更是如此。因此，作为爸爸，千万不要吝惜在别人面前骄傲地介绍："瞧，这就是我的女儿！"

女性气质对一个女人是非常重要的。女性气质虽然是在人一生中不断塑造的，但女孩早期与爸爸的交往却会促进或阻碍这种气质的发展。如果爸爸欣赏女儿的女性气质，比如当女儿注视爸爸的时候，爸爸能够以微笑的眼神响应，如果女儿的新发型、新衣服或者新鞋子被爸爸赞赏，那么，她的女性特质都会备受鼓舞。女儿对性别的自我认识很大程度上受到了爸爸对她如何反应的影响。

爸爸应该关注女儿的异性交往，给女儿以正确的指导，这一点是妈妈无论如何也无法替代的。在女儿到了开始异性交往的阶段，爸爸一定要在这个过程中起积极主动的作用。很多爸爸觉得自己作为异性，不方便与女儿谈这样的话题，其实爸爸从异性的角度给女儿的建议以及如何处理异性交往中面对的问题，对女儿更有指导意义，这和妈妈从同性的角度来看待这个问题有着本质的区别。

对于"女儿大了，慢慢就会和爸爸疏远"的观点，教育心理学家表示并不同意。少女时期获得爸爸关怀与支持的女性，会有较好的感情与性心理发展，成人后处理与异性亲密关系的能力也较强。爸爸对女儿的感情、性心理与社会发展具有很大影响，女性是否能够坦然面对自己的性别，与她们感觉爸爸是否予以肯定和支持大有关系，内心认为爸爸越肯定她的女性性别，她处理性问题的能力就越好，反之亦然。爸爸让女儿感到威胁、疏远、不关心，会使女儿失去安全感，也会影响女儿的人格发展。爸爸也许会在身体接触上有意识地与长大的女儿拉开距离，但是，请注意，爸爸永远不应该在情感上与女儿拉开距离。他永远要让女儿感到他的认可和接受。

爸爸对孩子的早期语言影响更大

美国北卡罗来纳大学的专家调查了 92 个家庭，这些家庭的幼儿父母均有稳定的工作，孩子的年龄在 2~3 岁之间。调查的内容是确定这些幼儿所掌握的词汇有多少来自妈妈，多少来自爸爸。调查结果显示，虽然妈妈在日常生活中与孩子的交流多于爸爸，但幼儿通过模仿爸爸的话语而掌握的词汇更多。研究还显示，幼儿通过爸爸掌握的词汇越多，其语言能力发展得越快。美国专家认为，幼儿在最初学习语言时，能力十分有限，妈妈提供的词汇量大大超过了其模仿能力，从而导致孩子将模仿对象转向爸爸。不过专家表示，妈妈对 3 岁以上孩子学习语言起主导作用。

妈妈通常被认为在幼儿的语言培养过程中起到关键作用，然而一项研究表明，在幼儿最初获得语言能力的过程中，爸爸的作用比妈妈更大，这可能是因为妈妈说得太多了。

在双职工的家庭，爸爸对于孩子早期语言能力的发展作用相当重要。一项新的研究发现，当孩子两岁的时候，如果爸爸的词汇更丰富，变化更多，孩子将会在 3 岁的时候取得更好的语言能力。研究发现，妈妈的词汇对于儿童语言能力并没有什么重要的影响，爸爸的作用能够更好地预测孩子 3 岁时的语言能力。之所以出现这个差别，可能与父母对孩子不同的交

流习惯有关。比如，爸爸喜欢跟孩子玩游戏，而妈妈喜欢指导。

幼儿期是语言发展的一个非常重要和关键的时期。爸爸在孩子的语言发展中扮演着极为重要的角色。孩子的语言发展水平和爸爸与孩子相处的时间和相处的质量密切相关，其中尤以相处质量的作用最为重要。与孩子相处时，爸爸应当积极主动地和孩子互相交流。无论是共同进行运动活动，或是摆弄玩具的精细活动，互相应答的语言游戏等，都会为孩子带来新的经验，促进其语言的进一步发展。爸爸应利用闲暇时间，带孩子到公园、郊外、博物馆等场所，在乐享亲情的同时，也为孩子的动作、语言、认知与情绪发展带来新的机会。

爸爸必须丰富孩子的生活，为孩子创造良好的、宽松的谈话氛围；在日常谈话中、在家庭中，时刻注意发展孩子的语言表达能力。要根据孩子直观感知的特点，给孩子创设条件，让孩子们多看、多听、多说、多练。

要有计划地带领孩子直接观察，给孩子多创造条件。采用直观形象的方法，引起孩子学习的兴趣。图画读物是幼儿的精神食粮，是孩子喜爱的一种文学形式。它形象生动可爱，色彩鲜明美丽，深受幼儿喜爱。欲想发挥图书的作用，也需要爸爸做具体指导。孩子虽一个字都不认识，却能看出画中的内容，并能根据图画内容讲述，这样既丰富了孩子的知识，又发展了孩子的语言表达能力。

给孩子积极创设听的环境。可以是多种多样的，如给孩子听录音故事、听你讲故事。培养孩子良好的倾听习惯，要求孩子会听，听得懂，认真听，不打断别人的话，这也是文明习惯的一种表现。

在日常生活中，爸爸要利用与孩子接触的一切时机，进行交谈，在交谈中建立感情，使他无拘无束，愿意与你多交谈。当孩子用语不当时，爸爸应及时予以纠正。发展孩子语言表达能力的任务，主要是培养孩子正确的发音，吐字清楚，丰富幼儿词汇，并能正确运用。教会孩子按照汉语语法规则讲话。这些内容，都得在语言实践中学习、掌握。这就要让孩子多练习，重复地练习，逐渐地掌握。给孩子提供多练的机会，创造多练的环境。孩子的发音不准，爸爸要注意及时纠正、练习，就能使孩子掌握得快，说得好。孩子只有真正学会了说话，把自己的愿望用正确的语句表达出来，才能自由地和人交往。

爸爸还应注意培养幼儿多方面的兴趣，使他知道在浩瀚的大自然中，有许许多多还不清楚不知道的事情，启发孩子的求知欲望。引导孩子仔细观察，认真分析思索，扩大和加深对周围事物的认识和理解，发展孩子的语言表达能力。

孩子的性格主要源于爸爸

在许多家庭中，孩子往往都是由妈妈管教，做爸爸的很少过问孩子，或者经常在外，孩子由于很少接触爸爸，得不到爸爸更多的爱，使孩子缺乏父母亲两种影响的平衡，这对孩子是很不利的。孩子的性格形成，与父母个性影响有很大关系，而爸爸的影响力又比妈妈的大。

爸爸是孩子个性品质形成的重要源泉。一般来说，妈妈性格温柔、感情细腻、做事认真仔细，照顾孩子有其先天的优势，她们在日常生活中以女性特征来影响孩子。爸爸通常具有独立、自信、果断、坚强、敢于冒险、敢于克服困难、积极进取、开朗、宽容等个性品质，对孩子可起到示范作用，对男孩来说尤为重要。如果爸爸经常跟孩子在一起，孩子就会在日常生活中学习爸爸的这些行为方式与性格特点。心理学家麦克·文尼曾做过试验，一天与爸爸接触不少于 2 个小时的孩子，和那些一个星期与爸爸接触不到 6 个小时的孩子比，前者的人际关系更融洽，能从事的活动风格更开放，并具有进取精神或者冒险精神，更具有男子汉的气概。而孩子如果每天和爸爸相处的时间还不到 30 分钟，性格会更多地受妈妈的影响，显得娇气和软弱。

爸爸是孩子性格的锻造者。孩子后天性格的塑造在很大程度上依赖爸爸。在许多方面，由于没有爸爸的影响，男孩子长大后就缺乏男子汉的毅力、刚强和力量，而女孩子如果缺乏爸爸的影响，将很难树立一种潜意识里男性的理想形象。

在孩子性格形成的过程中，来自爸爸的教育对于健康性格的形成是十分重要的，特别是男孩子。爸爸相对伟岸与粗犷的形象会令他联想到男子气概，同时爸爸往往是勇敢、坚强等性格的主要塑造者。男孩子可以在爸

爸身上学到对社会的适应性，树立自豪感、权威感和责任感。

著名翻译家傅雷先生的为父之道颇值得借鉴。傅先生为人正直，对孩子的教育也如同对待工作一样一丝不苟。他的儿子傅敏在回忆父亲对他们的早期教育时认为，尽管父亲严厉得近乎不近人情，但"父亲的风范，大到为人治学，小到走路的姿势，我们从小都一点一滴地看在眼里，不知不觉地学着去做"。可见，爸爸的权威与影响力对孩子来说是自小就有的，对孩子的一生产生着深远的影响。

母爱可使孩子身体和情感得到健康的发展，父爱的功能则表现在教会孩子怎样应付和解决他遇到的各种人生问题等方面；母爱代表着人性和社会生活情感方面，父爱则往往象征着事业、思想、秩序、冒险和奋斗，代表的是理性方面，其主要表现在对孩子成就感的培养上。据有关机构调查表明，如果有一个好的爸爸，孩子在数学和阅读理解方面的能力就会比较高，在人际关系上会有安全感，自尊心也比较强，很容易与人相处。

爸爸在家庭教育中比妈妈更有计划性、目的性，知识面广，又兼具勇敢、独立、果断的个性品质。美国的一项研究成果表明，由男人带大的孩子智商更高，他们在学校易取得好成绩，在社会上更容易获得成功。但现阶段，我们中国的孩子从上幼儿园开始，受到的影响几乎全来自于女性。这种单一性，对孩子的正常发展会产生负面影响。因而在家庭教育中，爸爸的参与就显得尤为重要。

英国文学家哈伯特说："一个父亲胜过一百个校长。"作为孩子成长阶段接触最早、接触时间最长的成年男性，爸爸对孩子的影响，既是对母爱的一种强化、配合与补充，也是减少母爱负效应的一种巨大力量。只有把爸爸妈妈两种长处融合在一起的教育，才是一种较完善的教育，才能使孩子具有完整的性格，在个性上全面发展。

爸爸同孩子的关系越健全，孩子应付社会压力的能力也越大。一个孩子若有过和爸爸融洽而健康的相处经验，那么他在陌生的环境中就会显得自在而大方，反之，则变得紧张。对孩子而言,爸爸意味着安全和自信。

所以，身为爸爸，除了在外面忙，也应分出些时间给孩子。比如，休息时带着孩子去公园，骑骑车、划划船，做些体育锻炼或小的冒险。在家也可给孩子讲故事，教孩子唱歌、看书，为了培养适应时代发展、性格完整的孩子，当爸爸的要发挥自己的性格优势，不可忽视自己的教育作用。

爸爸让孩子勇于动脑勤于动手

· ·

　　年幼的孩子对世界处处感到新鲜，有强烈的好奇心、无穷无尽的求知欲，脑子中藏着无数个为什么，什么都想"拆开看看"，动手操作是幼儿学习、发展的重要途径之一，是幼儿动脑思考事物的具体表现，是智慧的火花，创造性的萌芽。"自己动手"是孩子成长历程中的一大跨越。人们常说"心灵手巧"，让孩子养成勤于动手的好习惯，是促使孩子智力开发的最佳途径。因为手与脑有着至关重要的联系，手的活动可以刺激大脑的中枢，令神经细胞功能得到迅速发展。同时，大脑的运动中枢调节手指的活动能力，神经中枢与手指活动反复的相互作用，有助于促进孩子大脑的发育，为孩子越来越聪明能干奠定了基础，能直接促进儿童的智力发展。

　　然而在日常生活中，有些爸爸对孩子的这种淘气和破坏行为进行打骂、呵斥。殊不知，这样不仅使孩子丧失了许多获得知识、接受教育的机会，影响了孩子的智力发展，还让孩子养成了处处依赖大人的不良习惯。孩子的好奇心是智慧闪现的火花，面对孩子的"捣蛋"，请放下你举起的手掌。要知道他灵巧的手指就是一把开启智慧之门的金钥匙。

　　前苏联一位教育家有句名言："儿童的智慧在他的手指尖上。"伟大的科学家爱因斯坦从小就是一个出了名的调皮鬼，家里的东西不知道被他那强烈的好奇心"糟蹋"了多少，但当时谁会想到，他那不安分的小指尖日后竟"捣鼓"出了多少惊世的发明。

　　当孩子出于好奇心拆坏玩具时，千万不要打骂、呵斥，而应该耐心地教给他拆和装的方法、技巧，同时引导孩子细心观察这些玩具，让他从小养成做事就要动脑筋、手脑并用的习惯，从而培养他的主动性和创造性。在为孩子买玩具时，选购一些可供儿童动手拼搭的建筑玩具，既满足孩子的好奇心理和动手愿望，又不至于造成太大的浪费。爸爸还可以利用无毒无害的废旧物品、自然材料教孩子自制玩具。可以与孩子一起制作风车、风筝等到户外去玩，让孩子体验创造的快乐。这些实践活动有利于发展孩

子的探索情趣，有利于培养合作意识和动手操作能力，能引发孩子学习的需要，有利于孩子对他所接触到的生活内容、周围的环境、眼中的世界认真观察、发现、探究感悟，形成自己的情感态度和认识，达到在做中悟、在做中学的目的。给孩子提供做的机会，提供动手实践、自主探索的机会，激发孩子创造的乐趣。知识可以靠今后的积累，如果孩子在幼儿时期与动手能力的培养失之交臂，将留下不可弥补的终生遗憾。

更有一些爸爸因溺爱而包办孩子的一切事物，让孩子过着饭来张口、衣来伸手的生活。然而就在爸爸为孩子盛好每一碗饭，洗好每一件衣服的时候，孩子便损失了一次次锻炼的机会。这无疑极易扼杀孩子获取知识、接受教育的良好机会，也容易使孩子从小养成处处依赖父母、对父母不孝的不良习惯。培养孩子的创造力，就应该让孩子多动手。

做爸爸的要严而有格、爱而不溺，注意培养孩子勤于动脑、动手的良好习惯。让孩子从小参加一些力所能及的体力活动，比如，让孩子自己穿衣服鞋袜，自己动手整理自己的生活环境，做自己力所能及的家务活，等等，让孩子在生活中尽可能地学会自理，对他是很有好处的，这一方面能够让孩子在劳动中培养自己的动手能力，学到一些劳动的技巧；另一方面也培养了他"自己的事情自己做"的观念，更重要的是：让孩子体会到自己也能够独立的做事情，从中感受到一种成功的喜悦。这对孩子树立自信心和自我成就感是非常有用的。

爸爸能给孩子动手的机会，孩子就能体会到做爸爸的不容易，孩子就能懂得孝顺、懂得回报。强调动手能力的培养，就是为培养将来的创新型人才打下了坚实的基础。在未来的事业中，他们有了学习知识的热情，有了驾驭知识的能力，他们会勤于思考、勤于动手，能主动地创造出新的事物、新的方法、新的思路，从中不断丰富内在的精神世界，书写出自己精彩的生命历程。

爸爸是孩子性别角色正常发展的重要源泉

男女之间的性格差异和社会地位，决定了爸爸对孩子性别角色正常发展的重要性。爸爸的性格优势和在家庭社会中的地位，对孩子都有潜移默化的作用，爸爸只有和孩子频繁接触，才能把这些带给孩子。

如今有很多男孩子性格中女性化倾向越来越严重。近来对某市中小学生的一项调查显示：三成男学生缺阳刚之气，而且男孩子女性化的比例在逐年增大，初中、高中要比小学严重。这是明显的性别教育缺失造成的。可很多家庭，尤其是爸爸们还没有意识到这一点！造成目前男孩女性化的现象，家庭教育中爸爸角色的缺失是主要原因。现在家庭中，因为爸爸工作忙，教育工作一般由妈妈承担，相当一部分爸爸在孩子的家庭教育中已经淡出了，使男孩缺少学习的榜样。现在家里都是独生子女，孩子没有同伴，男孩没有兄弟可学习，也没有姐妹可比较，以寻找性别定位。这样，男孩很容易产生女性化倾向。因此，爸爸要给儿子应有的男性教育，只有父母配合，各自发挥自己的优势，做到阴阳互补、阴阳平衡，才能防止男孩的性格出现阴盛阳衰的现象。

心理学家观察发现，在同婴儿交往时，妈妈习惯的做法是与孩子玩他熟悉的游戏，心神沉浸于玩耍之中；爸爸呢，则常常吸引孩子做一些要用力气的玩耍，以及那些特别使孩子开心的新奇玩耍。在抱孩子的动因上，父母也不一样。妈妈抱孩子主要是为了照顾他，竭力使他安静，限制他的活动；爸爸抱孩子则大多是为了玩，为了让孩子多探究，或者是孩子要他抱。此外，面对不同性别的孩子，妈妈的态度与行为方式相差不大，而爸爸通常倾向于鼓励男孩玩一些探索性的、竞争性的、活动量大的游戏，鼓励女孩玩一些平和的、家庭式的游戏，因此爸爸在孩子性别角色的定向方面比妈妈所起的作用要大。

爸爸较广博的知识面、较强的动手能力、较深刻的理解与判断能力，以及敢于探索的精神，对开阔孩子的视野，发展其认知能力、创造能力，无疑能起到独特的作用。爸爸胆大，有利于满足孩子的探求欲与好奇心；另外，男性活动范围大、内容多，可让孩子接触更多的外部环境。如果爸爸教育缺失，会让孩子的性别认同、继而是身份认同出现问题，也就难以适应社会了。

爸爸是孩子性别角色正常发展的重要源泉。爸爸积极地和孩子交往，有助于孩子对男性、女性的作用与态度有一个积极、适当而灵活的理解。研究发现，男孩在 4 岁前失去爸爸，会使他缺乏攻击性，在性别角色中倾

向于女性化的表现——喜欢非身体性的、非竞赛性的活动，如看书、看电视、听故事、猜谜语等。女孩性别角色的发展也受到爸爸的影响。女孩在5岁前失去爸爸，在青春期与男孩交往时往往会表现得焦虑、不确定、羞怯或者无所适从。由此可见，爸爸是孩子性别角色正常发展的重要条件。

家庭是孩子学习角色观念、形成角色取向、模仿角色行为的重要场所，是一个人性别社会化的第一源泉。孩子最初是在家庭中模仿父母，进而模仿其他男女角色。爸爸提供一种男人的基本模式，男孩子往往把爸爸看做是将来发展自己男性特征最现实的楷模，女孩子则从观察爸爸如何对待妈妈的过程中了解到男人应该如何对待女人，这对女孩子成人以后的性别行为和婚姻关系有很重要的作用。相反，如果缺乏父爱，男孩子容易变得软弱，缺乏独立性、自主性，甚至出现男孩女性化的倾向，适应环境的应变能力差，长大以后难以为人夫、为人父。

爸爸在孩子长大成人的过程中，实在是占据了重要的位置。据专家们的研究显示，孩子在婴儿时期，以妈妈教育为主，上小学后父母责任各半，上中学以后以爸爸的教育为主，因为此时爸爸的影响力上升而妈妈的影响力下降。但是，现在许多爸爸却认为自古以来都是男主外、女主内，教育孩子应当是女人家的事情。也有的爸爸爱说"我实在是太忙了"。然而，难道一个"忙"字就可以使爸爸们理所当然地推掉了做爸爸的责任了吗？工作是永远也忙不完的，而孩子每天都在长大。父母们希望自己的孩子将来成为品德高尚、意志顽强的孩子，那么，请爸爸们记住音乐家贝多芬说过的一句话吧："我不知道有什么比教养一个孩子成人更神圣的职责。"孩子是家庭的希望，也是国家的希望，父母应该携起手来，为孩子的成长尽自己应尽的责任。

2

榜样在带头，爸爸应该以身作则

做个好榜样，爸爸先得严格要求自己

　　冬冬的爸爸，每天下班后都要在外边玩麻将玩到很晚才回家，家里的事情什么都不管，却对冬冬的学习要求很严格，每天半夜回来都要检查冬冬的作业，看哪做得不好，就对冬冬一顿训斥。爸爸平时寡言少语，但教训起冬冬来却口若悬河、滔滔不绝。说什么自己这辈子算没什么指望了，全指望冬冬出人头地了。可冬冬却不争气，老是让他失望。尽管冬冬老是挨爸爸的训斥，可成绩依然上不去，考试经常不及格，这让冬冬的爸爸很恼火。一天，冬冬的爸爸半夜打完麻将朝家走，路上却碰见冬冬。冬冬的爸爸立即追问冬冬，为什么这么晚才回家，在爸爸的一再追问下，冬冬只好如实说自己去游戏厅玩游戏了。冬冬的爸爸一听，气就不打一处来，当即将冬冬暴打一顿，问他还敢不敢去游戏厅玩。冬冬边哭边不服气地质问爸爸："你每天都玩到半夜才回家，有什么资格来管我？"冬冬的话让爸爸顿感时哑口无言。

　　这是孩子的真实想法，值得做爸爸的深思。作为孩子的爸爸，要想管好自己的孩子，先要严格要求自己，为孩子做个好榜样。任何一个爸爸都希望孩子成才，往往把许多人生道理讲给孩子，以至于成了唠唠叨叨的人。其实，你做了什么比说了什么对孩子的影响更为深刻，因为孩子容易接受的是形象的影响，而不是抽象的教育。

　　对于孩子来说，爸爸即是榜样。爸爸的一举一动、一言一行，无一不是孩子学习的榜样，行动的范本。要想将自己的孩子教育好，做爸爸的应当时常问自己：我是否是个合格的父亲？为人父者，当时刻提醒自己：我是孩子的榜样！

　　俗话说："父母是孩子的镜子，孩子是父母的影子。"这告诉当爸爸的，要处处以身作则，要为孩子作出良好的榜样，如果爸爸这个榜样出了差错，孩子可能会沾上不良的习气。

　　爸爸是孩子的第一任老师，爸爸的言谈举止对孩子起着潜移默化的作用，并对孩子的成长产生深远的影响。一些成功人士在总结其成功经验时，总是提及小时候爸爸对自己的教诲和影响，这种教诲和影响将伴其一生。这就是榜样的力量。爸爸一个看似微不足道的举动，却使孩子的心灵得到启迪，能够坚定孩子前进的方向；爸爸一句平淡无奇、随感而发的言论，却使孩子备感触动，也许将左右其一生的行为。

每个爸爸要对自己当着孩子的面讲出的每一句话负责，对当着孩子的面做出的每一个举动负责。

好爸爸是孩子的榜样，也是孩子崇拜的对象。孩子可以潜移默化地从爸爸身上学到许多好的品质，有些品质还会使其终身难忘。

约翰·布朗是19世纪美国人民反对黑人奴隶制运动的杰出领袖。他有7个孩子，6个男孩，1个女孩。他对孩子们要求很严，教育的方法主要是以身作则，给孩子们树立良好的榜样。他曾经常喝些苹果酒和葡萄酒之类的饮品，他的孩子一见他开酒瓶子，便围上去，这个要喝一杯，那个要喝两杯。后来他成了个禁酒主义者。为了孩子，他滴酒不沾，处处做孩子的表率。他要求孩子们认真读书，每天自己先拿起书本。朗诵时，有一点小错误也要纠正过来。他要求孩子们尊老爱幼，关心别人，自己首先做出样子。他的女儿在回忆父亲的文章里说："我经常看到父亲对祖父特别亲切而尊敬。冬天临睡前，父亲总要把祖父周围的被子塞好，夜里还要起来看看祖父睡得是否暖和。他对祖父总是那样和蔼可亲，真是我们的好榜样。"约翰·布朗经常教育孩子，不要眼热别人的东西，拾到东西要及时归还失主。他的女儿刚上学不久，在一条板凳后边拣到一块花布。这块布不太大，可是在女儿看来倒是一件宝贵的东西。回家后，她没吱声，但在给要好的小朋友讲这件事时，被父亲听到了。他走到女儿身边，露出深切慈爱的神色说："你知道那块花布是哪个孩子丢的吗？"女儿说："不知道。"父亲告诉她："那么，你明天上学时带上它，看看能不能找到失主。这件事虽小，但你要记住：如果你丢了什么珍爱的东西，不论它多么小，你总希望拾到它的人送还给你，对吗？当然，别人也是这样。"第二天，小女儿拿着那块小花布终于找到了失主。

爸爸对孩子的最大影响，在于生活态度和人格倾向。爸爸是寄托父爱的着眼点，应用于广、大、博、深，即激励孩子胸怀大志，有远大的理想抱负。从孩子懂事起，爸爸就应该是一个很好的家庭教师，爸爸以身作则地教孩子怎样做人，如何自尊、自爱，发奋有为，使孩子牢固地树立对社会、对人生及家庭的责任感和主人翁精神。

一个确立了良好的形象、人格与父爱的好爸爸，在家庭中所扮演的角色，是别人无法代替的，他常常自觉不自觉地熏陶着他的孩子展现雄伟的气魄和宏大的志向，具有善于拼搏和进取之心，具备刚毅坚韧、不畏艰难获取事业成功的雄心壮志，这样的爸爸是孩子健康成长的重要楷模！

该出手时就出手

一天晚上，阳阳跟爸爸一起去公园散步，在途中发现有一个阿姨惊慌地追着一个小青年喊："他偷了我的钱包，快抓住他！"阳阳爸爸一听，当即冲过去追赶那个小青年，这时另外的几个路人也加入到了抓小偷的行列中。几个人把小偷追到一个广场，双方都没力气了，后来，小偷被追到了市政府的门口，被这群见义勇为的人们追进了政府院里。小偷被阳阳爸爸和几个男人制服。后来，有经验的爸爸拨打了110。不一会，警察赶到，阿姨找回了自己的钱包，小偷也被押走了。爸爸和几个叔叔的勇敢行为受到人们的一致称赞，阳阳很为爸爸感到自豪，他暗下决心将来也要像爸爸一样做个见义勇为的英雄。

爸爸的所作所为往往是男孩子的活楷模，有时候爸爸身上的许多优良品质和特有的精神气质以及一些不良习惯都会在儿子身上展现出来。要想培养孩子做个勇敢、正直、见义勇为的人，爸爸就要用自身的勇敢行为去影响孩子、教育孩子，让孩子感受到爸爸身上所表现出的勇敢正直的品质，从而模仿爸爸、学习爸爸，潜移默化地受到熏陶和鼓励。

让孩子做个勇敢正直的人，爸爸就要用日常的行动让孩子懂得明辨是非，因为爱憎分明是勇敢行为的基石，正义感是明辨是非的标准。培养孩子的正义感，爸爸要从身边的小事入手，适时对孩子进行辨明是非的教育。

让孩子懂得什么样的行为是对的，什么样的行为是错误的，为什么有些人被大家尊敬，而有些人却被称为坏人，等等。这样孩子就会慢慢懂得损人利己、恃强凌弱、不遵守纪律的行为是可耻的，只有那些为了集体、为了他人、为了维护自己正当权益不受损害而勇于斗争的行为，才是真正的勇敢。他们就会慢慢做到不惧大、不欺小，乐于为集体和他人做好事，在行动中闪现出真正勇敢的火花。

爸爸的勇敢行为有时也要表现在维护孩子的正当权益不受侵害上。比如孩子在外边受到别人的欺负和伤害时，做爸爸的要勇于站出来，保护好自己的孩子。让孩子懂得如何勇敢地维护自己应有的权利。有的孩子之所以胆小怯懦，老是被别的孩子欺负，跟不能及时从爸爸那里获得应有的支持，缺少安全感有关。

安徒生是丹麦著名的童话作家。他的父亲对文学感兴趣，但无固定职业，靠补鞋为生，母亲是个洗衣妇，家境相当贫困。安徒生住的小城镇，住着不少贵族地主。这些贵族地主的孩子瞧不起安徒生，还常常欺负安徒生。安徒生每当受欺负回家，父亲就搂住安徒生说："不怕，孩子，有爸爸在。"童年的安徒生在外面受到欺侮，在家里，父亲却给了他最有力的鼓励和支持，使他后来能够有勇气和自信克服许多意想不到的困难。最终成为世界上最有影响的童话作家之一。

培根说："你若失去了财产——你只失去了一点儿，你若失去了荣誉——你就丢掉了许多，你若失掉了勇敢——你就把一切都失掉了！"

是的，通常爸爸都希望孩子在外面是勇敢的，至少在一些合情合理的情况下不被剥夺平等竞争的权利。就连最与世无争的父母都时常鼓励自己的孩子，在正常的条件下能够当仁不让。只有这样，才会将孩子培养成一个自我意识强的人，可以很放松地运用自己的优势，在面对强势的时候也不会有太多的心理障碍。

要想让孩子们真正的勇敢正直，爸爸就应该在关键时刻给予孩子有力的支持。这种做法，可以使孩子意识到受人欺负时有时需要主动还击，但还击不一定非得以牙还牙，对于一些不公道的行为，应该主持公道。让孩子接受这些观念，不仅可以提高他的自立能力，对他学会将来如何在一个有规范、有秩序的社会中为人处世，也是很有帮助的。这样才能使孩子在人际关系中有安全感，有自尊心，容易和他人友好相处，能和人真诚相待。

孩子的适应能力、社交能力也就会更强。

男人也得注意仪表

三国时期，有一个叫祢衡的人，学识渊博，颇有辩才，胸怀大志。但此人平时不修边幅，待人傲慢，衣冠不整，往往给人一种邋遢的感觉。有一次，有人把他推荐给曹操。曹操看到祢衡后，心里就感到十分的厌恶，认为他空有其名，无有其实，什么才高八斗，什么能言善辩，无非一鄙陋秀才。祢衡一见曹操不待见他，就擂起巨鼓，光着膀子赤着胳膊大骂曹操。

曹操不想身负杀害人才的恶名，就做顺水人情把祢衡推荐给荆州的刘表。刘表见到祢衡后也十分厌恶他，认为他邋里邋遢，不是个有教养和学识的人，但碍于曹操的情面，便把他安排在一个名为黄祖的将官手下做参议。到了黄祖那里，祢衡大骂曹操和刘表不识人才，说黄祖不过是一匹夫，何德何能窃据统帅之位。后来，黄祖知道祢衡在背后骂他，就寻个机会把祢衡给杀了。祢衡的祸根就在于他不注重仪表。曹操和刘表对他的第一印象都很差，根本就没有考虑这个人是不是真的有才能，祢衡也因仪表不端而惹来杀身之祸，使自己的才华无法施展，终生埋没。

现实生活中，许多男人都喜欢不修边幅，觉得衣冠不整也不算是件丢人或是让人厌恶的事情，人嘛，贵在适志，每个人都有自己的价值取向，别人没有阻挠和妄议的权利。究竟该不该以貌取人呢？这个典故说明，有时候就是要以貌取人。仪表反映出一个人的性格和生活态度，给人一种直观的感觉，而这个感觉直接关系到你的才华是不是将被发觉和展露。一个人的美丑是先天决定的，无法改变，但自己的仪表绝不是以美丑为基准的，而是自己的世界观和人生观的反映和表露。

现代社会中，仪表问题越来越受到人们的重视，尤其是男人身处职场，穿衣戴帽更要注意场合和分寸，什么衣服适合工作时穿，什么衣服适合出

差会客时穿，什么衣服适合出席宴会时穿等，都要十分的考究。因为仪表举止是一个人内在气质和修养的直接体现，是一个人精神面貌的外在表现，是展现礼仪的重要方面。仪表举止有时往往能决定一个男人事业的成败。更重要的是，在家庭中还会对孩子产生潜移默化的影响。

豆豆的爸爸是个很不讲究仪表的人，经常穿着皱巴巴的衣服，一脸胡茬去上班，有时鞋都想不起换，就趿着拖鞋去单位。回到家将臭袜子、脏衬衫往地板上沙发上到处丢，也不洗，衣服脏了，豆豆妈妈不逼着，他就不换。爸爸从不知道收拾房间叠被子，还经常将烟灰弹得茶几上地上到处都是。最令豆豆妈妈烦恼的是，豆豆也学得跟爸爸一样邋遢随便，经常穿着脏兮兮的衣服去上学。天气热时还喜欢脱鞋光脚上课。一天，豆豆哭着回到家，爸爸一问才知道，原来是豆豆上课时将鞋脱下放在教室的过道上，被老师在全班同学面前狠狠教训了一顿。豆豆哭着问爸爸："你也老是这么不讲究，你们领导就没教训过你吗？"豆豆的话让爸爸一下意识到豆豆之所以受到老师批评，正是他这个当爸爸的造成的。

作为爸爸，如果你想使孩子成为一个仪表文明爱整洁的人，你就应该注意自己的举止行为，让你的孩子从小就模仿你，养成整洁文明的习惯。你每天要保持仪表整洁，屋子打扫干净，床上枕被叠整齐，衣柜、书架、鞋具都要整理得有条不紊，饭前便后要洗手，在公共场所把瓜皮果壳扔到废物箱里等，孩子见了也会学着将脱下的衣服折叠整齐放好，玩具图书玩过看过后整理好放在固定的地方，在家或幼儿园等处不乱抛纸屑和糖果纸，手脏了也会主动去清洗干净。一个仪表整洁、举止文明的孩子更容易被他人所接受，获得好人缘，使孩子拥有更多的自信，将来更容易创造成功的人生。

爸爸工作不能三心二意

一个孩子在作文中写道：在学习中，有时候我很努力、很辛苦，结果却一无所获，我常常想放弃，可是，一想到我的爸爸，我就会被激起无穷的斗志。爸爸以前是个铁匠，他会做一些水桶、脸盆、倒模器皿、水箱、年糕蒸笼等东西。有一次，一个美发店的老板希望爸爸帮他设计一个可以方便安装的水龙头，并且同时引热水和冷水的类似热水器一样的东西。热水器在当地并不盛行，很多人也买不起，用水都是事先把热水和冷水混合好，放在一个小桶里，然后用水瓢来舀，这样非常麻烦。因此，美发店老板希望爸爸设计一个东西，它能从锅炉中导出热水并从自来水管中导出冷水，然后自然混合在一起，使水温适宜洗头。爸爸从来没有做过这样的东西，对于他来说，也是一个很大的挑战。爸爸翻出了他所有的五金书，但是没有找到任何有用的信息。那段时间，我常常看见爸爸一个人坐在桌子边，拿着纸和笔，画着草图；有时候会坐在院子里，拿着根木棍在地上比比画画；有时候会在自己的房间里踱来踱去，口中念叨着一些数字。妈妈总是说，爸爸要走火入魔了。后来，爸爸试着做，他先设计出了一个小件模型，这样可以节省成本，从外表上看，已经符合要求了，但是爸爸却发现了一个问题，没有办法让水自动混成合适的温度，于是爸爸就想着把桶的内部隔开，一部分装热水，一部分装冷水。可是爸爸的第二个实验品也失败了，因为他没有考虑到只有适当的比例才可以让水混合成合适的温度。妈妈看着爸爸这样费心费力，几次都劝爸爸算了，可是爸爸坚持说："我不相信这个能难得了我。"爸爸最后成功地解决了这个问题，很多美发店老板闻讯而来，爸爸设计的东西一下子供不应求，爸爸非常开心。爸爸是个做事认真踏实的人，他对我也是这样要求的。爸爸的榜样已经告诉我，脚踏实地、坚持努力才可以获得胜利！

现在常听家长们说："我的孩子很聪明，就是粗心马虎，不是抄错数就是计算粗心，每次考试都是丢了不该丢的冤枉分。"小学家长这样说，初中生、高中生乃至大学生的家长还是这样说。好像"粗心马虎"是个顽疾，不知要伴随孩子多久。每次从考场走出来的学生都有不少吃"后悔药"的，屡屡失败，屡屡发誓，又屡屡改不了这个"粗心"的坏毛病。作为爸爸，有责任帮助孩子去不断克服、抑制坏习惯，养成做事认真踏实的好习惯。

爸爸要想让孩子改掉三心二意的坏毛病，就要用自己的行动去感染孩子，培养孩子认真踏实的良好学习习惯。试想一个在工作上吊儿郎当、三心二意的爸爸能培养出做事认真踏实的孩子吗？爸爸不能以身作则，加之孩子模仿性又强，致使你工作三心二意的不良行为在孩子身上得以沿袭。只有在孩子面前做到工作认真负责、踏实用心的好爸爸的形象，才能使得孩子在学习和做事上乐意以爸爸为榜样，像爸爸一样努力用心。

　　李修平是兰州人，她这样形容她的家庭："板板正正，相当有凝聚力。"她的父亲是桥梁工程师，做事总是一板一眼。该吃饭时，就是吃饭；该睡觉时，必须睡觉；该工作时就尽职尽责，多少年如一日。父亲的身教多于言传。他几十年如一日，看书学习，钻研业务，对工作全身心投入，做任何一件事都要做到最好。正是父亲这种尽职尽责的工作态度，影响着李修平的生活道路。在李修平目前的位置上，种种诱惑就在眼前，只要轻轻一伸手，就能抓到。她却甘心约束自己，十几年如一日，认真踏实尽责地做好央视新闻联播的播音工作。

作风踏实，是成功的基础。要想孩子成为踏实的人，爸爸首先要有踏实的作风，给孩子做出榜样，你的一言一行对孩子都有潜移默化的影响。另外，在生活中要多观察孩子的活动和游戏，适时地对孩子进行教育，使其逐步养成做事踏踏实实的习惯。例如，孩子画画时不专一，画的小人儿或小动物不是丢了胳膊就是丢了腿，爸爸就要对他说："做事要踏实，专心致志做好一件事。"孩子搭积木时，要告诉孩子，做事要一步步来，小心谨慎，不要急于求成；孩子看书走马观花、不认真时，要向孩子提出要求："认真看，看完后给爸爸讲一讲。"如此等等。另外，孩子到学前班上学后，爸爸要帮助孩子养成每天定时做功课和温习的习惯，提醒孩子对学习不能存有侥幸心理，这对培养孩子的踏实作风是大有裨益的。

孩子的好习惯都是在爸爸日常生活的潜移默化中培养起来的。作为爸爸，只有以身作则地把自己的工作做好，才能使孩子从你身上学会应如何专注用心地做好每件事，从小养成认真踏实的良好做事习惯。

好爸爸需要言出必行

彼得是个事业有成的人，生活十分忙碌。在他要和家人到英
国度假的前夕，他接到电话，要在第二天早晨参加一个重要的业
务会议，但第二天早晨又是他儿子出赛棒球季最后一场的大赛。
他的儿子杰克提醒爸爸曾答应观赛。爸爸坚称明早的会议很简短，
我一定到场。一言既出，驷马难追！结果会议照例越开越长，于
是彼得派助手去球场，用录像机拍下杰克出赛的情况。助手赶到
时，杰克刚好上场击球。小男孩焦急地望向观众台，找寻父亲的
踪影，但只见有个陌生人坐在妈妈的旁边，正用录像机拍摄球赛。
孩子一脸失望，转身猛力击球。彼得会后赶到球场，但球赛早已
结束。当晚他们一家乘飞机去英国度假，在飞机上，彼得的女儿
给他看了一幅图画："你看杰克的画！"画中的飞机着了火，正俯
冲入海中，有4个人跳机逃生，但只有3人带着降落伞。彼得走
过去坐在儿子的邻座，杰克正在把棒球抛上抛下。彼得和颜悦色
地问："儿子，为什么爸爸没有降落伞呢？"儿子回答："你猜。"
沉默了一会，彼得说："杰克，下个球季我会出席全部的赛事。"
儿子酸溜溜回敬一句："那你可得买足够的录像带！"爸爸严正地
说："我一定看你出赛，我以信誉保证。"儿子回答："是吗？垃
圾信誉！"

这是美国电影《铁钩船长》的剧情，值得爸爸们深思。日常生活中，
太多的爸爸言而无信，令孩子失望。言而无信的爸爸得不到孩子的尊敬和
喜爱，更无法树立自己的权威。孩子都是首先向爸爸学习的，你的一言一
行都会对他产生深远影响。言出必行，让他向你学习诚信守诺，你就会成
为他的英雄。如果你想使你的孩子成为一个诚实的人，那么你就应该注意
自己时时要言行一致，不说假话、谎话。如你答应过孩子做一件事情，那
一定要设法做到，不能骗孩子。你也许会认为孩子小，偶尔骗骗他没关系，

其实这要不得，除非你希望以后也被他骗。你不仅不能骗孩子，还要刻意让他知道：爸爸不会骗他，爸爸说到做到。这一点很重要，一方面可以获得他的信任，另一方面也能树立爸爸言出必行的威信。守信是健全的爸爸形象的重要根基。

做爸爸的常违背诺言，是因为你不理解孩子是何等正视你的承诺。

美国有一位在政坛举足轻重的大人物，有一天因承诺带儿子去钓鱼，就不得不放下手头的工作，陪儿子钓了一天鱼。当晚他在日记中写道："今天带儿子去钓鱼，浪费了一整天。"他的儿子有写日记的习惯，但他当晚的感受却与他父亲的迥然不同："今天和爸爸去钓鱼，真是我一生中最快乐的一天！"这位父亲竟不知道他拥有的真正能力，因为他不能从儿子的角度去看事情。这位爸爸看了儿子的日记后，感慨地说："当我开始透过孩子的眼光看事物时，我才领会到我的承诺的重要性。"

在孩子眼中，爸爸失信就等于"爸爸有其他更重要的事"，也就是"爸爸对我的事不关心"，也等同于"我不重要"，然后变成"是我不好。"这样看来，爸爸们不难明白承诺有多么重要，坚守承诺又是多么严肃的事情了。

在孩子的成长过程中，做爸爸的会因许许多多的原因而对孩子许下一些诺言，但为人父者绝对不能骗孩子，因为你的言行势必影响孩子的成长，答应孩子的事就一定要做到，如果觉得做不到，就不要答应孩子的要求。如果你答应孩子给他买玩具，就一定要买，即使当时因别的原因不能买到，也要跟孩子讲清楚，再约定好一个时间给孩子买，从而做到言出必行，让孩子从小就养成说到就要做到的习惯。

曾子是春秋末鲁国的一位学者。他精通孝道，提倡忠恕，并提出"吾日三省吾身"的修养方法，被誉为"宗圣"，著有《孝经》、《大学》流传于后世。他孝敬父母，更懂得为父之道。他强调做人要忠诚守信，并用这个原则对待和教育自己的孩子。一天，曾子的妻子要上街，他们的小儿子拉着她的衣襟，又哭又闹，也要跟着去。曾子的妻子被闹得没办法，就对孩子说：好孩子，你留在家里，妈妈回来杀猪给你吃。孩子终于留在家里。一会儿，妻子从街上回来了。曾子拿着早已准备好的捆猪的绳子和杀猪用的尖刀，正要动手杀猪。这时，他的妻子赶忙跑上前去，制止他说：我刚才是和孩子说着玩的，哪能真的要杀猪呀！曾子认真地说：孩子是不能欺骗的。今天你说话不算数，骗了孩子，明天孩子就会说假话糊弄你。再说，母亲骗了孩子，孩子就会觉得母亲的话不可靠，以后再对他进行教育，他就不听了。这样做，对孩子是没有好处的。结果，曾子说服了妻子。

做爸爸的要对孩子坚守诺言，要孩子信任你，也因信任你而遵从你。你要让孩子知道爸爸有信誉、守承诺、言出必行，孩子才会效仿爸爸一样诚信。要做个好爸爸，就要在孩子面前忠于自己的承诺，得到孩子的信任。孩子受到你的熏陶，会逐渐变得可信可靠。爸爸信守对孩子的承诺，就是送给孩子的无价之宝。

耐心让孩子学会解决问题

周日，爸爸与冲冲在公园玩时，冲冲不小心把玩着的小飞机飞到树上去了，冲冲站在树下很着急，不停地摇小树，一会儿又往上跳拽树叶。爸爸没有急于拿下小飞机，而是问儿子："你有什么办法可以拿下小飞机？""可以用小棒。""可以爬上去。""可以垫张椅子。""可以用梯子爬上去。""可以摇树，把它摇下来。"冲冲想了很多办法，爸爸又问："哪一种办法最好呢？"冲冲说："爬树、摇树会伤害小树，梯子、椅子公园没有。"于是他让爸爸陪他一起找长棒。冲冲在爸爸的陪同下，在公园的树林里找到了一根长棒，冲冲用这根长棒终于把飞到树上的小飞机拿了下来。

在孩子长大的过程中，免不了会遇到各种问题。当孩子碰到问题或困难时，爸爸不要急于插手帮孩子把困难解决，而是要耐心引导孩子自己想办法。在孩子想到的办法中，不要以爸爸的看法去否定孩子不合理的方法，而是要通过实践，让孩子自己去探索，发现有些方法为什么不合理。作为一个好爸爸，不是帮孩子解决问题，而是要引导孩子发现问题，引导孩子

找到解决问题的方法，提高孩子解决问题的能力，为孩子今后的独立生活打好基础。

因此，爸爸就应该帮助孩子从小建立解决问题的意识，培养孩子独立思考、解决问题的能力，这对孩子的长远发展有着重要的影响。要使孩子学会自己解决问题，爸爸首先要转变传统的育儿观念。不少爸爸总认为，自己的孩子年龄还小，不具备解决问题的能力。实际上，即使是很小的孩子，也会运用一些策略和办法来解决问题。爸爸最好不要包办代替，不要经常在孩子不需要的时候擅自帮助他或为他作决定，因为孩子一旦失去了锻炼的机会，独立解决问题的能力就会退化，遇到问题就会束手无策。爸爸应当意识到，培养孩子解决问题的能力是孩子成长过程中不可或缺的一课，应给他足够的机会、适当的鼓励和具体的指导。

爸爸往往误认为孩子遇到的问题越少，才越幸福，越成功。因而难以理解孩子为什么那么喜欢自己解决问题，以及问题解决以后表现出的高兴与满足，好像问题越多孩子越高兴。一群几岁的孩子在院子里搭城堡，不厌其烦地作计划，找纸板、木片、绳子、石块等，寻找任何可以完成他们的建筑奇想的材料。他们会忘记吃饭，不顾刮风下雨，即使盖成以后，得不到爸爸的赞扬，他们也全然不顾。实际上，解决盖城堡中遇到的困难，更让孩子们感到满意和兴奋，而城堡盖的好坏，却是无关紧要的。不少爸爸有一个误解，认为智商比情商更能决定解决问题的能力的大小。研究与实践证明：社会经历和对问题的熟悉程度才是解决问题的关键因素。心理学的研究表明，孩子解决问题的能力比我们想象的要大得多。孩子是否能成功地解决问题，更多地取决于他的经历而非聪明程度。

谁都知道，教孩子自己洗手，自己吃饭，自己穿衣，自己过马路，自己整理衣物，比起替孩子洗手，喂孩子吃饭，帮孩子穿衣，拉着孩子的手过马路，为孩子整理衣物更加乏味、更加麻烦、更加困难、更需要耐心。但是，恰恰因为这样，决定了前者是一位教育者的工作，能够帮助孩子创造自我；而后者只是一个仆人简单机械的工作，堵塞了孩子生命发展的道路。

在美国，半岁大的孩子就被放到了一种特制的椅子上自己吃东西。他们把食物弄得到处都是，衣服上、脸上、地上，但很少有一个父母说："哎呀，你连饭也不会吃，让爸妈来喂你好了。"在美国的商场里，经常看见有小孩在地上爬来爬去，父母在附近看着，但很少有父母把孩子拎起来说："你看你，刚换的裤子又弄脏了！"中国的家长总是羡慕美国的孩子，说他们动手能力强，创造性思维发展得好。这和他们从小的教育方式有关。美国的父母总是在很大的程度上给孩子以自由，他们的代价无非是多洗几次衣服，多拖几次地板而已。而这样做换来的却是孩子一生的良好发展。

作为爸爸，你应该为孩子创设良好的环境，提供锻炼的机会，在平凡的小事上开拓孩子的进取意识和创造力，提醒并指导孩子克服困难的具体方法，帮助孩子解决自己生活中的问题，使他体验达到目的后的快乐。

爸爸是培养孩子能力的第一位权威和老师，要善于言传身教培养孩子解决问题的能力。孩子看着爸爸平静地讨论问题，推理、权衡不同的解决问题的方法，他们会自然而然地学习与模仿。反之，如果爸爸失去理性，喜欢争吵，忧郁寡欢，优柔寡断，面对问题一蹶不振，或幻想问题会自行解决，那么能希望孩子从你身上学到什么呢？不少爸爸在单位工作中很能解决问题，但出于许多心理因素，在家里便丢失了解决问题的能力。

很多爸爸都认为应该培养孩子解决问题的能力和习惯，但却很少付出努力。你应该尽力找机会在孩子面前展现你解决问题的技能，这样你就给孩子传递了一种信息，你严肃地承担了作为家长的义务，忠诚于家长的职责，并想尽力帮助孩子掌握通向成功的方法和社会技能。

知道如何使用威胁的方式

晚上，爸爸觉得自己的头越来越沉，一天的辛苦，他实在太累了。但此时还有一件更辛苦的事情等着他做：得让4岁的军军赶快洗澡睡觉。每一次，这件事都不那么顺利。这不，此刻，军军正坐在地板上玩着他的玩具，一点都不想去睡觉。爸爸看了看表说："军军，快10点了(爸爸习惯性地多说了30分钟)，你该洗澡睡觉了。否则，我该对你不客气了！""不嘛！我不想睡觉！我还要玩。"军军嘟囔了一句，头也没抬，继续玩。此时，他俩都清楚，按照惯例，这件事并不需要立刻响应。爸爸没有迫使军军立

刻行动的意思，他只是希望开始这个过程。而军军知道，每次让他上床都得花去他烦恼的爸爸半个多小时的时间。大约过了 10 分钟，爸爸又开口了："军军，越来越晚了，你明天还要上幼儿园，快把玩具收拾好，洗澡去！再不听话看我怎么教训你！"但他仍然没有指望军军服从命令，并且军军也知道这一点，爸爸的真实意思是："我们的时间又少了一些，军军。"军军拖拖拉拉地四处晃悠，随意地收拾着一两个玩具盒子以示听到了爸爸的话，然后，他又坐下来玩了几分钟。又过去了大约 10 分钟，爸爸再一次发出命令，这回他有些愤怒，威胁道："你怎么还在玩？我警告你，再不收拾好，赶快去洗澡，你就等着挨打吧！"军军磨磨蹭蹭地走向洗澡间。这时爸爸去打电话，军军就又拿起玩具玩上了。

难道这样的游戏不够愚蠢吗？爸爸的力量只有那些空洞的威胁，他不仅令自己一直处于烦恼的状态，还破坏了和孩子之间的积极关系。除非自己最终达到了真正的愤怒状态，他永远也别指望能让孩子立即响应。当你平和地要求孩子服从却被孩子置之不理时，你要用行动，而不是空洞的威胁，去获得期望的行为。

当出现问题的时候，不要说："你要是再这样，你就该挨打了！""还记不记得上次我为什么打你？"这种武力威胁实在是天大的错误，尤其更不应该提起以前给孩子造成的痛苦。武力威胁只能让孩子认为你是一个专制粗暴的爸爸，而越发拒绝与你合作。

爸爸必须懂得影响孩子最成功的手段就是掌握那些对孩子来说很重要的东西。絮叨的讨论和空洞的威胁只能对孩子产生很小的作用，甚至一点作用也没有。这个结论已在无数家庭中得到验证。在那些家庭中，孩子会把一个家长推到忍耐极限的边缘。对着孩子吼叫或斥骂会变成一种习惯，但这是一种毫无作用的习惯！

作为爸爸，你曾经对孩子叫喊过"这是最后一次，我最后一次警告你！"吗？一些爸爸习惯于指望怒火而不是行为来发挥作用，这非但让你精疲力竭，并且难以奏效。更重要的是，威胁和斥骂会破坏亲子关系。孩子被爸爸渐渐引导到了对立面，而每一次对立，都使爸爸的神经以及和孩子的关系变得紧张。

那么，面对以上的情况，爸爸究竟应该如何做呢？一开始，爸爸应该预先警告孩子，告诉他还有 5 分钟玩的时间。其实，无论孩子还是爸爸，没有谁会喜欢自己的行为突然被强行制止。所以，你可以考虑利用一台闹钟或是计时器什么的来帮助你。当 5 分钟过去，闹钟响起时，爸爸应该平和地让孩子去洗澡。如果他不立刻行动，爸爸就应该有所行动。

"言必行，行必果"，这句老话对爸爸和孩子都将受益无穷。培养孩子对爸爸的尊重是儿童教育中的一个十分重要的内容。让孩子学会尊重他的爸爸是很必要的——这绝不是为了满足爸爸的自尊心，而是因为孩子与爸爸的关系会为日后他对所有其他人的态度打下基础。幼年时对爸爸权威的看法，会演变为成年后他对长辈、老师、领导以及其他一起生活或工作的人们的看法的基础。爸爸与孩子的关系是孩子拥有的最初、最重要的社会关系，孩子在这种关系中经历的困惑将在他以后的生活中不断出现。

如果你在孩子小的时候不能赢得他的尊敬，当着你的面嘲笑和坚决反对你的权威，那么他就会形成对你的公然蔑视："爸爸真是又老又笨！我可以随意摆布他。当然，我知道他很爱我，但是，我真的认为他很怕我。"一个孩子可能不会说出这些话，至少不会当着爸爸的面表达这些意思。但每次当他以机智战胜爸爸，并在公然的反抗和争吵中获胜时，他都会想到这些。以后，他可能会以更加明确的行为表达他的无礼。并且，如果他认为爸爸不值得他尊敬的话，他就可能进一步反对爸爸的原则和信仰中的任何东西。

在冲突中，严厉回击孩子的故意挑衅是爸爸维护自己权威的一个方面。严格意义上来说，爸爸的权威并不是通过爸爸在对抗时的胜利树立起来的，相反，爸爸的权威是在平时爸爸和孩子的交往中一点一滴地树立起来的。在平时与孩子的互动中，爸爸要明确表明自己的原则，如果孩子违背某些原则，一定要和他说明为什么这些原则不可违背。爸爸要有耐心，出了问题要和孩子讨论，让孩子学会从其他角度去看待一件事情。他也许有他自以为正确的理由，但从其他的角度看，他的理由或后果却是有害的。通过反复的讨论，不仅有助于爸爸权威地位的树立，更有助于培养孩子的独立思考能力，而不只是爸爸的应声虫。

有权威的爸爸，孩子对他既尊重又亲近，他对爸爸的建议不会抱有置之不理的态度。这样的爸爸，通常不会受到孩子的故意挑衅。聪明的爸爸，不应该仅仅在冲突中取胜，更应该事先预见到冲突，避免冲突。当与孩子

的冲突发生后，在严厉回击之前，爸爸首先必须清楚，孩子做出的某种令人不快的行为是否真是对你的权威地位、对你作为爸爸的领导地位的直接挑衅。谨记，不要担心严厉回击会伤害爸爸与孩子的感情。事实上，没有什么东西比爸爸在受到挑衅后取得胜利能使爸爸和孩子靠得更近。如果惩罚是孩子自找的，并且他完全明白自己是"罪有应得"的话，孩子在最初的泪水消失之后，往往会表现出对爸爸的爱。

讲原则的爸爸，给孩子适当订规则

　　3岁的小强晚上不好好睡觉，几乎每晚半夜都要起来，一定要爸爸陪他玩，有时要玩两个多小时才肯再去睡。爸爸被搞得精疲力竭，工作因此受到了严重的影响。爸爸无奈的一遍一遍地说："小强，按规则，现在该睡了。"可孩子就是不听。爸爸就一遍一遍地说，却还在继续陪孩子玩。

　　小强爸爸这样的行为无疑给了孩子一个信息：规则，就是虚无的东西，和我无关，我想干什么就干什么。其实，从孩子一出生，爸爸就应该以一定的规则来约束孩子的行为。比如，定点喂奶、定点睡觉。从小就应该让孩子懂得规则就是规则，如果他不遵守规则，他就要承受他所不喜欢的后果。如果爸爸不能坚持原则，那就不能怪孩子破坏规则。孩子通过爸爸的行为反馈来认识或矫正自己的行为。于是，爸爸只看到表面现象：孩子抗拒爸爸权威、破坏规则，但这是爸爸自己造成的恶果，是爸爸的行为教会孩子，不服从爸爸的命令，并没有什么不良后果，于是他就不再服从这些命令了。谨记，高效能的爸爸，必定是讲原则的爸爸。

　　许光达这位身经百战的大将军，只有一个儿子，名叫许延滨。为了管教孩子，他立了三条规矩：第一，延滨一上学就住在学校，过集体生活；第二，严格控制零花钱，生活标准向工农子女看齐；第三，不准自己的司机去接送孩子，让延滨自己走路。他还严厉警告儿子："在外面不准打我的牌子，如果你对别人讲自己是司令员的儿子，就不许你回这个家。"小延滨是个听话的孩子，父亲立下的三条规矩，他一条不犯。从上小学起，从不对别人讲父亲是司令员，在填表时不填父亲的名字填母亲的名字。延滨高中毕业后，他品学兼优，学校准备推荐他出国留学。可是，当审批他在学校填的各种表格时，发现无论是小学还是中学，"家长栏"里只有母亲的姓名，而没有父亲的。他的父亲是谁呢？会不会有什么政治问题？不然，为什么要隐瞒？学校负责政审的同志来到延滨家中，一方面想了解一下他父亲的情况，另一方面，关于出国学习的事，也想征求一下家长的意见。学校的同志见到许光达同志后，不禁一怔：原来延滨的父亲就是大名鼎鼎的司令员，一种敬佩之情油然而生。许司令员听了学校的同志介绍延滨在校的各种表现后，认真地说："生了孩子就给社会添了一个成员，父母就要对社会多负一份责任。延滨有了进步，多亏你们的培养，做父母的也很高兴，但是我不同意推荐他出国留学。"学校的同志心想，推荐延滨出国学习，既没有人情关系，又不是滥竽充数，为什么不让延滨去呢？于是，便一再劝他还是答应让延滨去留学，可许司令员就是不点头。他恳切地说："高级干部子女在国外会受到特别照顾，对子女的成长没有好处，还是推荐那些优秀的工农子女去吧！"延滨没有出国，他大学毕业后，成为国内出色的科技人才。

我们的社会需要规则，如果没有规则，我们很难想象这个世界会是什么样。给孩子定规则，道理也一样。不给孩子定规则，受害的不仅是父母，更殃及孩子本身。

孩子需要理解他周围世界的规则。他需要别人对他的期待，他和别人怎么相处。他能够把一件事做到什么程度，如果他做得过头了，会发生什么。随着他一天天长大，他需要用一些方法来衡量自己不断增长的技巧和能力。规则在他学习—发现的过程中起着极为重要的作用。但是，如果爸爸的规则不明确的话，爸爸一心想教给孩子的东西就很容易起不到作用。

所以爸爸要讲原则，一旦立了规则，就必须执行。规则是客观的条条框框，不是爸爸情绪的好与坏。鉴于孩子容易忘记预先的约定，也没有成熟到能很好地控制自己的情感和欲望，爸爸需要不时地提醒以帮助孩子记

住。但是，提醒归提醒，一旦孩子破坏了规则，就要按照规则来办事。一是一，二是二，行就是行，不行就是不行，必须让孩子懂得他的一举一动能产生不同的后果。随着时间的推移，他就会知道无论什么事都要有原则，不能随心所欲。

想要孩子遵守规则，爸爸必须坚持原则。在大是大非面前，孩子不听话，爸爸不让步，会更有利于对孩子的教育。如孩子在公共场合耍赖，外出做客没规矩，影响妨碍别人的生活、活动等。只要孩子违背事先的约定，爸爸可以运用中断活动、带离现场等方式，让孩子体验不遵守约定的后果。但是，爸爸切记：事先要针对可能发生和曾经发生过的问题，和孩子一起制订彼此都要遵守的约定，使孩子心理上有准备，行为上有比照，这样孩子才能心悦诚服地接受爸爸的意见。规则对孩子的成长，不但起着约束作用，更会使孩子得到安全感。当然所有的规则都不仅仅是立给孩子的，爸爸也要严格遵守。这样才能让孩子更好地遵守规则。

文明言语，爸爸应该多说"谢谢"

周末，单位同事来家里探访，爸爸对佳佳说："佳佳，快叫叔叔好。"佳佳漠然地看了客人一眼，继续低头玩积木。爸爸单位的同事为佳佳买了个芭比娃娃。爸爸说："佳佳，快谢谢叔叔。"佳佳却扭头跑回自己的房间了，留下尴尬的爸爸和客人。家里来了客人，孩子却这么没有礼貌，真让爸爸觉得脸上无光。

礼貌是连接自己和他人的一座桥梁。礼貌是与人沟通应有的态度，你的态度好与否，都会给人留下深刻的印象。懂礼貌的人容易让别人接受，成为一个受欢迎的人，所以，爸爸要潜移默化地从小培养孩子讲礼貌。

礼貌，又是通过动作与语言的运用来表现的。因此，爸爸一定要提高自身素质，以身作则，给孩子好的影响。让孩子在耳濡目染中受到有礼貌的教育与培养，爸爸说话时时处处要注意讲文明有礼貌。例如，爸爸在早晨见到孩子或他人时要说声"早上好"，同孩子或他人分手时要道别说声

"再见"，得到别人的帮助要说"谢谢"，碰痛了别人会客气地打声招呼"对不起"。家里来客人，爸爸热情招待，友好交谈，说话文雅，注意倾听对方讲话。另外，从生活细节入手，教孩子养成礼貌的习惯。如，教孩子早上醒来和爸爸、妈妈说"早上好"，爸爸、妈妈上班时说"再见"，吃饭和吃东西的时候先让长辈，然后自己再吃。带孩子外出时，遇到熟人主动给孩子作介绍，让孩子有礼貌地问好、打招呼。带孩子走访亲友时，除教孩子有礼貌地打招呼外，还要教育孩子别在人家乱闹，乱翻东西，乱拿人家孩子的玩具等，临走要说道别的语言"请回""再见"等。另外，要让孩子明白，衣着整洁、举止斯文，注意倾听别人讲话，不打扰别人的休息和工作，去小朋友家轻声敲门、尊敬父母和师长等。这些都是对人有礼貌的表现。孩子看在眼里，听在耳中，记在心上，慢慢也会照此行事。当孩子偶尔出现与小朋友打骂时，爸爸要及时指正，久而久之，孩子就会养成尊重他人的言行习惯。

日常生活中，不少当爸爸的不注意小节，过多地暴露了素质缺陷，降低了自己在孩子心中的形象。文明礼貌习惯看起来是一种外在的行为表现，实际上它与人的内心修养，与人是否有足够的自尊与尊重他人有着十分密切的关系。自尊，就是自己尊重自己，不容受到侮辱和歧视，维护自己的人格和尊严。

每一个正常人都有自尊心，但要实现真正的自尊须先尊重他人，遵守社会秩序，注意文明礼貌。很难想象，一个丧失了自尊心的人会具有什么样的文明礼貌习惯。

爸爸应教育孩子使用文明礼貌语言是待人最起码的要求，教育孩子不说粗俗的话，多用礼貌用语。爸爸不能在孩子面前说一些脏话或是不雅的口头语，更不能在孩子面前与人争吵、打架。

丰子恺在平时生活中，经常给孩子们讲要对人有礼貌，还非常具体细致地说："礼仪，就是待人接物的具体礼节和仪式。"丰子恺是名人，家里经常有客人来访。每逢家里有客人来的时候，丰子恺总是耐心地对孩子们说："客人来了，要热情招待，要主动给客人倒茶、添饭，而且一定要双手捧上，不能用一只手。如果用一只手给客人端茶、送饭，就好像是皇上给臣子赏赐，或是像对乞丐布施，又好像是父母喂小孩子喝水、吃饭。这是非常不

恭敬的。"他还说："要是客人送你们什么礼物，可以收下，但你们接的时候，要躬身双手去接。躬身，表示谢意；双手，表示敬意。"这些教导，都深深地印在孩子们的心里。有一次，丰子恺在一家菜馆里宴请一位远道而来的朋友，把几个十多岁的孩子也带了去作陪。孩子们吃饭时，还算有礼貌，守规矩。当孩子们吃完饭，他们之中就有人嘟囔着想先回家。丰子恺听到了，也不敢大声制止，就悄悄地告诉他们不能急着回家。事后，丰子恺对孩子们说："我们家请客，我们全家人都是主人，你们几个小孩子也是主人。主人比客人先走，那是对客人不尊敬。就好像嫌人家客人吃得多，这很不好。"孩子们听了，都很懂事地点头。

丰子恺的儿子丰陈宝，小时候很守规矩，但特别害怕见生人。因此，在客人面前，常常显得不大懂礼貌。丰子恺觉得，小陈宝之所以这样，恐怕是因为他平时很少接触生人，缺乏见识和这方面的锻炼。于是，他就利用一些外出的机会，带着小陈宝出去见世面。一次，丰子恺到上海为开明书店做一些编辑工作，把小陈宝也带去了。那时，小陈宝十三四岁，已经能帮着抄抄写写，剪剪贴贴。带上他，一方面是有机会让陈宝打下手；另一方面，也考虑给他一个接触生人的机会。有一次，来了一位陈宝不认识的客人。客人跟丰子恺说完话，要告辞的时候，看到了小陈宝，转过身来就与小陈宝热情地打招呼。小陈宝一下子愣住了，一时间，不知道如何是好，竟没有任何反应，傻呆呆地站在那里，像个木头人似的。送走了客人，丰子恺责备陈宝说："刚才，那位叔叔跟你打招呼告别，你怎么不理睬人家？人家客人向你问好，你也要向人家问好；人家跟你说再见，你也要说再见，以后要记住。"

在父亲的正确教导下，丰子恺的孩子个个懂规矩，讲礼貌，长大后都成为了有出息的人。

爸爸还要以身作则地培养孩子形成对人对事的一些最起码的礼仪。要坐有坐样，站有站样，这也是一种文明礼貌。说话要和气，要轻声，除非在给大家讲话的时候声音才能稍大一些。

有一位教授，他经常到美国访问。他说：在国外，讲究对人说话的声音放低，这是一种礼仪。他说他的母亲从小就告诉他："由坐的样子和拣地上东西的动作，就能看得出家教如何。男士张着双腿坐，女士靠拢着双膝坐；男士弯腰拣东西，女士蹲下来捡，而且蹲时要并拢着膝盖。"

教育孩子懂礼仪，机会很多，可以说处处都是课堂。无论是探亲访友，还是在家中款待亲朋好友，这都是让孩子学习礼仪，提高交往能力的好机会。多为孩子提供"教育情景"，让孩子不断练习，巩固热情、礼貌待人的行为，这对孩子思想品德、学识能力、行为习惯的培养都有积极的推动作用。

坚定原则和立场，不左右逢源

大伟在学校是班里的班长，性格直爽，做起事来雷厉风行，班级的事被他调理得井井有条，经常受到学校的表扬，为班级争得了荣誉。可是由于他对虚伪的人和不公平的事批评起来不给面子，常常让人下不来台，因此而得罪了不少同学，受到同学们的孤立和排挤。爸爸担心他为班级做了好事，却误了自己的学业，又得罪了同学，实在划不来，就劝儿子说做人要圆滑世故一点，要善于左右逢源。儿子不解地看着爸爸问："爸爸，你是说做人可以不讲原则立场，只要不得罪人就行吗？"儿子的话让爸爸无言以对。

左右逢源是言不由衷的应承，是一种油滑的处世态度，指人处理事物时充分权衡利弊得失，而后做出的对自己较为有利的判断，是一种见风使舵、毫无立场原则可言的为人之道。

作为爸爸，要教育孩子做人要有原则立场，要学会真诚做人。家庭教育的核心是让孩子"学会做人"，让孩子养成良好的学习习惯、优良的人格和良好的道德品质，使孩子有正义感、责任心、义务感，有良好的个性品质。因此，在教育内容上要力求重视孩子个性品质的培养。身教重于言教，爸爸自身的人格魅力对孩子的成长至关重要。

朱光潜从小就接受了父亲关于"做真正的人"的熏陶。那还是年幼的时候，父亲教给朱光潜一首诗："半亩方塘一鉴开，天光云影共徘徊。问渠哪得清如许？唯有源头活水来。"朱光潜很喜欢朱熹的这首

诗歌，把它当作做人、做学问的座右铭，时时加以吟咏，以此激励自己。"问渠哪得清如许？唯有源头活水来。"朱光潜先生在治学方面不断求新，在做人方面也两袖清风，正直公正。

子曰："君子周而不比，小人比而不周。"就是说君子为人严谨而不去附从，小人则喜欢附从而不够严谨。做人要立场坚定，要有原则。立场、原则不同，那只是见解不同，是角度问题，若失去了立场、原则，就是人格问题、动机问题，与前者有本质的区别，在做人时，必须弄清这点。

彭德怀一生没有子女，他把弟弟彭金华烈士的女儿彭梅魁当做亲生女儿，他们长期生活在一起。1959年后，彭德怀搬出了中南海，住到吴家花园。在那里，彭德怀亲自开荒种菜，挖塘养鱼种藕，把一个残垣断壁、草木凋零的荒园，变成了一个真正的花园。梅魁看到伯父年纪大了，劳动有些吃力，便劝他说："你不能这样不顾身体啊！"彭德怀说："孩子，劳动对我来说是需要的，再说国家还很困难，我不能为党工作，还可以为人民减轻一点负担啊！"一天，彭德怀带着梅魁走到院子的墙跟前，指着墙外的一棵树问她："梅魁，你看这树为什么没有叶子？"梅魁知道是因为自然灾害，老乡生活困难，把树叶打下来吃了。可是，又不知道怎样回答才好，只好望着伯伯，不开口。走了几步，彭德怀又问："你们厂里有没有人得浮肿病？"梅魁说："没有。"其实，她没照实说。彭德怀又带她到自己的茄子地里，指着茄棵对她说："茄子不开虚花，小孩不讲假话。"然后又用手指着自己的前额说："我这个老头子就像小孩子一样不说假话。我要实事求是，坚持真理。梅魁啊，我希望你长大以后，不要追求名利，搞那些吹牛拍马、投机取巧的事。要做老实人，心里装着人民，时刻想到人民的疾苦啊！"对于伯伯的教导，梅魁感动得热泪盈眶。她激动地说："伯伯，我一定向你学习，不说假话。"

要想把孩子培养成一个正直不阿的人，做爸爸的首先要善良、仁爱，爱憎分明。爱和恨，是一个人品德修养的两个方面，做人要爱憎分明，爱什么，恨什么不可糊涂，必须旗帜鲜明，立场坚定，这样做人才能知道该支持什么，反对什么。爱与恨，是感情问题，涉及做事就是品行问题了。立场明确了，其他问题就好解决了，立场是根本性的问题。善于见风使舵的小人，在人际交往中总能左右逢源。但是老爱用自己的聪明去戏弄别人的人，往往会聪明反被聪明误！

只有将孩子培养成一个有坚定的原则立场、有责任感、不左右逢源的人，孩子将来才有可能成为栋梁之材。

敢于承担应有的责任

皮皮坐在靠近门边的书桌前写作业，外面风很大，作业本被风吹得"啪啪"直响。皮皮不得不一次次跑去关门，每次关上没多久，一阵猛烈的风就又把门吹开了。这时，邻居李叔叔来找皮皮爸爸，他没有进门，和皮皮爸爸俩人就站在门外闲聊起来。没多久，风又把门吹开了，皮皮于是跑去关门。他猛地把门合上，然而门却因为碰到障碍物反弹了回来，与此同时，皮皮爸爸痛苦的叫喊声响起。皮皮惊恐地看到，门外的爸爸五官痛苦地扭曲在一起，头发都竖了起来，而他的五根手指上留下一道紫红的印迹……看到皮皮出来，爸爸暴怒地冲他扬起了手。原来，刚才爸爸的手放在门框上，皮皮突如其来的关门，差点把爸爸的手指夹断。皮皮吓坏了，以为这次一定免不了遭到一顿暴打。但是爸爸的巴掌并没有落在脸上，皮皮的脸颊感受到的也仅仅是一阵掌风而已。事后，爸爸对皮皮说："当时我实在痛得厉害，原想狠狠地打你一记耳光，但是转念一想，我是自己把手放在门框上的，错误在我，凭什么打你呢。"

爸爸的这句极为普通的话，却给了皮皮一个毕生受用的启示：犯了错误必须自己承担后果，不可迁怒于他人，不可推卸责任，无论你是一个父亲、老板，还是领袖。爸爸作为孩子直接的榜样，也应该以身作则，由于自己的过错造成的后果，决不推卸到孩子身上，做一个承担后果的表率。要想培养孩子的责任感，做爸爸的一定要以身作则，自己做的事要敢于自己承担，无论是公事还是私事。那种一有事就往别人身上推的人不但卑鄙

而且可耻。

责任感是做人的基础，因为有责任感的人，首先要有一定的道德水准，否则他也不可能对事情负责任。责任心也是做事情的标准之一，没有责任心就不可能认真去做事。当孩子做出某个决定或承诺时，告诉他要对自己的做法及后果负责，这样可避免事后不必要的牢骚和埋怨。

1920 年，里根 11 岁。有一天，他和小朋友在院子里踢足球时，不小心将邻居家的玻璃打碎了。邻居很生气，非要他赔偿 12.5 美元。里根吓得赶紧跑回家，恳求父亲帮帮他。父亲却说："我不会替你还钱的！你现在首先要做的就是先到邻居家赔礼道歉，而后自己还钱。"里根一脸的不解："我赔？我哪有那么多钱啊？"父亲说："你必须对自己的过失负责！我可以借钱给你！但一年后你必须还给我。"按照父亲的要求，里根到邻居家赔了钱，而后，便开始了艰苦的打工生活。半年后，里根终于挣够 12.5 美元，还给了父亲。里根靠自己的双手，弥补了自己的过错。后来，里根成了美国总统。可只要里根回忆起此事，他就会说："通过自己的劳动来承担过失，使我懂得了什么叫责任。"

里根父亲的可贵之处，就是让孩子懂得：犯了错误，就应该勇于承担后果，不逃避，不推卸责任。其启示是要从小培养孩子的责任感。责任感是做人必备的品格，如今的独生子女，优越感特别强，有父母这座大靠山，什么事都不在乎，有事由父母兜着，所以对自己的一言一行、所作所为，总是大大咧咧、马马虎虎，缺乏责任感。这样的孩子长大以后怎么会对家庭负责、对人民负责、对国家负责？因此，培养孩子的责任感，必须从小抓起。作为爸爸，应该从孩子懂事那天起，把对孩子责任感的教育渗透到养育的每个细节。如身体力行，给孩子做榜样，让孩子参与家务，有事和孩子商量，在家庭中开展"今天我当家"等丰富多彩的活动。这对培养孩子建立责任感是很有益处的。但是，有一点需要注意，那就是爸爸在培养孩子的过程中，要注意启发孩子主动参与，不要让孩子感到是在爸爸的强制下，不得已而为之，那样就会失去培养的意义与效果。

在培养孩子责任感的过程中，还要注意有耐心，循序渐进，不要总想着一口吃个胖子，要给孩子一个自己体会、理解的过程。同时，在属于孩子有权做主的事情上，要给孩子发言权和选择的机会。例如，爸爸给孩子买图书，就要给孩子选择的机会，并要求他既然选择了，就要好好看、好好学，让他潜意识里明白要对自己的选择负责。另外，在爸爸责任之内的事情上，要在一定范围内给孩子发言权和选择的机会。例如，管理和督促孩子写作业是爸爸的责任，爸爸可以规定孩子必须先写作业然后再玩耍，并与孩子达成一致。但是，在做作业的先后次序上可由孩子做主，先写语文也好，先写数学也罢，总之要在规定的时间内把作业做完后才能玩耍，否则后果由孩子自己负责，或取消玩耍，或有一点小小的惩罚。抓住这个时机，对孩子进行责任教育，让孩子明白：约定好的事，就要按约定的去做，否则就是失责；承诺的事，就要兑现，否则就是没有责任感，会失信于人。要言必行，行必果，让孩子从小学会履行自己的诺言，长大才能担负起社会责任。一个有责任感的人，才有坚不可摧的力量。

秉持公正，正直的爸爸像英雄

课间，三个男孩子在操场上打了起来，惊动了班主任。班主任把他们三个人叫到办公室，了解打架的经过。王东指着张斌斌理直气壮地说："是他先打赵小光的，他老欺负赵小光，我去劝阻，他还打我。"赵小光也委屈地说："刚才我在操场上玩球，他过来抢球，还骂我打我。"可张斌斌一口咬定是他俩先动手的。班主任又找了几个同学来调查，四个人里有三个都说是张斌斌先打的人，看来问题很清楚了。可这时，最后一个同学却说："不对，是王东和赵小光先打张斌斌的！"班主任让他再说一遍。这时屋里的同学除了张斌斌都瞪着他，只见他沉着地说："因为张斌斌平时爱欺负同学，所以好些同学都憋着劲想教训他一顿，刚才的事我亲眼看见了，事情是怎么回事就是怎么回事，要说就说实话，不该弄假！"这个出来作证的同学，由于他坚持说真话，才使班主任了解到了真实情况。说来也怪，当时瞪着眼睛不让他说实话的同学，尽管有的还跟他赌了两天气，可后来反倒和他更好了，他

在同学们中间的威信也更高了。

做正直的人是做人最基本的原则。要想培养一个正直敢说真话的孩子，做爸爸的就先要做个正直的人。正直，是做人应该具有的优良品德，也是中华民族最为崇尚的传统美德之一，历来为人们所称道和赞誉。古代有个成语"刚正不阿"，就是赞扬正直的；民间所说的"身正不怕影斜，脚正不怕鞋歪"，也是赞扬正直的。一个人有了正直的品德，对自己就能要求严格，不谋私，不贪利，不文过饰非，不隐瞒自己的观点，不偷奸耍滑；对他人不阿谀奉承，不溜须拍马，不阳奉阴违，不包庇坏人坏事；处理事情，敢于主持公道，伸张正义，抨击邪恶，不怕打击报复，总之能堂堂正正光明磊落地做人。

陈毅有一首明志诗，就是颂扬正直的斗士的："大雪压青松，青松挺且直。要知松高洁，待到雪化时。"诗中所描写的青松，不屈服于恶劣环境的重压，永远高耸、挺拔，正是正直人品的生动写照。陈毅同志一生襟怀坦荡，坚持正义，公正无私，是一位具有高尚正直品德的革命家。

我国人民历来崇敬那些具有正直品格的人，屈原、司马迁、包拯、海瑞、林则徐、闻一多等都在人们心目中留下了难忘的光辉形象，成了人们学习的榜样。

作为爸爸，做人要正直，做事要正派，堂堂正正，才是立身之本、处世之基。身正心安魂梦稳，品行端正，做人才有底气，做事才会硬气，心底无私天地宽，表里如一襟怀广。襟怀坦荡，光明磊落，就会赢得孩子的信赖与尊敬。己不正，何以正人？说话要有根有据，有一说一，有二说二，该说的就说，该做的就做，说的都是真话，做的都是正事。心术不正，故弄玄虚，口是心非，用心计，耍手腕，当面一套，背后一套，台上说君子言，台下行小人事的人，又谈何主持公道、伸张正义。所以，做爸爸的一定要走得直，行得正，坐得端，为孩子树立一个正直、公道的榜样。

> 包拯为官公正清廉，被老百姓尊称为包青天。他在不徇私情铡了贪赃枉法的侄子包勉后，从侄子身上得到了深刻的教训，更加注意对自己后代的严格教育了。为了教育后代，他专门将《家训》刻在石碑上，竖在堂屋的东壁，以戒后世子孙。碑文中有一段是这样写的："后世子孙仕官有犯赃滥者，不得放归本家。亡殁之后，不得葬于大茔之中。不从吾志，非吾子孙。"

只有做个正直的好爸爸，才能为孩子做一个正直的楷模、秉持公正的表率。要做一个正直的人，就要全面提高思想品德修养，提高辨别是非美丑的能力。正直，不是孤立的品格，它与一个人各方面的思想道德密切相关。一个不善良的人，谈不上正直，因为他没有同情心，就不会疾恶如仇，也不会从善如流；一个不勇敢的人，也谈不上正直，因为他胆小怕事，就不会揭发批评坏人坏事，也不会热情地歌颂好人好事。

要想把孩子培养成一个正直的人，作为爸爸首先要坚持真理，在任何时候都要说真话，说老实话。一个能秉持公正、正直的好爸爸会成为孩子眼中的英雄，孩子才会乐于效仿你做正直的人。

说真话并不是一件容易的事情，它需要勇气、真诚和坦荡。我国著名翻译家傅雷在他儿子的信中说："一个人只要真诚，总是能打动人的；即使人家一时不了解，日后仍会了解的……我一生做事，总是第一坦白，第二坦白，第三还是坦白。绕圈子，躲躲闪闪，反易叫人起疑心；你要手段，倒不如光明正大，实话实说，只要态度诚恳、谦卑、恭敬，无论如何，人家不会对你怎样的。我的经验是，和一个爱耍手段的人打交道，永远以自己的本来面目对付，他也不会用手段对付你，倒反会看重你。"

这段话是傅雷丰富生活经验的结晶。它告诉我们做一个正直的人的一定之规就是真诚。无论大事小事，无论对待何人，都应该完全真诚。这不是为了讨好，不是为了取得谅解，也不是为了把问题搞清楚，而仅仅是为了就应该这样做人。即使在不便直说的特殊场合下，也不要编造哪怕是小小的谎言，不必担心遭人误解。一个真诚的人最终是会使人折服的。

做一个正直的人，还须办事公道，有正义感，就是说所作所为要符合社会道德和良知的规范。他不贪图私利，不受人事关系左右；他不需要别人命令，完全是一种自觉自愿的服从，在关键时刻能毫不迟疑地挺身而出。正直的人要一身正气。

此外，做一个正直的人，不但乐于助人，也要会拒绝人。对损害别人和集体利益的事，对非分的不合理要求，对本该属于他分内之事却不断要求别人去做的人，都要加以拒绝，不管是直截了当地说"不"，还是采取婉转的方法。这不但维护了正义和尊严，也能使别人对你肃然起敬。

培养正直的品质是培养孩子做人的方向标。把孩子培养成具有正直品质的人，是使孩子获得成功人生和生活过得更有意义的重要保证。

严于律己，宽以待人，让爸爸变得权威

　　小明的爸爸总是指责楼上的住户夜里开电视或说话的声音太大，影响小明家人休息，指责隔壁的住户总是往楼道里乱堆东西，影响小明家人出行，因而小明爸爸和楼上与隔壁家的人经常发生争吵。可小明爸爸养的狗，常在夜里狂吠，扰得邻居家睡不好觉，小明还看见爸爸常常将垃圾乱丢在楼道里，邻居给予指出时，小明的爸爸就理直气壮地为自己申辩。爸爸的做法让小明觉得在邻居面前抬不起头，于是爸爸的形象在小明的心里大打折扣。

　　宽以待人，严于律己，是中华民族的传统美德，也是现代社会为人处世的正确态度。但在我们周围，总会有这样一些人，评判别人的事情，常常头头是道，他应该这样做，不应该那样做。可当自己身陷其中，成为当事人，往往就没了标准，一不小心，就犯了相同的错误。上述小明爸爸的行为怎么能够在孩子面前树立威信，做好孩子的榜样呢？待人与律己的态度，可以充分反映一个人的修养，也是决定他能否与人很好地相处的重要因素。当爸爸的只有以"君子宽以待人，严于律己"的处世方法为孩子做好榜样，才会在孩子的眼中确立爸爸的权威。否则，一个总是戴着有色眼镜看人，这也不顺眼，那也不合适，总是与人格格不入，一语不和就针尖对麦芒，一句话，一件微不足道的小事，都可能与人闹得不可收拾的爸爸，在孩子眼中的权威就会破碎，失去完整性。孩子就会钻空子，爸爸的权威就会落空，对孩子的健康发展也极为不利。爸爸的行为习惯和观念对孩子行为习惯的形成至关重要。

　　以宽容态度待人，是以理解为基础。以客观的态度给人以评价，会使我们从别人身上看到自己所没有的优秀之处，又能使我们对人的缺点错误抱一种善意的态度予以充分的谅解。这是一个人有知识有修养的表现。"如果我们自身毫无缺点的话，就不会以如此大的兴趣去注意别人的缺点。"这话值得深思。

孩子之间朝夕相处，生活学习在一起，交往中难免会产生一些误会和矛盾。当矛盾发生时，首先应该让孩子学会严于律己，多想想自己的不足，主动承担责任，以求得"化干戈为玉帛"，增进同学之间的友谊，求得谅解。同时还应宽以待人，多站在对方的角度想一想，即使受点委屈，也要从大局着想，以友谊为重，做到有理让三分。这种严于律己、宽以待人的态度，是人际交往中的"润滑剂"，可以让孩子减少生活中许多不必要的摩擦和纷争。

俗话说"心底无私天地宽，人到无求品自高"，事实证明，一个人只要能跳出个人的圈子，才能严于律己，宽以待人。唯有如此，孩子才能在正确的交往中提高自己的道德水平。

爸爸要让孩子懂得，宽以待人是一个道德水平较高的表现。古谚说："有容，德乃大。"你希望别人善待自己，就要善待别人，要将心比心，多给人一些关怀、尊重和理解；对于别人的缺点要善意指出，不要幸灾乐祸；对别人的危难应尽力相助，不应袖手旁观，落井下石。即使是自己人生得意马蹄疾时，也不能得意忘形，居功自傲，而是应多想想别人对自己的帮助和恩惠，让三分功给别人。要让孩子明白人总是喜欢和宽容厚道的人交朋友的，正所谓"宽则得众"。宽以待人还要求爸爸要让孩子知道"己欲立而立人，给欲达而达人"，即自己要站得住，同时也使别人站得住，自己要事事行得通，同时也使别人事事行得通。

我国北宋著名爱国诗人陆游，教子做人时，给儿子们提出了一系列做人的道德规范。其中一条就是要让儿子们宽以待人、严于律己。陆游说过，我一辈未曾害过别人，有人害我，"或出忌嫉，或偶不相知，或以为利，其情多可谅，不必以为怨"，不要去计较，要尽可能回避这些事。

周恩来生前就非常注意"严于律己，宽以待人"，他总是对自己严格要求，而对别人却非常和蔼，从不严厉。有一次周恩来找他乘坐的飞机的机长谈了些公事，后来又听说在飞机上不能随便和驾驶员或机长说话，这是违反空军纪律的，他立刻到空军某部去检讨，还写了书面检查。周恩来这样一个伟人，他也从不放松对自己的要求。

"严于律己，宽以待人"这是我们每一个人都应该做到的。现在全社会都在积极构建社会主义精神文明并创建和谐社会，作为孩子的爸爸，更应

该严格要求自己，学会宽厚待人，为我们的下一代树立团结合作精神的处世好榜样。

宽宏大量，不和别人斤斤计较

从前有一个穷秀才，在集市上卖字画。有一天，他看见不远处前呼后拥地走来一位大臣的小少爷。秀才知道这位大臣在年轻时曾经把自己的父亲欺辱、迫害得忧郁而死，秀才的心底不由涌起一阵仇恨的情绪，但这位小少爷并不了解这一切。这孩子被秀才的一幅花鸟画深深吸引住了，他在这幅画前流连忘返，不忍离去，想要买这幅画，秀才却将这幅画收卷起来，并声称不卖给他。这位小少爷是位痴情任性的人，对那幅画始终难以割舍，不能忘怀。从此以后，这孩子因为想得到这幅画而得了心病，日渐憔悴。最后，他父亲出面了，表示愿意为这幅画付高价。可是秀才宁愿把这幅画挂在他家堂屋的墙上，也不愿意卖给这个大臣。他阴沉着脸坐在画前，自言自语地说："这就是我的报复，父债子偿。"大臣没有买到画失望地回去了，没过几天，大臣的儿子就死了。可是秀才却没有得到报复后的快感，他连日梦见小少爷天真的笑脸，这使他的良心受到了谴责，终日痛苦不已。有一天，他应人要求画一幅佛像。可是，他画着画着就觉得佛像与自己以往画的佛像有很大的差异。这使他苦恼不已，他费尽心思地找原因，突然惊恐地丢下手中的画笔，跳了起来：他刚画好的佛像的眼睛，竟然是那位大臣的眼睛，连嘴唇也是那么相似。他把画撕碎，高喊道："我的报复已经回报到我的头上了！"

生活就是这样，面对别人的伤害，刻意的报复往往结局并不乐观，最后的结果与其说是报复了自己的敌人，不如说是更深地伤害了自己。报复是把双刃剑，在伤害别人的同时，也会划伤自己。因此不要对别人的伤害耿耿于怀，用别人犯下的错来惩罚自己，使自己痛苦，实在是太不明智了。

"当你伸出两个手指去指责别人时，余下的三个手指恰恰是对着自己的。"美国的父母常用这句话教育他们的孩子。圣人说："怀着爱心吃蔬菜，要比怀着怨恨吃牛肉好得多。"

古人云："冤冤相报何时了，得饶人处且饶人。"宽宏大量是一种素质，一种情操，一种美德；宽宏大量是海纳百川的大度与包容，是笑看风云的开怀与爽朗。一个成功的爸爸，只有把宽宏大量作为自身做人的准则和信念，在得到别人信任和尊敬的同时，才会得到孩子的敬重和爱戴，为孩子树立起榜样。所谓"大人不计小人过，宰相肚里能撑船"，"退一步，海阔天空，忍一时，风平浪静"，宽宏大量不失为育人律己的一条光辉典则。

爸爸要为孩子树立宽容豁达的风范，使孩子拥有一颗宽容的心，才能从容面对自己的人生。

> 纤纤的爸爸整天和妈妈吵架，还不准纤纤和其他小朋友接触，纤纤的性格变得孤僻起来。爸爸不时地告诫她谁都靠不住，叫她不要轻易相信别人，最好不要和他人接触。因此，纤纤一个朋友也没有，同学和她说话，她就猜疑同学是不是别有用心。特别是男同学和她打招呼，她就认为别人没安好心，想欺负她。她总是处处怀疑别人，敌视同学，因此，她每天都生活在猜疑、恐惧的阴影里，精神压力非常大。有一天，纤纤终于承受不了这种压力，精神失常了。

猜疑之心是自私、对别人不信任的一种表现。遇事就以自己为中心进行思考，维护自己的利益，所以，有猜疑之心的人往往小肚鸡肠、斤斤计较，容易反友为敌、反爱为仇。同时，这种人的精神压力也非常大，因为他每时每刻都在揣摩别人的心理，防范别人的行为，把人际关系搞得很紧张，这种压力还不能通过与人交谈的方式得到释放，积郁成疾，最终导致心理失常。

爸爸要想使孩子建立一个良好的人际关系，就要培养孩子拥有宽宏大量的胸怀。小气量的人永远不会被别人认可，要教育孩子能容人处且容人。心胸宽广，不仅自己生活愉快，精神舒畅，还会为别人所赞扬，为创造良好的人际关系打下基础。爸爸要让孩子懂得，因为宽容，我们知道了幸福的真正意义，因为只有宽容，世界才会越来越多姿多彩。

曾有这样一则寓言故事：从前，有一条大河，河水波涛翻滚。河上有一座独木桥，桥很窄，仅用一根圆木搭成。有一天，两只小山羊分别从河两岸走上桥，到了桥中间，两只山羊相遇了。但因桥面太窄，谁也无法通过，而这两只山羊又谁也不肯退让，结果，两只山羊在桥上用角顶撞起来。双方互不示弱，拼死相抵，最终双双跌落桥下并被河水吞没。

这则寓言很简单，却蕴含着深刻的道理，这正是"经路窄处，留一步与人行"的道理。在狭窄的路口处，不妨让别人先行，自己退让一步。表面看来，自己吃了亏，但实际上，如果彼此谁也不让谁，势必会两败俱伤，倒不如稍作退让，免去麻烦。

爸爸应教育孩子不要苛求任何人，要以律人之心律己，以恕己之心恕人，这也是宽容。

爸爸要让孩子懂得，做人要做宽宏大量的人，才能利人利己利社会。生活的天地如此广阔，没有必要在彼此摩擦中浪费时间和生命。天空很大，比天还大的是人的心！让孩子明白每一个人宽宏大量一点，大度一点，我们的生活就会更精彩、和谐、美好！

避免攀比，让孩子养成节约的好习惯

11岁的可可过生日，爸爸和他商量，要请几位好朋友在家吃顿饭庆祝一下。可可却坚决不同意，他不满地对爸爸说："那天同学过生日，请我们到大饭店'暴撮'一顿，花了两千多块！可您却让我在家里请客，又寒碜又小气，我才不丢人现眼呢！"于是爸爸苦口婆心地说："各家的条件不一样，心意到了就可以嘛！"可可听了嘴一撇说："您也太老土了！现在流行什么您都知道吗？钱本身并不重要，要舍得花钱才是硬道理！今儿多花点钱摆上几桌，立马挣足了面子。"爸爸没有办法，只好硬着头皮答应了儿子的要求。

盲目的攀比之风，目前在孩子当中非常盛行。对绝大多数孩子来说，举行一个奢华隆重的生日派对已经变成了每年的一个重要"节目"。很多孩子早就不满足那种只是家人或是最要好的朋友在一起简单地祝福一下生日了，而是想出了各种各样的办法相互攀比着过生日。他们像成年人一样在饭店大吃大喝，开香槟，切巨大的蛋糕，场面隆重盛大。而那些参加别人生日派对的同学也是相互比谁送的礼物更"拿得出手"，你送一百块钱的礼，我就一定要送两百块钱的。结果是大家的礼物一年比一年时尚，一年比一年昂贵。盲目攀比、炫耀自己的穿戴更是盛行。同学之间比着看谁的衣服牌子更硬，谁的鞋子更贵。不是名牌不穿，不是当红的明星作代言人的品牌衣服不穿。更有甚者，连国内的衣服也不穿了。孩子们还将攀比的行为延伸到自己日常所用的物品。比如书包、文具盒、钢笔甚至小到橡皮也要比较谁的更贵更高级。更有甚者，有很多孩子开始把自己家的车拿来作为攀比和炫耀的资本。有同学看着别的同学的爸爸开着更高级更好的汽车就会心里不舒服，而那些家里有高级汽车的同学呢？也会经常以此为资本来炫耀："我们家的车是宝马，撞坏了你们家又赔不起，下次看到我们家的车，你家的夏利就赶紧让路，知道吗？"

孩子们这种奢侈攀比的行为实在令人吃惊，也从中折射出现代家庭勤俭教育的缺失，父母对孩子的教育也都放在了如何教孩子知识，如何提高孩子的智力等方面，却很少灌输经济意识，节约的思想。现在的孩子都是独生子女，家长都抱着"再苦也不能苦孩子"的原则，对孩子的要求更是有求必应，大都过着衣来伸手、饭来张口的优裕生活，所以让孩子日久生成了一种奢侈攀比的恶习。这样做非但不是爱孩子，从长远角度看，反而会害了孩子。长此以往，孩子不仅会变成势利眼，更严重的，会影响到他们的价值取向，使他们慢慢变成一切向钱看的人，这是最要不得的。

很多孩子之所以会不断地要求父母买名牌，不停地和同学比着讲排场，无法控制地去和别人攀比，向别人炫耀，很重要的一个原因就是并不知道父母挣钱的不易。

"俭，德之共也；侈，恶之大也。"勤俭是一种美德，奢侈是堕落的开始。聪明的爸爸应该明白，宠爱孩子应该有度，堆金砌银、任其消费会使孩子变成纨绔子弟，给孩子万贯家财不如给他自我动手的能力、独立的意志及自强不息的精神。每个爸爸不可能都变成物质富裕的"富爸爸"，但却

可以成为精神富裕的"富爸爸"，千万不能成为一个穷得只剩下钱的"富爸爸"。

　　美国有个孩子家里很有钱，他父亲继承了价值400万美元的遗产，并且在洛杉矶市有一大片房产，这些将来都是他的，可是他却不愿伸手向他父亲要钱花。他一边上学，一边打短工，洗碗、拾垃圾、剪草坪，什么活儿都干。他觉得通过自己的劳动挣钱并不丢人，比完全依赖父母供养要好。一位中国学者在欧洲的旧货市场，看到不少外国孩子在那里卖自己过时的玩具、图书、服装等物品，觉得这些孩子太早参与市场交易了。他们为了攒点钱买自己想要的东西而摆摊，其家境恐怕不是太好。因为中国的父母不管自己日子过得多么紧巴，也要满足孩子的需要，甚至这些需要是超过家庭经济水平的，这叫"不能委屈孩子"。不久，这位中国学者了解到，事情完全不是他想象的那样。那些卖自己玩具的孩子大多家庭富裕，不缺钱花。让孩子自己挣钱的意义其实远远不在钱上，而是让孩子从小就养成自力更生、勤俭节约的习惯。后来他也允许自己10岁的孩子利用假日去广场摆摊。孩子自己定价，写标签，考虑划算与否，能否卖出。一天下来，虽然钱挣不了多少，但孩子却学到了一些有用的东西。比如，孩子开始知道钱来之不易，不要爸爸给买名牌网球服了。这在过去是父母讲一百遍道理也不顶用的。

　　想要教育孩子学会节俭，作为爸爸首先自己应该做到节俭，真正做给孩子看，起个表率作用，让孩子学有榜样，使孩子从小就养成勤俭节约的良好习惯。

　　爸爸在日常生活中要让孩子从小事着手，严格要求自己，逐步培养孩子勤俭节约的好习惯。要求孩子在打扮上不要过分，不要追求新奇时髦，更不要互相攀比。教育孩子不要乱花钱，不随便向家长要钱。平时不挑食，不经常买零食吃，能节约的钱一定要节约。教育孩子珍惜自己和别人的劳动成果，对家庭、他人、国家、集体的财物都要爱护，如爱护桌椅、门窗、教学仪器和体育设备等。

　　爸爸更要以身作则，起典型示范作用。要求孩子勤俭节约，爸爸就首先要带头做到，身体力行地教育和引导孩子了解生活的艰辛。吃饭时不乱倒饭菜，节约水、电，随时注意随手关灯、关水龙头，爱惜书本，让孩子懂得衣食的来之不易，从生活中的点滴做起，时时树立节约意识，以促使孩子从小养成勤俭的好习惯。

古人云："历览前贤国与家，成由勤俭败由奢"，丢掉节俭的美德，贪图享受，妄想不劳而获，这种人是没有前途的。要让孩子树立勤劳节俭光荣，懒惰奢侈可耻的观念，即使在生活富裕的今天，也要继承勤劳节俭的美德，艰苦奋斗，争做合格的小公民。

热情有礼，真诚大方

玫玫是个真诚大方的小女孩，她热情有礼的笑脸让小伙伴们都喜欢和她做朋友。这主要是玫玫的爸爸善于通过一些小事、小细节来教育玫玫。记得玫玫的两个小伙伴第一次来家里找玫玫玩时，玫玫爸爸热情接待，为他们准备了一些孩子们喜欢的水果和饮料，并和玫玫的小伙伴们做了一些简单的交谈，等小客人走后，玫玫爸爸客气送别，并且欢迎他们下次再来。后来玫玫爸爸再邀请一些小朋友来家玩时，就让玫玫自己来招待她的小伙伴。于是玫玫也学着爸爸的样子，有礼貌地向小伙伴问候并送上水果，还主动拿出心爱的玩具与小伙伴分享。

玫玫爸爸的行为实际上是给孩子作出了表率，使孩子在潜移默化中受到了教育，学会了热情有礼、真诚大方地待人，为孩子将来融入社会奠定了基础。

爸爸本身具备的品德，一般在孩子身上都可能找到。爸爸对他人的热情有礼、真诚大方等处事原则和行为，是孩子最好的、直观而生动的教材，会在潜移默化中培养出孩子尊重别人、真诚对待别人、与人和谐相处的良好品行。爸爸对孩子的影响是终生的，孩子的每个性格特征，言谈举止，都刻印着爸爸的影子。良好的家庭环境，能熏陶出孩子彬彬有礼、热情大方的礼仪风范。

首先要让孩子学会掌握礼貌用语。真诚友爱、礼貌待人，使人与人之间亲密和谐，礼貌用语是十分重要的一个方面。谈吐文雅、和气、谦逊，会减少许多不必要的猜疑、纠纷和摩擦，使人们心情舒畅、气氛融洽地自由交往。常言道："良言一句三冬暖，恶语伤人六月寒。"这就是礼貌用语的魅力。正如蒙田所说："礼貌无需花费一文而赢得一切"。礼貌是一团火，一缕阳光，一片朝霞，是润物细无声的春雨，能清净蔚蓝的天空，它能营造一种和谐的气氛，能温暖、滋润和净化我们的灵魂。只有人人讲礼貌，我们的世界才能更加美好、灿烂！

周恩来是礼貌待人的楷模，他虽身为国家总理，但总是谦虚恭敬、彬彬有礼，处处以礼待人。服务员给他端茶，他常常站起来用双手接过去，并微笑着点头表示感谢。外出视察工作，每到一个地方，他总是和服务员、厨师、警卫员一一握手，亲切地道谢。甚至在深夜回家途中，他也再三关照司机让外宾的车子走在前面，要礼貌行车。

孩子无论在家庭中，在学校里，或在将来的工作岗位上，都是集体中的一员，每天都要和父母、老师、同学、朋友相处，在社交的场合里，还要同更多的陌生人相处，这些都要求孩子要去适应更加独立、自主，更加复杂多变的生活。因此，培养孩子热情有礼，教其学会交往，善于交往，拥有良好的个性，对孩子愉快、成功地开展新的生活有着极其重要的作用。爸爸要注重培养孩子真诚、善良、热情的良好品质，增强孩子的交往能力，使孩子成为一个乐于交往和善于交往的人。这些好习惯的养成关系着孩子良好交往能力的形成，这也是未来社会人才必须具备的基本素质之一。从小帮助孩子建立良好的人际交往习惯，是孩子社会性发展的关键环节。要让孩子在祥和的人际环境下大胆地与人交往，爸爸要积极鼓励孩子，为孩子创造机会和条件。

爸爸要想培养出真诚热情、礼貌待人的好孩子，就必须从大处着眼，小处着手，逐步养成习惯。三国时的刘备曾告诫儿子："勿以善小而不为，勿以恶小而为之""千里之行，始于足下"。小是大的开始，"小"抓不好则"大"不能成。讲礼貌也要提倡从小事做起，从点滴做起的精神。

平时家里来客人，迎接客人进屋的时候，爸爸要主动帮助客人放衣物，请客人在合适的位置落座，主动送上客人想喝的饮料，递接物品要用双手。

让孩子主动大方地与客人打招呼，不要拘谨，要让客人感到像在自己家里一样。教育孩子，在客人要走时应礼貌挽留，说"您再坐一会儿""再喝杯茶吧"等。客人走时，要送客人一段距离后说"再见""有空常来"。去人家做客的时候要让孩子保持整洁，以表示对主人的尊重；说话不能粗声粗气，要谈吐文雅；不经主人允许，不可随意动用主人家里的东西；告别时，要说感谢的话，如"今天饭菜真好吃""玩得很愉快！"

爸爸要注意的是，在孩子没有讲礼貌的时候，千万不要强迫孩子。比如有客人来家里，孩子躲在房间里不出来，不与人打招呼，爸爸非得把孩子拉出来跟客人问好，结果，孩子产生了逆反心理。事实上，爸爸这种强迫的行为本身就是不礼貌的。孩子不愿意与人打招呼必然是有原因的，比如孩子从小就很害羞；孩子认为客人是爸爸的客人，与自己没关系；或者他正在做作业，一时忘记了打招呼等。这时候，爸爸需要的是引导孩子去跟客人打招呼，如果孩子实在不想打招呼，爸爸不应该强迫孩子，应该在事后告诉孩子："与人打招呼是最基本的礼貌，你去别人家里时也希望受到别人的热情欢迎呀！"这样，让孩子设身处地为他人想想，他的礼貌举止才会发自内心。

孩子正处于成长阶段，可塑性很强，真诚友爱、礼貌大方的文明行为也要在此时培养。只要爸爸严格要求自己，身体力行，从点点滴滴做起，坚持不懈，就会养成孩子真诚热情、礼貌大方的好习惯，使之成为孩子个人生活素质重要的一部分。

学会感恩，懂得回报

栋栋考上了一所名牌大学，他的爸爸别提多高兴了。栋栋的爸爸是下岗工人，他和妻子含辛茹苦地靠做小生意供儿子读书，为了能让儿子安心学习，家里什么活都不让儿子插手，栋栋从小到大连碗都没洗过。生活上，夫妻俩更是勒紧腰带，吃的用的都尽量满足儿子，不让儿子受半点委屈。为了让儿子在大学能过得

宽裕，不比别的孩子差，栋栋爸爸从亲戚朋友处借了三万块钱给儿子带上，为了不让儿子有心理压力，把借钱的事瞒着儿子。可就在大学一年级即将结束时，栋栋却因为失恋，选择了跳楼自杀，结束了自己年轻的生命。自杀前除了给女友的一封遗书之外，他没有给养育了他十九年的父母留下只字片语。夫妻俩哪里能承受得住失去儿子的巨大打击，栋栋的爸爸病倒了，栋栋的妈妈精神失常了。

这件事中，最应值得我们深思的是一个日益严重的社会问题，即孩子没有学会感恩。在现代文明社会里，我们的孩子对感恩似乎很陌生，既不知道为什么要感恩，也不知道如何感恩，这一点难道不值得我们忧虑吗？许多孩子认为让自己过上舒适的生活是父母的责任，是天经地义的。其实不懂得感恩，就背离了人性。不会感恩的人，带给社会的只能是冷漠和残酷。怀有感恩的心，就是时时对自己的现状心存感激，同时也要对别人为你所做的一切怀有敬意和感激之情，懂得适时回报。

当前的以独生子女为主的家庭中普遍存在以下不良倾向：只知受惠，不知感恩；只知索取，不知奉献；只知攀比，不知回报；只知被爱，不知责任。父母在平日的生活中，对自己的孩子往往采取了关爱备至的养育态度，孩子不知道父母养育的艰辛，心安理得地接受父母为自己所做的一切，才导致了自私个性的养成。感恩，就这样夭折在父母的溺爱中的。使孩子不被这种溺爱而宠坏，感恩教育就显得非常重要。

爸爸要让孩子学会感恩，就要让他体悟到来自父母慷慨无私的爱的背后，原来隐藏着那么多的辛苦；告诉他现在的生活是父母通过怎样的努力才得到的，让他知道父母的艰辛。要经常引导孩子从小就及时对父母做力所能及的回报。在知恩之后，即认识到从亲人、他人、社会那里得到多少恩惠，当以更大的诚意和实际行动给予回报，而这种回报不仅仅是物质上的，还包括情感方面的，比如一声简单的道谢。要让孩子知道，并非报大恩大德的大举动才叫报恩，对父母的点滴孝行，在他人看似微不足道的关心，也是一种报恩。孩子如果能常怀感恩之心，不仅能培养他与人为善、与人为乐、乐于助人的品德，促进其健康人格的形成，而且可对其今后和谐人际关系的建立起重要作用。

感恩之心是一切道德的起源。作为爸爸，要想引导孩子，唤起他灵魂最深处的善良本性与感恩之心，那么你首先就要有一颗感恩之心。如果你不懂得经常感谢他人，那么你的孩子也会和你一样。孩子的成长就是一个不断模仿的过程，而模仿的对象往往就是自己的爸爸。所以，想让孩子成为一个懂得感恩的孩子，那么你就应给他做出榜样。父母是孩子的镜子。有一个广告特别能教育人，相信大家都看过，就是儿媳给婆婆洗脚被儿子看见了，儿子也端来一盆水说要给妈妈洗脚。如果你想使你的孩子学会感恩，那么你就应该用自己的行动在这方面为孩子树立榜样。

孩子的心是敏感的，他能敏锐地感受到父母的情感态度。家庭中，父母对孩子的影响最为持久、深远。日常生活中的小事最真切，也最具说服力，孩子的感受也是最深刻的。因此，父母的身体力行胜过一切言语，榜样的力量是无穷的。爸爸妈妈之间的情感关系、爸爸妈妈和孩子之间的情感关系、爸爸妈妈和老人之间的情感关系是孩子感受最为深刻的情感关系了，这对孩子的一生有着深远的影响。这决定着孩子能否对亲人产生依恋和信任感，也决定着孩子今后应以怎样的情感态度面对各种社会关系，更决定着孩子今后有没有爱心，有多大程度的爱心和感恩之心。

所以，作为爸爸，应该努力营造充满爱心和感恩之心的亲情关系。比如，你是把好东西都给孩子吃，还是每次让孩子先给爷爷奶奶吃？你能让孩子明白他每天生存的保障是很多人努力的结果吗？爸爸妈妈之间恩恩爱爱、相互理解、相互关心牵挂；父母努力与孩子之间建立宽容而不纵容、关爱而不溺爱、平等民主、严慈相济的亲子关系；父母对老人充满尊敬、关爱与感恩之情。这些情感关系不是说出来的，而是用实际行动体现出来的。在一般的家庭中，尤其是父母对待老人的情感态度和行为，对孩子的爱心、感恩之心的影响最为直接，也最为深刻。日常生活中，爸爸们自然而然就能做到的，比如经常带着孩子看望老人，和孩子一起给老人买礼物、生活用品等；经常陪老人散散步，给老人捶捶背揉揉肩，给老人洗衣做饭、打扫室内卫生等；当老人过生日的时候，父母和孩子一起给老人过生日，也让孩子为老人献上自己的礼物，让孩子和老人亲热亲热，说说心里话；父母还可以陪老人玩他们喜欢的娱乐活动或运动项目，也可以帮助老人实现他们未曾实现的愿望。这些细小的事情，在孩子很小时就看在了眼里，当孩子稍大些，在力所能及的情况下，就可以鼓励孩子去做这些事情。在做这些小事的过程中，孩子会逐渐体会到父母对老人的孝敬、关爱和感恩

之心。也正是在日常生活的影响、熏陶下，孩子那颗感恩的心便悄然萌发了。

乐于助人，富有同情心

甜甜的爸爸经常做一些捐款的善举，他在每次捐款前后，一定会跟甜甜说为什么爸爸要帮助对方，对方的苦境是什么，把这种"爱"尽量讲给甜甜听。平时家里若有多余的水果、用品或自己亲手做的小菜之类的东西，甜甜爸爸常爱分一些给邻居，并且通常让甜甜代他送去。当甜甜爸爸读完一本好书，如果适合甜甜，他会尽可能跟女儿分享心得，并告诉甜甜，爸爸也会多买几本，送给朋友，让更多人都可以读到。开车出门时，若知道有目的地相同的人时，甜甜爸爸必相邀共乘，尽量把一部车坐满，也设法让甜甜知道自己这种做法的目的。有次全家在铁板烧餐厅用餐，庆祝中秋节，因为人多，许多人等在外面，当时有人要求与甜甜一家人共桌，甜甜顿时有不悦的表情，于是爸爸趁机说："与人共桌确实令人不太自在，不过爸爸想，如果我们今天也忘了预订位子，而不得不像他们一样，站在门外的话，恐怕也很希望人家能答应我们坐进来吧！"听了爸爸的话，甜甜立即愉快地邀请那位带孩子的叔叔与他们一家人同坐一桌。

爸爸要从日常生活的细节入手，有意培养孩子从小就富有同情心，善于站在他人的立场，为别人考虑，懂得助人为乐，付出爱心。

当代著名的社会生物学家威尔逊，有一次意外地发现一个有趣的现象：一只雄性的成年斑鸠在看到一只狼接近它孩子的时候，便会假装受伤，一瘸一拐地逃出巢穴，就好像它的翅膀断了。这时，食肉动物就会放弃攻击小斑鸠转而攻击成年斑鸠，希望能捕食这只"受伤"的猎物。一旦这只成年斑鸠把食肉动物引到一个远离巢穴的地方时，它就会振翅飞走。这种方法往往能够取得成功，当然，有时候也会遭遇不测。斑鸠就是用这种富有爱心的举动来保护幼小的斑鸠，使它们顺利长大。而小斑鸠在耳濡目染成年斑鸠的做法后，也会效仿。由此可见，爱心是一种后天强化的行为。爸爸在有意识地对孩子进行爱心教育的同时，更要以身作则，通过自己的言行来教育孩子，在家庭中营造爱的氛围，感染孩子的心灵。

做爸爸的要想向自己的孩子从小灌输与人分享的美德，本身要先做到与人共享这件事，才能以身示范，慢慢将爱心的种子播到孩子的心田。在适当的时候，教孩子站在对方的角度，来体会对方的心情，最能激发孩子体贴和无私的情怀，爸爸要多多把握这样的教育机会。

马宇歌是中央电视台"大风车"节目的小记者。同时，她和许多同龄的孩子一样，是一个喜欢玩耍的孩子。马宇歌的父母都是普通的公务员，她从小就受到父母这样的教育：对人要真诚，要关心他人。马宇歌的父亲常常给她讲故事、讲历史。他告诉宇歌，人不能光为自己活着，要像孙中山先生等志士仁人一样，以天下为己任。小宇歌至今保存着两块珍爱的徽章，一块是"博爱"，一块是"天下为公"，她常常将它们别在胸前。在父母的教育下，小宇歌也非常关心他人。

邻居唐爷爷是位80多岁的退休老教师，每次唐爷爷出去购物，只要遇上，马宇歌的爸爸总要主动帮老人一把。因此，小宇歌每次遇到唐爷爷也会主动上前搀扶，帮爷爷拎包。小宇歌收到第一笔稿费，还为酷爱书法的唐爷爷买了两支毛笔。

在学校里，马宇歌也非常关心别人。只要班上有请病假的同学，不管晚上放学多迟，天气多恶劣，宇歌都要去同学家帮助同学补课。

帮助他人是富有同情心的一种体现。缺乏同情心的孩子只关心自己，只顾自己的快乐，而无视别人的痛苦，甚至会把自己的欢乐建立在别人的痛苦之上，这种孩子是很可怕的。有同情心的孩子往往比较会关心他人，因此，爸爸要在生活中培养孩子的同情心。

让孩子学会助人的最好办法就是让他从中感受到快乐。比如，你可以让孩子帮你做一些力所能及的事情，然后谢谢他；也可以让孩子去帮助身边他可以帮助的人。让孩子在帮助别人并得到别人感谢的同时，感受到快乐。

　　爸爸可以为孩子创造一些与人交流的机会。在交往的过程中，孩子能亲身体验到别人的感受和想法，这样有利于同情心的培养。比如，许多大城市组织的"手拉手"活动，是在城市和贫困地区的孩子之间建立起来的互助合作，让城市孩子真切体会到农村孩子在没有书包，没有书本，没有橡皮等的艰苦环境下上学的感觉，爸爸可以鼓励孩子多参与这样的活动。你还可以和孩子一起整理一些他的衣服、玩具、用品等，挑选出一部分，捐献给需要的人。

　　言传身教，榜样的力量是无穷的，也是最有效的。要使孩子富有爱心，爸爸必须从自己做起，如果你想让你的孩子乐于助人，那么你就应该用自己的行动在这方面为孩子树立榜样。你关爱自己的父母和周围的人，如关心老人的冷暖、健康，好吃的东西先想到他们，抢做家务事，在公共汽车上主动给老人、抱小孩的家长、孕妇让座，给过路人指路和必要时的陪送，给遇到困难的人以帮助等，在你的影响下，孩子也会真诚地尊敬祖父母、外祖父母等长者，也会富有同情心地关心别人，帮助小朋友，为他们做好事。社会是个大家庭，与人方便，大家方便；与人乐，大家同乐。所以，做爸爸的必须教会孩子无私奉献，乐于助人。爸爸良好的道德行为会像种子一样在孩子幼小的心里扎根，并开花结果。

乐观的爸爸，让孩子快乐成长

　　涵涵是个性格开朗的女孩，整天乐呵呵的。同学们都以为她有一个特别幸福的家庭。其实在她很小的时候，妈妈嫌爸爸没本事挣钱养家，就和他爸爸离了婚。爸爸虽然很痛苦，但为了让涵涵过得开心，每天在涵涵面前都表现出高高兴兴的样子，精神抖擞地送女儿上学，然后去上班，下班后和女儿一起唱歌做游戏，节假日带女儿去逛公园，出去郊游。涵涵觉得和爸爸在一起的每一天都是开开心心的，性格自然就变得活泼开朗了。

　　对于孩子的健康成长，没有什么比拥有一个心态健康的爸爸更为重要的了。乐观向上的爸爸能给孩子带来心理上的安全感。家庭是培育孩子良好心态的最好温室。在童年和少年时代，孩子在家庭里生活的时间最长，和爸爸在一起的时光，应该是他一生中最美好、最难忘的回忆。爸爸对人生的态度，可直接影响到孩子。如果爸爸整天活得唉声叹气、愁眉不展的，每天向孩子发出的都是负信息，那么孩子自然会产生"活着没有意思"的想法。一个家庭快乐不快乐，并不看这个家庭有没有钱，孩子能不能考上大学，而是要看家庭成员之间有没有一个积极向上的心态。

有什么样的家庭，便有什么样的孩子。"问题爸爸"会培养出"问题少年"，或者心理不健康的孩子；"快乐爸爸"会塑造出"快乐少年"，或者心理正常发育的孩子。

宽松和谐的家庭气氛有益于孩子消除疲劳、紧张和烦恼，从而使家庭成为孩子前进的加油站，不断为其注入生机与活力，增加信心与勇气。长期处于心情愉悦环境下的孩子，往往表现为精神振奋、性格豁达、活泼乐观、充满自信。相反，处于紧张压抑家庭气氛中的孩子，往往带着精神负担迈出家门，久而久之，孩子就会表现出缺乏热情、性格内向、感情脆弱，甚至形成严重的心理障碍，与爸爸形成思想上的代沟或情感上的隔离带。

台湾省著名女作家罗兰说："生命不是一个可以孤立成长的个体。它一面成长，一面收集沿途的繁花茂叶。它又似一架灵敏的摄像机，沿途摄入所闻所见。每一分每一寸的日常小事，都是织造人格的纤维。环境中每一个人的言行品格，都是融入成长过程中的建材，使这个人的思想感情与行为受到感染，左右着这个人的生活态度。环境给一个人的影响，除了有形的模仿以外，更重要的是无形的塑造。"这段话，精辟地说明了环境、家庭对一个人的影响。环境是人创造的，家庭环境是父母和孩子共同创造的。乐观的爸爸能够营造出宽松、和谐的家庭环境，培养的是身心健康、性格开朗的孩子；悲观的爸爸会造成紧张、压抑的家庭环境，会培养出有心理障碍、心胸狭窄的孩子。

田汉是我国著名的戏剧活动家、剧作家、诗人。他教育孩子从不训斥、打骂，而是注意创造良好的家庭气氛，让孩子在愉快的环境中接受知识，领会长辈意图，锻炼自立能力。田汉的女儿田野，聪明俊秀，兴趣广泛，很愿意和父亲在一起谈天说地。父亲也很喜欢她，有时还和她开些小小的玩笑。一次，田汉到外地

出差回来，已是晚上 11 点多了，女儿田野已经睡下。尽管他很想念女儿，但没有惊动她。第二天早晨，他轻轻地走到女儿跟前，用自己的脸去贴女儿的脸。田野刚刚睁眼，田汉一下子弯腰躲到床下。田野以为自己在做梦，又把眼睛闭上了。这时田汉又用嘴去吻田野的脸，田野眼睛一看，啊，是爸爸！一下子跳起来搂住了田汉的脖子。每天晚饭一吃完，田汉一家人便习惯地围坐在一块开始"家庭每日谈"。先是田汉读报，讲解国内外形势。他讲得通俗易懂，大家都很爱听。有时大家也谈谈心，或者听老祖母讲一段家史，虽说有些大家都听熟了，但还是百听不厌；有时大家对某个戏曲也展开热烈讨论。兴致上来了，还开展文娱活动。田汉的拿手好戏是"秦琼卖马"，女儿田野有时也会来段"借东风"，家庭充满了欢乐。

爸爸在教育孩子的过程中，自己首先要做乐观的人，每个爸爸在工作、生活中都会遇到各种困难，爸爸如何摆脱困境会直接影响孩子的做法。如果爸爸能以身作则，在面对困境、挫折时保持自信乐观、奋发向上的精神，孩子也会受爸爸的影响，在遇到困难时，也能够乐观地去面对。爸爸应该多向孩子灌输一些乐观主义的思想，让孩子明白，令人快乐的事情总是永久的、普遍的，一旦有不愉快的事情发生，那只是暂时的，不具普遍性，只要乐观地对待，生活仍然是美好的。平时，爸爸要多引导孩子看到自己的进步和成绩，鼓励孩子想象自己的美好未来，让孩子对自己的未来充满希望。只要孩子对未来充满了希望，孩子必定会以乐观的心态去面对生活中的事情。一个气氛总是欢乐祥和的家庭，必定能培养出快乐自信的孩子。

忍气吞声，榜样的力量在消减

公共汽车上，爸爸带着 5 岁的儿子涛涛坐在座位上。拥挤的车厢内，涛涛看见一个男人正在掏一位女士的背包。涛涛便对爸爸说："爸爸，快看，那位叔叔在摸那位阿姨的包包。"涛涛的爸爸紧张地做了一个制止的动作，小声对涛涛说："嘘，别说话。"涛涛不解地看着爸爸问："为什么呀？"爸爸更加畏缩地说："不许再说话。"涛涛只能眼睁睁地看着那位阿姨的钱包被那个坏叔叔偷走了。下车后，涛涛不解地问爸爸："爸爸，我明明看到小偷在偷阿姨的钱包，你为什么不让我作声？"爸爸对涛涛说："儿子，小偷咱可得罪不起。涛涛，记住了，以后出门不要多管闲事，省得给自己惹麻烦。"涛涛不服气地瞪着爸爸嚷道："爸爸是个胆小鬼！"

故事中这个胆小、懦弱，遇事能躲就躲的爸爸怎么能为孩子树立起榜样的力量呢？见义勇为、惩恶扬善是社会道德赋予每个公民的基本责任。而当今社会，有些人为了明哲保身，不惜忍气吞声。做人可以学会宽容，但不能忍气吞声，不能没有原则与责任。如果没有了做人的原则和责任，也就没有了衡量对与错的尺度。当爸爸的如果自己都不懂得哪些事该做，哪些事不该做，毫无原则地忍耐，那么，又怎么能培养出明辨是非和善恶的孩子呢！这样做很容易引导孩子走入歧途。

每个人的生活环境不同，文化层次不同，所追求的目标和理想也不尽相同。但是，在内心深处，每个人都会有自己不同程度的做人原则。也就是说做人要有所为有所不为，懂得哪些事应该努力去做好，哪些事可以做，而哪些事是绝对不能做的，绝不能胆小怕事，一味的忍气吞声。

所以，当爸爸的要努力塑造好自己勇敢正直的形象，以增加自己在孩子心中的榜样力量。

李苦禅是我国当代著名的国画家和美术教育家，他的美术作品雄浑厚朴，磅礴大气，天趣自然，个性鲜明，与国画大师潘天寿并列为当代两大写意花鸟画家。李燕是李苦禅的儿子。在李苦禅的悉心教育下，李燕在画坛上脱颖而出，所作之画也颇有造诣。李燕的成长历程蕴含着父亲李苦禅的心血。李苦禅十分重视对儿子的品格教育，他经常对儿子说："人，必先有人格，而后才有画格；人无品格，下笔无方。秦桧并非无才，他的书法相当不错，只因人格恶劣，嫉恨贤达，诬杀忠良，害死岳飞，遂令百代世人切齿痛恨，见其手迹无不撕碎、如厕或立时焚之。据说，留其书不祥，会招祸殃，实则是憎恶其人，自不会美其作品了。"又说：

"如果作者人格鄙劣，是无人格，实在与艺术没有缘分，枉言真美善！"李苦禅如此教子，也如此做人。1937年北京沦陷了，伪"新民会"妄图拉拢社会名流为其装点门面，派人来请李苦禅出山，说什么"您要答应了，有您的官做，后头跟个挎匣子（枪）的，比县长还神气哩！"李苦禅不为所动，凛然而拒。某天有个汉奸来求画扇面，李苦禅草草画就，并大草一行："日月已沉海，蛟龙乱升天！"此汉奸附庸风雅，不识草字，竟满意而去。

孔子认为："人之生也直，罔之生也幸而免。"在孔子看来，一个人要正直，因为只有正直才能光明磊落。说到底，当爸爸的如能把握好做人做事的原则，爱憎分明、正直敢为，就能够引领孩子不断完善他的人生，爸爸自身的道德行为在自觉和不自觉的吸引和牵制着孩子，潜移默化地影响孩子的思想和行为。爸爸对孩子的积极影响，就道德而言是最直接、最有效的影响和纠正。当孩子站在成长的十字路口时，爸爸也要及时站出来，告诉孩子做人的基本准则，"该出手时就出手"！重要的是，说了这些话，爸爸还得以身作则，让孩子从自身的行动中悟出这些道理。

从爱书开始，养成孩子从小读书的好习惯

慧慧一周岁生日时，爸爸给她买了很多小画书。爸爸把这些书拿给慧慧说："今天是慧慧一岁生日，慧慧长大了，为了祝贺你，爸爸给你买了很多书，慧慧要好好看，看完了，爸爸再给你买。"因为爸爸把书当成了奖品，介绍给慧慧，书在慧慧的心中就有一种神圣感。从这一天开始，每天晚上慧慧都拿着书嚷着让爸爸念，每天读书的习惯一直持续着。在以后的日子里，每当慧慧取得成绩，或是生日、节日，爸爸都会非常郑重地对慧慧说："爸爸要送你礼物，你要什么书，爸爸陪你到书店买。"每次买回来书，爸爸都用双手捧着书，送到慧慧手中，并且会说，因为什么什么原因，爸爸奖励你一本书，希望你好好读书，下次你有进

步了，爸爸一定再给你买书奖励你！因为书是奖品，每当慧慧得到一本书，就认为有一份荣誉包含在其中，慧慧很珍惜书，更会认真读书。慧慧上一年级时，考试得了全校第三名，爸爸奖励她一套百科全书，并且告诉她，这套书很贵，爸爸本来不舍得买，因为你的成绩太好，爸爸再心疼也要给你买回来。爸爸想让女儿知道这套书的珍贵。果然，孩子得到这套书以后，看得非常认真，只要写完作业，就会在屋里看书。

一位名人说过："一间没有书的屋子，正如一个没有窗子的房间。"爸爸应该给孩子设置个家庭图书角，或把你的一两格书架交给孩子，让孩子把他的图书排列起来，这会成为孩子奔向知识海洋的码头。同时，爸爸还应成为爱学习的榜样，努力看书学习，汲取知识，不断提高自身的文化素养，那么，孩子也会对学习发生浓厚的兴趣。

有一个叫陈宇阳的孩子，他的父母都严于律己，以教书为乐，渴求知识。爸爸在教书之余，就埋头看书、写作，常辛勤笔耕到深夜，这一切给小宇阳留下了深刻的印象。在父母的感染下，他从小酷爱学习，广泛阅读各类书籍，不断地汲取知识，到初中毕业，就已经完成了一本15万字的名为《英国地名译名手册》的创作。

而有的父母自己与书无缘，只顾赚钱和玩乐，即使家庭有条件，也没有一点学习的气氛，又怎能促使孩子好好学习呢?

徐功巧是我国首批自己培养的18位博士中唯一的女性。徐功巧的爸爸是个很有影响力的知识分子，为了把孩子早日培养成才，爸爸还在功巧呀呀学语的时候，就买了看图说话小卡片给她看。随后，又买了连环画、童话集、科普画册等，单是《小学生百科全书》就有一百多本。琳琅满目的书，为孩子展示了一个新奇的世界。功巧和哥哥们在书的海洋里尽情遨游，从而丰富了想象力，培养了热爱科学的感情，萌发了探索科学奥秘的决心。功巧在小学读书时，她家的小院里养了十多只小鸡。她天天对它们进行观察。后来小鸡突然染上了疾病，一下子都死了。功巧缠着爸爸追问："小鸡好好的，怎么一下子都死了?"爸爸没有直接回答这个问题，而是特地又为她买了有关家禽饲养和疾病防治方面的书，

让她自己从中寻找答案。功巧在中学读的是俄语，进大学后，为了更广泛地掌握外国科技动态，开始下苦功自学英语。功巧的爸爸精通英语，但他为了培养女儿的自学能力，没特别加以辅导。他仍买来不少参考书，让功巧自己钻研，只是在关键之处稍加点拨。功巧要报考研究生时，手头资料十分缺乏，当时她爸爸每月领取的生活费很少。在这种情况下，要给功巧添置书籍是相当困难的。但是爸爸是个很坚强的人，他把家里每月订阅的报纸、杂志收集起来卖掉，用这些钱坚持给功巧买书。当徐功巧获得博士学位后，她自己感慨地说："我是得到了父亲的培养，在书堆里成长起来的。"

家庭中的文化环境是十分重要的。当爸爸的如尊重知识，热爱科学文化，自己常常看书学习，知识面较广，能回答孩子提出的各种问题，又能带孩子参加有益的文化娱乐活动，孩子也会勤思、好问，有强烈的求知欲望，并从小得到良好的科学、艺术熏陶。而爸爸如果经常整夜整夜地观看电视、录像，热衷于打麻将，通宵达旦地"方城大战"，根本不顾及孩子的生活、学习，孩子也会变得头脑简单、低级庸俗，只知吃喝玩乐。

一个文化素质不高的爸爸不容易培养出爱读书的孩子，因此，做爸爸的最好还是努力学习，不断用知识来丰富自己，和孩子一起接受文化的熏陶，养成读书的好习惯。

寓教于乐，引领孩子培养兴趣爱好

灿灿两岁时就喜欢自行拿起笔来随意涂鸦。每当灿灿画画时，爸爸就握住灿灿拿笔的小手，配合三字儿歌中的"小宝宝，学画画，大蜡笔，手中拿，画小鸭，叫嘎嘎，画小马，骑回家"等歌词真画个小马、小鸭之类的，或者小花、太阳什么的，这样一下子就引起了灿灿的兴趣。爸爸还将灿灿的涂鸦作品，帮她签上名字、日期和年龄，好好收藏起来，灿灿得到极大的鼓励，因此爱上了画画。跟爸爸一起在游戏中画画是灿灿最喜欢做的事了。比如，画串糖葫芦，爸爸先画些红圈或剪贴些圆圆红红的纸片当做糖葫芦，每两个果实间留些距离，让灿灿运笔串上，然后问"送给谁吃呀？"灿灿就会拿起画好的糖葫芦高兴地说："送给爸爸吃。"给小鸡画虫虫，爸爸先画好一只小鸡，低头捉东西的样子，然后边讲边画一只虫虫给小鸡，同时握住灿灿的手让她用力，试着给小鸡画虫虫。再如，通过拍照游戏，让灿灿练习画人（画照片）；用开服装店的游戏，试着让灿灿画裙子、衣服；用空白的贺年卡，让灿灿亲手制作各种美丽的贺年片等。总之，灿灿的爸爸总是动脑筋，让灿灿在游戏中觉得绘画是一件很有趣的事。灿灿对绘画的兴趣也就越来越浓了。

身为爸爸，应根据孩子的特点，寓教于乐，激发孩子的兴趣爱好。让孩子学在其中，乐在其中。孩子处在贪玩的年龄，所以，培养兴趣爱好，要让孩子做到心情愉快、心甘情愿，爸爸就要动动脑子子，要让孩子在游戏中轻松接受。在愉快的氛围中，孩子就会不知不觉地具备了某些特长。让孩子在游戏中快乐地学习，做到玩中学，学中玩。

常言道："兴趣是最好的老师。"兴趣是人们积极探究某种事物的认识倾向，是一种好的情绪，是一种人们想要从事某种活动的内在动力。一个人只有当他对某一事物发生兴趣时，才会对其产生好奇心并产生对其进行探究的心理欲望。这种欲望一旦被激发，就会成为一种学习的自觉性和内动力。一旦有了浓厚的学习兴趣，学习者就会自觉、主动地参与到学习中，把学习看成是一种乐趣而不是一种负担。学习者学习兴趣的高低、求知欲的强弱都会对学习效果产生直接影响。心理研究表明：当人们对某一事物发生兴趣时，其学习活动是愉悦的、主动的，这往往会将学习过程中所获得的知识和信息储存在大脑的"长期记忆库"里。由此可知，兴趣与教学的成败是密不可分的，对教学和学习效果有着至关重要的作用。

正如孔子所说："知之者不如好知者，好知者不如乐知者"。若想让孩子形成某种特长，爸爸就必须重视对孩子学习兴趣和态度的培养，要避免对孩子进行强迫教育。不论让孩子学什么，都要先启发，培养兴趣，不能硬逼着孩子去练字、绘画、弹琴等。如果爸爸不顾孩子的心理特点，采取强迫、命令甚至威胁的手段硬逼孩子学习，那么其结果必然会扼制孩子的

学习兴趣和成效，损害他的身心健康。

俄国文学家列夫·托尔斯泰十分注重培养孩子的学习兴趣，他常常抽时间给孩子讲故事、绘画，回答他们提出的各种问题。托尔斯泰从不给孩子强行灌输知识，而是根据他们的爱好和兴趣进行教育。有一段时间，孩子们对作家儒勒·凡尔纳的作品很感兴趣，托尔斯泰就一本又一本地讲给他们听。后来，他发现《环球旅游80天》这本书没有插图，为了帮助孩子们理解故事情节，他竟然每天晚上用鹅毛笔亲自为该书绘制插图。托尔斯泰的时间是宝贵的，但是他认为，把时间花在提高孩子的学习兴趣、激发孩子的求知欲方面是值得的。

俄国著名文学家托尔斯泰说过："成功的教学所需要的不是强制，而是激发学生的兴趣。"孩子的兴趣爱好是多方面的。由于孩子对事物的认识总是由具体到抽象，由表层到本质，因此，在培养孩子的爱好时，只凭空洞的说教根本引不起他们的兴趣。只有寓教于乐，减轻心理压力，激发孩子的学习兴趣，才能达到较为理想的效果。寓教于乐，既简单又适合于每一个人。而这种学习方式尤其适合孩童，因为他们的世界很单纯，充满奇异的想象，通过这些想象就有可能激发他们的潜能，找到适合他们兴趣爱好的方法，因材施教。

总之，爸爸要明白，孩子兴趣特长的培养应是"我要学"，而非"要我学，逼我学"。保持孩子学习兴趣特长的手段是鼓励、聆听孩子的心声以及春风化雨的诱导，而非强迫压制。

3

父母分工，榜样就该为家庭撑起一片天

体谅妈妈，教育不是一个人的事

　　晨晨的爸爸是搞软件开发的，虽然在家工作省去了车马劳顿之苦，但是工作却并不轻松。不过，在家工作总有方便之处，可以有很多时间和儿子在一起。时间一长，晨晨的爸爸对孩子的生活习惯了如指掌，比起晨晨妈妈可谓大胜一筹，比如什么时候该给儿子喝水，什么时候该给儿子吃东西，什么时候该给儿子加衣服，什么时候该让儿子睡觉等。等晨晨妈妈晚上回到家，小两口一起陪孩子疯玩，虽没有老人帮忙，倒也其乐融融。晨晨的爸爸经常在电脑前工作到深夜，所以每次半夜12点的喂奶工作也都是由他一手包办的，晨晨一觉睡到天大亮，省力又省心，当然满意之极。

　　走过妈妈唱主角的育儿时代，现在人们越来越多地意识到，爸爸的角色和作用是无可替代的，不论是粗线条的父爱，还是细腻的母爱，对于培养一个健全人格和健康心理的孩子来说，都是必不可少的。

　　作为爸爸，不应把教育孩子的责任都推到孩子妈妈身上，而应主动承担起教育的主要责任。可是在现实生活中，很多爸爸们总是有意无意地把教育孩子当作妈妈的事，当孩子出现问题时，爸爸总是容易把问题和责任推向另一半，觉得是妈妈没把孩子教育好。其实这是很不公平的，孩子如果没有教育好，爸爸应承担主要责任。孔子说："子不孝，父之过；子不学，师之惰"。

　　在欧洲经常可以看到这样的场景：年轻的爸爸抱着孩子在超市购物，或者和妈妈一起，一个推车，一个抱孩子，其乐融融。中国家庭传统是男主外女主内，妈妈几乎负责了孩子的全部事务，爸爸在孩子童年期教育中则基本处于"缺席"状态。经常听妈妈们抱怨，丈夫每天就是忙，忙着工作，忙着应酬，忙着上网，就是没有和孩子在一起的时间。那么，作为爸爸，你应当意识到孩子需要爸爸，而主动参与进家庭教育中来，并能静心

地融入其乐融融的亲子空间。

在一个家庭中，爸爸如能主动承担起教育责任并对孩子用心教育，教孩子往往比妈妈教得更好，并且更省力。男人一般原则性强，比较果断，执行力强。在教孩子时较少变来变去，决定怎么做时，往往比较坚决。孩子往往在爸爸的这种教育下，会少走很多弯路，也会跟随着爸爸养成诸多好习惯。

曾有名人说过："一个爸爸胜过一百个教师。"爸爸的真正价值是在不断变换角色的过程中得以实现的。不论是当主角还是当个配角，都是孩子成长道路上不可缺少的铺路石。

美国的一些心理学家常常批评乔治·布什的性格过于偏执，认为这和他童年的生活经历有关。布什在年轻时曾有过一段放浪生活，爸爸忙于政务，家里都是母亲芭芭拉说了算，小布什渴望得到爸爸的指点却又得不到。可以说，爸爸角色的缺失，是其早年不正常生活的重要根源。

美国耶鲁大学的一项研究成果显示，由爸爸带大的孩子往往更聪明、智商更高，在学校中和社会上也可能取得更大的成功。一般来说，爸爸通常具有独立、自信、勇敢、坚强、开朗、大方等个性特征。孩子在与爸爸的不断交往中，既能潜移默化地感受着父爱，又能模仿、学习爸爸的言谈举止。调查显示，每天抽时间陪伴孩子的爸爸，他们的孩子都比较外向、亲和力强，在与同伴的交往中也往往更多的表现出"组织者"的形象。

爸爸是孩子重要的游戏伙伴，也是孩子积极情感的满足者。一般来说，妈妈在陪伴孩子的时候多会选择做一些安静而缺少变化的"小游戏"，比如手指游戏，念童谣等；而爸爸则会更多地与孩子玩运动量大而刺激的"大游戏"，比如追逐跑、骑大马等。从某种意义上说，孩子更喜欢与爸爸玩。

研究表明，母爱与父爱对幼儿的智力影响是有差异的。妈妈会较多地从日常生活的各个方面引导孩子认识周围环境、学习交流方法、遵从社会准则；而爸爸则会通过与孩子共同操作、探索多种形式的活动等方式来培养孩子的动手能力、创新意识，以促进孩子求知欲、好奇心的发展。

所以，作为爸爸，需要从妈妈的背后走出来，与妻子一同担负起照顾、养育孩子的责任。作为爸爸，首先要做的是尽力在孩子面前夸奖、赞扬自己的妻子，同时夫妻俩还应在孩子面前表现出应有的爱慕行为，让孩子感觉到：自己的家庭是多么地温暖。

爸爸应经常抽出时间与孩子一起聊天，通过这些最基本也最平常的交流使自己了解孩子，让孩子了解自己。同时根据孩子的情况随时作出适宜地教育和引导，让孩子有一个健康的身体和一个健康的精神世界。

有些做爸爸的，常说工作忙，根本没有时间和孩子交流。其实，孩子并不需要你每天花很多时间和他玩，只要用固定的时间和他谈心，如晚餐时、送孩子去幼儿园的路上，你都可以和孩子对话交流。在努力工作的同时，关注家人；特别忙的时候，打个电话，也能让孩子体会到你的关爱。

世上不只妈妈好，孩子也需要好爸爸。爸爸在孩子的成长过程中有妈妈无法替代的重要作用，爸爸应与妈妈一起承担起教育孩子的重任，同时享受与孩子共同成长的乐趣。

爸爸妈妈不要在孩子面前争宠

猛猛的爸爸妈妈感情一直不好，闹离婚已经有段日子了，一直没有达成统一的就是猛猛的抚养权。猛猛自己也难以抉择，他不想失去任何一位亲人。爸爸妈妈为了争取到猛猛的抚养权而不停地讨好他。很小，猛猛就学会了妈妈不同意他做的事情，只要去找爸爸肯定就能做成；同样，爸爸反对的事情，只要去找妈妈也一定能达到目的。妈妈给他买了套名牌运动衣，爸爸为了把妈妈比下去，就给他买了个高档手机。妈妈不服气，又给儿子买了笔记本电脑。猛猛喜欢出去玩，每个寒暑假，爸爸妈妈都会使出全身解数为他设计旅游路线，猛猛选中了谁的方案就由谁带着他去旅游，这让猛猛觉得左右为难。他不愿看到爸爸妈妈任何一方因没被选中而受到伤害。猛猛看似比别的小伙伴拥有得更多，可

他觉得自己活得很累。为了摆脱爸爸妈妈的争宠，他小学毕业后便提出要到外地上寄宿中学。爸爸妈妈拗不过他，最终爸爸想办法把他送到了省城的一所寄宿制中学读书。猛猛对同学说："我对爸爸妈妈争宠的游戏已经烦透了。他们不是真的爱我，我成了他们手里的棋子，我不想再见到他们。"远离家的猛猛迷恋上了网络，他说网上的朋友有时比现实中更加真诚。

爱，是人世间最美好的东西，它能让一个孩子幸福成长，然而爱也是一把双刃剑，它给孩子带来的伤害有时根本无法弥补。爸爸妈妈千万不要在孩子面前相互争宠，这种看似爱孩子的行为实际上对孩子是一种伤害。

很多孩子可能都经历过一件事，那就是被问及，是爱妈妈还是爱爸爸。这是一个愚蠢的问题，这完全是一种残忍的行为。孩子会自然而然地觉得，选择了一个，就会失去另外一个。现在的家庭以独生子女居多，爸爸妈妈在孩子面前争宠的事情时有发生，单亲家庭的孩子更是如此。爸爸妈妈因争宠而导致对孩子过分宠爱，不利于孩子心理的健康成长。教育孩子，爸爸妈妈要达成共识，不能当着孩子面争，而且不能老让自己在孩子面前做好人。

有些家庭夫妻不和睦，夫妻间的拼争，孩子成了砝码。这些伤害孩子心理的行为，久而久之会导致孩子一系列的心理问题，影响孩子的健康成长。离婚夫妻如果有共同的孩子，在今后的生活中难免有很多接触的机会，于是就使得婚姻中的很多情绪和意见延伸到离婚后。婚姻主体是两个成人，婚姻问题是成年人的问题，无论什么样的不和、矛盾都不要以孩子之口、孩子的事情借题发挥，更不能有意对孩子施加影响以满足自己的报复心理。任何形式的惩罚，直接受害人都是自己无辜、可怜的孩子。至于无意的宣泄和沟通，应当说服当事人尽量在朋友和同事之间进行，毕竟对孩子的宣泄无法得到他们需要的理解和支持，还会给孩子带来不必要的心理压力。因为爸爸妈妈离婚后的争宠争爱，使孩子心理压力太大，会造成孩子人格扭曲，甚至导致严重的心理疾病。

花朵的栽培需要适宜的环境和爱心的呵护，孩子的成长更需要家庭的温暖和爸爸妈妈的教育，因争宠而过分娇惯与溺爱，会让孩子迷失自己，走向歧途。这不仅会毁了孩子的心灵世界，严重的更能毁了孩子的一生。

不要只是妈妈照顾孩子、爸爸忙于工作

"爸爸，我向你借一天，陪我玩一次，长大后我会还你100天。"这是一个孩子向爸爸的诉求。他的爸爸是一个长途汽车司机，每天早出晚归，有时甚至一连几天不回家。从孩子记事起，就一直过着没有爸爸的生活。爸爸忙工作，从没陪孩子过过一次儿童节，甚至忘记了儿子的生日。孩子说："六一儿童节那天，看着别的小朋友和他们的爸爸一起开心的样子，我就恨爸爸。我想问爸爸，难道地球离了你真的就不转了吗？"

中国的爸爸哪去了？负担着养家重任的爸爸们说："工作太忙，没有时间。"这一现象反映出当代家庭教育的普遍问题——父教的缺失。

很多爸爸忙于工作，认为挣钱养家是自己最大的功劳。"我为了养活一家，拼命地工作，赚来的钱不仅给孩子吃饭，还供他上学，所以我当然已经尽到育儿的责任了。"嘴上虽然没有说出来，但心里却这么想着的爸爸也许不在少数。如果爸爸不能去工作，便没有了收入，全家人的生活就无法维持下去，所以，上面的话似乎也能够成立。但是，教育孩子这件事，是在家庭生活正常进行的前提下才得以成立的，尽管已经挣钱养家，但还不能算尽到了当爸爸的责任。实际上，教育孩子是与孩子发生具体关系的一种日积月累的工作。所以，如果不亲自接触孩子，即使不厌其烦地对孩子说"爸爸为了你一直在拼命地工作"，也不会打动孩子的心。这份"功劳"在孩子眼里远远比不上爸爸对他的关注。

现代社会，孩子面临更加复杂多元的成长环境，同时，越来越多的妈妈也开始走出家庭，承担各种各样的社会角色。单纯地依靠妈妈来养育孩子，一方面不符合现代家庭功能的变迁需要，另一方面也不利于孩子男性气质的获得。上海一份最新的调查数据显示：近年来，爸爸在家教中的介入呈增多的趋势。二十年前，如果一个爸爸拿奶瓶、洗尿布、在家带孩子，可能会被周围所有人嗤之以鼻，认为是没出息，但实际上这是一种错误的

观念。心理学家的研究发现，爸爸在与婴儿交流时会采取一种比妈妈更为行动化的方式，例如他们喜欢把男孩子高举又放下；把自己想象成飞机，让孩子坐在上面玩等。这类刺激和妈妈的温柔抚慰完全不同，有利于孩子获得男性的气质和处事方式，促进多元化的发展。

爸爸是高山，妈妈是大海，在家庭教育中父母各有优势，必须做到阴阳互补、平衡，防止出现"阴盛阳衰"的现象。

爸爸们以工作忙为由，把教育的责任推给妈妈，让妈妈管孩子，其实这样做不好。若孩子心里感到爸爸对他不负责任，有事时也不向爸爸征求意见，爸爸的威信就会越来越低。夫妻两人有分工可以，但在教育孩子的问题上要一致，不能把责任推给对方。夫妻双方都主动教育孩子，孩子才会感到爸爸妈妈对自己很上心。缺少父爱就如同孩子成长中缺钙，因此，爸爸们要充分认识到自己的责任，用父爱支撑孩子的成长。

罗斯福是美国历史上唯一连任四届的总统。他不仅治国有略，而且教子有方。"对儿子，我不是总统，只是爸爸。"罗斯福的这句话曾在美国人心中产生过不小的震撼，这也是他一贯遵循的教子原则。难道我们很多做爸爸的人，比总统还要忙吗？所以，作为爸爸，需要有一颗爱心，爱妻子，爱孩子，爱家庭，这才是有责任心的体现。只有这样，他才会不辞辛苦、忙里偷闲，把一切可利用的时间都利用起来，掌握亲子交流的技巧，更好地教育孩子。在双休日或其他闲暇时，爸爸也要承担养育责任，比如带孩子出去玩、陪孩子去上兴趣课等。

作为妈妈，应发挥爸爸照料和陪伴孩子的优势，激发他对孩子的责任心，比如让他和孩子一起动手做手工、修理各种小工具、带孩子去博物馆、陪孩子一起运动等。平时适当分配给孩子爸爸一些家庭事务，比如帮孩子穿衣、整理玩具等。不要害怕粗心的爸爸对孩子照料不周，多鼓励爸爸和孩子交流，培养孩子的独立能力和自主性发展，确立一种观念：爸爸的男性教养模式，对于孩子性格的全面发展是有益的。作为爸爸，帮助妻子照顾好孩子实际上就是对她最大的支持。你和孩子其乐融融地在一起，她干着家务也会感觉心里甜甜的。

当然，教育孩子的责任，要由爸爸妈妈共同承担，哪一位都不能轻弃自己的责任。爸爸和妈妈要为对方承担教育创造条件，不应单方独揽"大权"。只有在爸爸妈妈共同承担教育责任，对孩子的教育和谐互补的情况下，才有可能全方位发挥家庭的教育功能。

父母别当着孩子的面争吵

晚饭后，敏敏的爸爸坐在沙发上一头埋进了报纸，让敏敏的妈妈很恼火，她冲丈夫嚷道："我接孩子回来忙着做了一晚上的饭，你连手都不伸一下，吃完饭，碗还要等着我去洗，你这样的男人也太过分了吧！"敏敏爸爸不耐烦地回敬道："我上班忙了一天，够累了。晚上回家还不让我消停一会儿，你这样的女人也太过分了！"敏敏妈妈更是火冒三丈地吼了起来："就你知道累，我又上班又接孩子做家务，我就不累！天下就没见过你这样自私的男人！"两人你一言我一语地吵了起来，越吵越凶，他们对身旁3岁的女儿全然不顾。吓坏的敏敏抱着头缩在角落里，她只希望爸爸妈妈不要看见她，她想爸爸妈妈是因为自己不好才吵架的，他们只要不看见她就不会吵了。

夫妻争吵是难免的，再恩爱的夫妻也会拌嘴，但是绝不能当着孩子的面争吵。父母的吵嘴会使孩子胆颤心惊，给孩子幼小的心灵留下极深的痛楚与恐惧。孩子在心理上不能独立，精神上不能自立，爸爸妈妈就是他的精神支柱，家就是他的天，他视家为生活的保障和避风港。在爸爸妈妈大声争执时，他根本不可能去分析他们争什么、该不该争，只是感觉爸爸妈妈不好了，他们在吵架。而爸爸妈妈吵架在孩子看来就犹如家翻了，天塌了，这对孩子情绪的负面影响是不言而喻的。

父母有一百个吵架的理由，如果一遇到什么不愉快，就肆无忌惮地当着孩子的面争吵或大打出手，这样久而久之会对孩子的成长造成不可忽视的负面影响；而如果父母能稍稍克制一下自己，或者在事前或事后做一些恰当地处理的话，这种不良影响对孩子的损伤程度就会低得多。

英国《泰晤士报》援引两项调查结果指出，英国大多数父母离异的孩

子并不认为父母离婚意味着灾难的到来，他们能较快沉浸在自己幸福的新生活里；比起父母离异，孩子们更反感感情破裂的父母无休止的争吵。利兹大学社会学家珍妮弗·弗劳尔迪主要研究夫妻离婚后的家庭生活状态。她的研究表明，孩子们认为父母离婚后最大的好处就是自己可以远离无休止的争吵。以上均表明，如果父母因为长期争吵而忽视了孩子的愿望，对孩子的成长十分不利。在此情况下，大多数孩子宁愿选择父母离婚，也不愿再听到他们无休无止的争吵。五分之一的受调查儿童——大多是男孩——抱怨说，面对总在争吵的父母，他们无法顺利表达自己的意愿。

我国青少年犯罪研究专家认为：家长当着孩子面吵架，有可能诱发孩子走上犯罪的道路。父母吵架，对孩子的伤害并不是表面看上去那样轻微。父母吵架不仅给孩子带来恐惧感，更严重的是让孩子认为："我最亲的人都互相仇视，这个世界还有什么温暖可言？"这样的认识，长期会导致青少年使用残忍手段去犯罪，因为他会认为这个世界没有爱。

家庭是孩子生活、成长的具体环境，从孩子出世到离开父母独立生活这段的漫长岁月里，都要在这个环境中逐步长大。家庭环境温馨、宽松、和谐，孩子就能自由、健康地成长，反之，如果家庭气氛不融洽，时常争吵、打骂、爆发家庭战争，孩子就会长期处于惊恐不安之中，心理就会变得扭曲，童年也会变得黯淡，甚至会觉得争吵和暴力才是解决问题的唯一办法。

对于孩子来说，他的父母、家庭都是无法选择的。父母在缔造他生命的同时，也把一个特定的家庭赐给了他。只有宽松、和谐的家庭氛围，才能使孩子成为情商高、心理健康的人。这种氛围由家庭成员共同营造，温馨的爱，弥漫在整个房间里，让所有人都感受到温暖。在这中间，父母的言行举止、行为习惯、道德修养、处世方式都起着很关键的作用。

一个家庭具有宽松、和谐的氛围，即使这个家庭不够富裕，每一个家庭成员也都如生活在天堂里一般。孩子如果有幸在这样的家庭成长，那么他的人生必将无限光明。如果你不能给予孩子太多的物质生活，也没有关系，你可以给予孩子一个温馨的家，一个充满笑声的成长环境，定能为孩子的健康成长撑起一片明媚的天空。

所以，为了孩子能更好地成长，为了让孩子有一个美好的童年，有一个良好的回忆，请做父母的不要在孩子面前争吵。父母要给予孩子和睦愉快的家庭气氛，家庭成员之间要互相依恋、互相赞赏，在困难面前互相激励、互相支持，以乐观的态度对待家庭所面临的压力和危机。父母在孩子面前坦白说出自己明确的观点和过失，这样，能为孩子树立良好的榜样，使他积极乐观，性格开朗，这将会使孩子一生受益匪浅。

爸爸妈妈应该达成统一战线

壮壮在和邻居小朋友们一起玩儿，争抢玩具时，壮壮仗着比别的小朋友高，比别的小朋友有劲，最终把玩具抢到了手。在争抢中，他不小心推了奇奇一把，奇奇一个趔趄，摔倒了，头正巧碰到了身边的单杠上，肿起了一个大包。看见奇奇哭了起来，壮壮害怕了，哪还有玩儿的心思，匆匆地跑回了家。他把事情的经过告诉了妈妈和爸爸。妈妈说："没事，小朋友在一起玩儿哪有不摔碰、不受伤的？你又不是故意的，下回注意点就行了！"而爸爸则是另一种观点："尽管你不是故意的，但你伤害到了她，也必须向奇奇道歉，这样才能求得奇奇的原谅，她以后才会继续和你玩儿。你想想，要是你被人家碰伤了，人家根本不理你，你会是什么感觉？你是不是会很伤心呢？"妈妈反驳说："人家父母都没说什么，你倒主动去认错了，怕人家不找你是吧？""让人家找上门来就晚了……"爸爸回敬道……父母好一番唇枪舌剑，你来我往，互不妥协，壮壮站在那里，一脸茫然，不知道该听妈妈的还是该听爸爸的。

10岁的桃桃特别喜欢上网。有几次，桃桃写完作业没心思检查，就急着去开电脑，妈妈看见就训斥她说："小孩子玩心这么重，做事马马虎虎，这怎么行。"可只要妈妈一说女儿，爸爸就在一边唱反调："你不要老管她，孩子还小嘛，长大了自然就会懂事的。"有时候，爸爸干脆把一脸委屈的女儿搂过去，又亲又抱，还一口一个"乖宝贝"。桃桃觉得有爸爸撑腰，根本不把妈妈的话

当回事，甚至还对妈妈充满敌意。

许多父母认为，要管教孩子，必须是一个家长要"严"，另一个要"慈"；一个"唱红脸"，一个"唱白脸"。家长们以为只有"一严一慈""一软一硬"，相互配合，"软硬兼施"，才能教育好孩子。这种说法，似乎颇有道理，其实却犯了家庭教育中的大忌。

在家庭教育中，父母双方对孩子的要求或多或少都存在着差异，这是难以避免的。尽管双方都是为了孩子好，目的也是一致的，但是方法和态度不同，不能结成教育孩子的统一战线，也会使家庭教育的效果大打折扣。

首先，父母态度不一致，如果父母其中一方教育孩子时，另一方出来横加干涉，给孩子以庇护，会使孩子学会钻空子，谁能答应他们的要求，他们就去磨谁，并且会把爸爸妈妈分成谁好谁坏。一些孩子就是在这种搭配组合中钻空子，出了事只告诉护着自己的一方。孩子会认为，在这个问题上不听父母的话也是没有什么关系的，这样，家庭教育的权威性就会降低，父母在孩子面前就会失去威信。有的孩子把爸爸妈妈的分歧看在眼里，不是考虑如何去认识和改正自己的错误，而是利用他们的分歧，谁的话顺耳，谁的话对自己有利就听谁的，小小年纪就学会了见风使舵，并且，孩子也知道了什么时候该"屈服"于爸爸妈妈，什么时候可以和爸爸妈妈耍赖，他甚至可能因此变得肆无忌惮，为所欲为。这无疑不利于孩子健康人格的形成。长期以来，孩子在家里找到了保护伞，以致家庭教育失去了约束力。

其次，如果父母教育孩子时出现矛盾，妈妈这样说，爸爸那样说，孩子就会无所适从，分不清谁是对的，谁是错误的。因为孩子还小，是非明辨能力较差，看到爸爸妈妈截然不同的反应，会让犯错的孩子找不到方向，不懂爸爸（或妈妈）为什么管他，认识不到错，反而觉得管他的这个爸爸（或妈妈）很坏，不爱他，觉得特委屈。这样，孩子白挨骂却根本意识不到错误。长此以往，不少孩子就慢慢疏远了他认为经常管他的那个爸爸（或妈妈），有的甚至会记恨在心。这也是产生最失败父子（或母子等）关系的导火线。而另一个通常扮演"好人"的妈妈（或爸爸）因为过分溺爱孩子，在孩子面前也失去了威信，孩子听不进她的批评，这种教育模式教育出来的孩子，既养不成好习惯，也建立不起与爸爸妈妈之间的良好关系！反之，如果父母能保持统一观点，对孩子的错误都表示出愤怒，孩子就会觉得问题出在自己身上，就会意识到问题的严重性，孩子就会静下心来，自己悔过、改正。因此，在对待孩子错误时，尤其在孩子面前，爸爸妈妈必须保持统一战线！

在管教孩子时，父母之间应该好好谈论一下孩子到底有哪些令人头疼的行为，商量好一旦孩子出现这些行为，父母该如何适当地处罚他。这个问题的关键是父母双方是否愿意坚持他们的决定，并且能够始终保持一致性。当你的妻子要改变立场的时候，你要问清原因，然后想出一个折中的办法。总之，不要固执己见，也要考虑妻子提出的问题。但是，千万要记住，不要在孩子面前暴露出你们之间的分歧。如果父母双方对孩子的教育方式、方法举棋不定，不能达成统一意见，那么，孩子怎么可能得到正确的教育呢？这样做对孩子的成长是极为不利的。正像科威特教育家穆尼尔·纳素夫所说的："父母意见的统一，说话的一致是十分重要的，否则，父母任何一方对教育改造孩子的努力都将付诸东流。"

养育孩子是父母双方共同的"事业"，父母双方应始终保持合作，用相同的教育态度和管教方式对待孩子。如果爸爸忽略与妈妈的合作，进行另一套的教育，会使孩子无所适从，而养成一些不良的行为和个性。所以，当孩子犯了错误，父母之间一定要加强交流，达成妥协，形成合力，以明确的态度，统一的方式，一致的观念来共同教育孩子。父母保持高度的"统一战线"，有利于让孩子正视自己所犯的错误，并努力去改正自己的错误。这样的教育效果才是显著的。

和妈妈一起写成长日记

宝贝，从你 2005 年 5 月 5 日早上的那一声啼哭开始，你的一举一动就牵动着爸爸妈妈的心。爸爸妈妈没有写日记的习惯，但却想记录女儿你的一切，等有一天爸爸妈妈老了，重新来回顾你成长中的点点滴滴，那时候的爸爸妈妈该是多么幸福啊！

这段话道出了天下所有写成长日记的爸爸妈妈的心声。记录什么不是

最重要的，只要有孩子的影子就是快乐的回忆。

时下，随着人们育儿观念的变化，都市的年轻爸爸妈妈们为孩子写成长日记已经成为一种流行。很多年轻父母开博客就是为了给孩子写成长日记，从怀孕开始一直写到孩子上幼儿园，甚至更长的时间。写成长日记正在成为都市爸爸妈妈的潮流和时尚。

作为爸爸，你有没有想过为你的孩子记录一份成长日记。从他睁开眼睛的那一刻，叫第一声爸爸妈妈，迈出人生第一步，每一次的啼哭，每一次的欢笑等等，记录他生命初期的每一次惊奇。在孩子懂事的时候，把这份日记送给他，让他去体会生命的珍贵。这个成长的日记里，不光有欢乐，还会有泪水和挫折，但不论如何这都是做爸爸妈妈的在孩子成人时送给他的最好礼物。将它小心珍藏，这是对孩子历史的尊重，具有非凡的意义。听说在日本这个多地震的国家，每个幼儿园都有一个保险箱，里面装着的唯一东西是"记录每个孩子成长情况的日志。"在信息爆炸的社会中，孩子特别需要一个记忆的支持。孩子的成长日记为历史的记录，虽然本本的纸张会变黄，但岁月的记忆却永远不会过期。

爸爸不妨和妈妈一起，将孩子从婴儿时的第一声啼哭，第一次洗澡，第一次翻身，第一次吮吸手指，第一次进食，第一次喊妈妈等等都完整地记录下来，孩子的每一个关键动作，都不要遗漏。在每一个特别的日子，如孩子的生日，第一天上幼儿园，幼儿园大班毕业，第一次把饭吃得很干净等；特别的表情，如会笑、会哭，向爸爸妈妈撒娇、造反、专心看书和玩玩具等，甚至帮忙洗菜、收拾房间、搬东西等，一切可用相机和笔详细记录一番，一方面记录下温馨的家庭活动，同时也可供日后亲子共赏。

当孩子慢慢长到5～6岁，可以让孩子亲身参与自己成长日记的制作。整理照片及各类素材时，可以让孩子坐在一旁观看。爸爸妈妈可以一边做，一边解说照片的内容及爸爸妈妈的想法，让孩子与爸爸妈妈共同制作自己的成长日记。制作时，需选择一个合适的本子，一般说来，相册是最简单的记录本，但可以发挥的空间不多。较合适的，是一种透明资料本，其中的间隔纸可以让孩子画、写、记，挥洒一些童趣。由于孩子的想法是天马行空式的，因此孩子在配合作画时，父母千万不要有对错的评断，或告诉他应该画什么，别忘了这是制作孩子的成长日记，因此"真"比"美"还重要。通过这样的活动，孩子自然感受到时间的变化，了解了过去和未来，事件的因果，事物的细节。更重要的，爸爸妈妈和孩子可以借画、贴相片的共赏，共处时光，再次经历持续向前的成长轨迹，同时也让孩子多一种经验、多一种趣味、多一种学习。

爸爸妈妈是讲述孩子成长故事最权威的作家。给孩子写成长日记贵在坚持，每天都要记，三言两语，有话则长，无话则短，但要言之有物。当孩子长大了读到自己的成长日记时，他一定会一会儿摇头，一会儿笑得前仰后合，他一定为自己之前对世界的认知能力所打动，他一定十分喜爱这份"个人成长史"的见证物，他一定会更深刻地领悟到爸爸妈妈的养育之恩。

爸爸妈妈帮孩子写成长日记，填补孩子早期记忆的空白，这是弥足珍贵的，它不仅仅是一份精神礼物，也是一笔宝贵的生命财富，从某种意义上说，为孩子写成长日记是为孩子留住了逝去的光阴，给了孩子一个完全的童年，这种快乐是无法比拟的。

写成长日记的过程，也是爸爸妈妈不断进行教育反思的过程。在独生子女时代，绝大多数家长都是第一次也是最后一次做爸爸妈妈，都是在毫无任何经验的情况下做了孩子的家长。因此，必然在教育孩子的过程中犯许多错误，必然面临一个学习做爸爸妈妈的任务，而这种"学习"只能是"在游泳中学会游泳"。如何尽量避免教育失误，如何在教育孩子的同时也能提升自己的教育境界，如何在孩子成长的过程中，家长自身也获得成长，这些都可以通过日记得以实现。每次记录孩子成长故事的时候，也是在记录自己的教育过程，同时自然而然地反思自己的教育。

请为你的孩子记下成长日记吧，当日记逐渐变厚的时候，孩子的人生路也逐渐展开，那么，就把这份日记交给他，让爱和祝福伴他一生。

4

榜样无需高高在上，爸爸可以这样和孩子沟通

生气的时候最好不要和孩子说话

　　松松被爸爸从幼儿园接回家中，独自在自己的小房间里玩，可是没隔多久，他就缠上了正在厨房忙碌的爸爸。虽然爸爸再三劝说儿子："自己到一边去玩，爸爸要做饭给你吃。"可松松还是不出去，动动这，碰碰那，一不小心，把爸爸刚炸好的一碗料油弄洒了，搞得灶台上、衣襟上全是油。爸爸的气真是不打一处来。

　　类似的情况并不少见，孩子给父母的生活带来很多的欢乐，但有时也带来了不少的困扰，孩子做出一些让爸爸生气的事情也是常有的事。在遇到这种情况时，爸爸往往忍不住怒气，又不知道怎么办才好。

　　当孩子惹你生气时，你最好先采取暂时退避或保持沉默的态度，这样可以使孩子认识到事态的严重性，又避免了爸爸与孩子间的正面冲突，还可避免因在气头上说出过头的话伤害孩子。当怒火占据心头时，爸爸不大可能理智地思考问题，那么语气和行为就不会是心平气和的。这个时候要做到换位思考，就必须保持冷静，控制自己的感情和行为。孩子毕竟是孩子，无论爸爸怎么说，他还是有孩子气的时候，如果你因为孩子生了气，发了火，那很自然，但气可不要出在孩子身上。往往，在气头上说的话，情绪的发泄会占大部分，而这些话也会是充满不满与杀伤力的。或许是"你每次都这样，说都说不听……"的翻旧账式，也或许是"你是笨还是怎么样，听不懂呀！"的人身攻击式，甚至是除了语言暴力外的肢体暴力，父母企图将所有的气愤都发泄在孩子身上，可是，最后自己的气消些了，而孩子的伤却重了。

　　所以，当孩子惹你生气时，最好的方式是：深呼吸，然后从1数到20，不要急着说话。冷静下来，确定自己可以保持理性的态度说话了，再开始说。先看孩子有什么样的反应，如果他已经有心虚的样子，就再重复一次你的要求。如果孩子依然故我，你就要向孩子表明你不高兴的态度，例如告诉他，"你这样做爸爸很不高兴"，让孩子知道他做了不对的事情。

但是要记住,你不能用伤及孩子自尊心的言辞,譬如"你这个小混蛋"这类的话。与此同时,你还应立足现在,就事论事,而不要将孩子以往所犯的错误一一列举,更不要当着众人的面说孩子,这会使孩子感到脸面过不去而产生逆反情绪。你还可以和孩子有个约定,当你生气时用某一个特殊的手势或动作来暗示,比如用右手食指点一点左手的手心等,以后孩子只要看到这个动作就会明白你已经生气了。

如果向孩子表明了你的心情后,孩子还不停止淘气,那就需要向孩子宣告你即将采取的行动:"你再这样的话,今天晚上就不给你讲故事了。""再这样把玩具到处乱扔,我就要把它扔出去了。"这样既可以减少愤怒带来的心理压力,也可以使孩子懂得自己的行为要有分寸。与孩子达成协议。原则上,孩子可以有自己的要求,但也是要与爸爸的期望一致;且让孩子知道事情的规则,这样才不会一味地纵容孩子。

当然,生气过后也不要忘了恢复情绪。爸爸需要自我调整,而对孩子,可以给他一个拥抱或一个吻,让孩子知道你生气是因为他不恰当的行为,而不是因为他本人,爸爸还是爱他的。

当然,每个家庭、每个爸爸、每个孩子的状况都不一样。因此,必须多想几种方式去处理所面对的问题。用心,相信大部分的爸爸会真的用心;但更深一层的是希望爸爸的用心,孩子可以开心、放心地感受到。

爸爸需要学会有效地利用肢体语言

爸爸带着 5 岁的蓉蓉去买玩具。爸爸事先跟蓉蓉说,今天只能买 20 元的玩具,具体要什么可以自己选。可 5 岁的蓉蓉还不太懂得看价格,一手抱着一个玩具,说都想要。于是,爸爸在蓉蓉面前蹲下来,看着蓉蓉,耐心地解释说,两个玩具的价格加起来超过了 20 元,她只能挑选其中的一个。蓉蓉虽然很不情愿,但懂事的她并没有哭闹,在认真地比较一番后,选出了自己想要的那个玩具。

爸爸在给孩子指令之前先要同他沟通，其中，眼神的交流是十分重要的。讲话时看着对方的眼睛是一种礼貌，这点对于孩子一样适用。因此，爸爸跟孩子讲话时要蹲下来，眼睛平视他，用眼神进行交流。如果这时孩子没正视你，就要叫他的名字，直到他也与你对视为止。蹲下来跟孩子讲话是一种非常有效的肢体语言，它会向孩子表明，孩子和大人是平等的，不应该采取居高临下的姿态。蹲下来和孩子讲话，不仅仅是缩短了那几十厘米的距离，更是两代人心与心之间无比宝贵的沟通与交融。

肢体语言就是姿势、面部表情等传输出来的信息。爸爸一个手势、一个眼神，面部表情的变化，都会随时传递给孩子。孩子能从爸爸的神态中读出爸爸高兴或恼怒、满意或失望。因此，爸爸既要控制自己的情绪，不要喜怒无常，同时更要善于利用肢体语言和孩子沟通，提高教育效果。

爸爸的肢体语言是对孩子传递信息的重要方式，丰富的面部表情，生动的语言，具体感人的情景，易使孩子接受、消化，变为自己的行动。通过肢体语言，使孩子在道德认识、情感意志、行为等方面都得到发展。爸爸的体态手势对孩子影响最大，肢体语言其实比你所说的话更有作用。孩子的年龄越小，爸爸给予他鼓励和表达爱的方式就越要多元化，也就是说肢体语言越要丰富多样，这样孩子才能最大限度地获得感官上的刺激，在第一时间领悟爸爸的意图，效果也更好。

对幼小的孩子表达父爱，肢体接触对孩子来说是非常大的满足，也是最好的沟通。与孩子亲近，有时不需要太多的语言。它或许只是爸爸一个亲吻、一个拥抱、一个信任的眼神、赞许的点头，或者用力地捏一下他的肩膀，摇摇他的手臂。

如果孩子的某些举动让爸爸觉得，仅仅语言上的赞美和鼓励不足以表达自己的欣喜之情，可用鼓掌、翘大拇指、摸摸头、拍拍背，甚至对男孩子，可以用亲昵的一拳等肢体语言进行鼓励，孩子从中能感觉到更多的认同感和自豪感。

刚刚学会走路，走起来还摇摇晃晃的孩子，一不留神摔了个嘴啃泥，虽然未伤毫发，可就是趴在地上哭着不肯起来。这时，抓痒这个轻微的举动，是孩子能在瞬间破涕为笑、独自站起来的灵丹妙药。另外，假如孩子早上赖床，眼看上幼儿园就要迟到了，爸爸也可以机智地用这一招儿给孩

子醒脑，让他起床，而不必大声训斥，使家里弥漫火药味儿。

淘气是孩子的天性，与其一而再、再而三地要求却看不到效果，爸爸们不妨做个鬼脸，示意孩子就此打住。这种幽默的方式往往比严厉的训斥更容易让孩子觉得爸爸和自己是一伙儿的，从情感上也就更容易接受爸爸的建议。

面对孩子给爸爸送来的小饼干，或吃力端来的一杯水，拉来的一把椅子，爸爸的感动最好不只是说声谢谢。你可以把他叫到跟前，将他的小脑袋紧贴在你的胸前，用温暖的大手摸摸可爱的小脑袋，这个无声的夸奖一定能让孩子刻骨铭心，因为他体验到了所需要的幸福感。而如果孩子遭遇了什么沮丧的事情，你同样的温柔则能产生不同的效果：透过爸爸手心传递的暖流能使孩子感到安慰，激励他鼓足勇气而不灰心。

爸爸夸张的小动作和表情客观上强化了自己要传达的意图，具有非凡的磁力，能感染孩子的情绪，给孩子留下非常深刻的印象。比如，你制止孩子去碰热水瓶，与其大喝一声"危险！"，还不如把热水倒进盆里，然后自己试着把手伸进去，手一沾到水就猛缩回来，使劲晃动，做出很疼、很痛苦的表情，再让他用手背试着接近，孩子一下子就理解了。

对于那些喜欢冒险的孩子，适当地制造一些刺激的奖励也能有意想不到的收获。比如孩子今天表现得很有礼貌，主动把秋千让给小朋友玩，自己穿上了衣服或自觉地收拾了玩具，学写字很认真等，爸爸不妨把孩子高高地举过头顶，抛出去再接住，抑或抱着他旋转，但一定要在确保安全的前提下再这样做，这样的兴奋绝不亚于带他去吃肯德基。

对于大些的孩子，爸爸的肢体语言也同样有效。比如儿子今天要去参加竞赛，爸爸送儿子出门时，拍拍孩子的肩头，配上坚定的眼神和微笑，也许比你唠唠叨叨说上半小时鼓励的话还有效。再比如说女儿今天在学校做了错事，爸爸知道了，孩子回到家，看到的是爸爸一脸的失望表情和叹息，女儿就会反省自己的所作所为，反省的过程就是一个自我教育的过程，有时比你苦口婆心教育十次二十次收效还大。

这些独特的小动作是最有力的语言之一，它能使孩子更好地理解爸爸的意图，且印象深刻，起到此时无声胜有声的效果。

爸爸们可以尽量发挥想象力，把不断开发出的新的肢体语言作为向孩子传递爱的纽带。肢体语言可以说是人格的一部分。有良好表达能力的爸爸，绝对是受孩子欢迎的爸爸。爸爸的这一长项能直接给孩子好的引导，协助孩子养成好的品格。

抽出点时间与孩子一起玩耍

　　我这个当爸爸的觉得很惭愧，儿子5岁了，我和他在一起的时间很少，经常出差在外，不出差的日子里，周一到周五，早上出门上班时往往孩子还在睡梦中，下班回家孩子已经吃完饭了，所以一天能够和孩子在一起的时间真的很少。周末只有一天休息时间，我还较累。儿子一次次提出让我陪他做游戏，给他讲故事，带他出去郊游的愿望多半落空，儿子渐渐变得和我疏远起来。

　　这是很多爸爸的心声。大多数孩子，特别是男孩子，都有一个强烈的愿望，就是让爸爸和自己一起玩。孩子是不能缺少父爱的，经常和爸爸一起玩对孩子有很多好处。要改善父子间的亲子关系，爸爸最好每天花些时间陪孩子一起玩，跟孩子聊天，讲故事给孩子听，了解孩子的心声，也让孩子了解爸爸其实很爱他。

　　心理学家研究表明，爸爸的角色对孩子的性格以及其他心理素质的形成起着很重要的作用。既然爸爸工作忙，就更应该珍惜与孩子在一起的时间。要多陪陪孩子，利用下班后或周末的家庭聚会与孩子进行有意义的亲子游戏。劳碌一天的爸爸，为生计打拼，回到家看着你的宝贝可爱的神态，领着他做个亲子游戏，可以减缓办公室综合征对你健康的损害。

　　游戏是父子之间最有效的沟通方式。通过这种持续有效的家庭亲子互动，孩子不仅能够从爸爸那里感受到关爱，而且能从爸爸的气质、情感、智力等方面接受潜移默化的影响，为自身的心理与智力发展补充养分。

　　父子间的游戏比母子间的游戏有更多的身体活动，游戏的方式也更为刺激。例如，在婴幼儿期，爸爸常常带孩子做"乘飞机"的游戏，让孩子在爸爸的大手中，体验"飞"的感觉。孩子大一些，爸爸在游戏中能高举孩子旋转，或与孩子追逐打闹。在这些活动中，孩子的运动能力得到了提

高。而且，爸爸这种"粗鲁"的游戏，常常让孩子体验到一种既有一点害怕，又很开心的刺激情绪。有研究发现，爸爸与孩子在一起玩的时间越多，那么孩子就可能越聪明、机灵、好奇、愉快，其智商往往也较高。

和孩子共同玩耍，首先，可以使爸爸和孩子都保持情绪兴奋的状态，它能激发体内细胞的活力，有益双方身心健康；其次，可增进孩子与爸爸的亲和力，影响孩子对身外世界和人际关系的认识；再次，还可健全孩子人格，有助于开放性格的养成；最后，能够增进孩子入情入理的家庭教育的良好效果。

和孩子共同玩耍，还是爸爸体味理想化温馨童年并培育出爱的良机。而且当爸爸和孩子一起进行有趣的游戏时，不仅可以培养亲子间的感情，还有机会挖掘出孩子的潜能并开发其智力，更能激发出你对亲子教育的无穷愿望，为将来的成功教育奠定坚实的基础。

许多爸爸至今还不了解，亲子一同游戏，是孩子健康成长过程中的必修课程。你可能不知道，生动有趣又充满亲情的画面，只要一个平时你认为很普通、很简单的游戏就能构成。在陪孩子玩耍的过程中，你可以了解孩子语言、动作发展的程度，当然更重要的是，他会因此而养成快乐的个性，这可是他一生受用不尽的宝藏呢！无论哪一个年龄段的孩子，游戏都是成长的最佳媒介及方式。爸爸陪着孩子一起玩耍，能建立良好互动的亲子关系，使情感的距离更加靠近。

爸爸一般对外界事物较有兴趣，动手能力较强，对激发孩子探索周围世界的兴趣起着不可缺少的作用。爸爸陪孩子一起玩，除了要让孩子玩得开心、玩得尽兴外，更重要的是引导孩子在玩中学，学中玩。另外，在玩的过程中要注意观察，随时发现孩子在语言、绘画、音乐等方面具有哪些潜在的天赋，以便日后因势利导。在玩的过程中还要不断树立爸爸的形象，让孩子感到自己的爸爸是一个宽容、刚强、勇敢、慈爱的爸爸。

爸爸要多和孩子一起玩运动性、技术性、智能性较强的游戏。爸爸可以带孩子去郊游、游泳、划船、爬山、野餐、看电影等，还可以和孩子一起踢球、打乒乓球、打羽毛球等。另外，爸爸还可以教孩子认字，给孩子讲故事，和孩子下棋、打牌、玩游戏机，或和孩子一起饲养小动物。爸爸和孩子一起玩的时候除了要有耐心，还要有一颗童心，同时也要不断地丰富自己的知识，更多地理解孩子，学会用孩子的思维方式来思考和解决问题。总之，爸爸要把陪孩子玩当作一项工作和任务去做，要列入自己的工作和生活计划。因为这不仅仅是游戏，游戏中的点点滴滴都渗透着你对孩子的爱和关注。

爸爸要注意在游戏中表现自己固有的坚毅、深沉、果断、独立性、进取性、合作性等男性特征，以使孩子得到潜移默化的影响。当孩子在游戏中摔倒的时候，爸爸应该鼓励孩子自己爬起来，玩智力游戏遇到挫折时也不要急于帮忙，要让孩子从头再来，从而培养孩子勇敢、坚强、承受挫折和勇于克服困难的性格。使孩子，特别是男孩子顺利形成健康的性别特征，更好地促进孩子身体、智能和性格的发展。

以冷静的态度和孩子说话

小威越来越不听爸爸的话了。天气凉了，早晨上幼儿园时，爸爸让他穿外套，他硬是不穿；晚上爸爸让他在家等着吃晚饭，他却跑到楼下去和小朋友们玩耍，爸爸怎么叫也不回来。气急了的爸爸将小威拉回家，狠狠地打了一顿，训斥一番。受到惩罚的小威气得连晚饭都不吃了。

当孩子犯了错误或做出一些令爸爸难以接受的行为时，有些爸爸一时过于激动，控制不了自己的情绪，打断甚至不听孩子的解释，就对孩子采取训斥或粗暴的打骂。这样的方式，一则对孩子造成火上浇油式的精神压力，二则更加激发了爸爸的火气，三则不但没有解决问题，而且还会使孩子重犯同样的错误或变本加厉。对孩子犯错误的"热处理"是导致当前"家庭暴力"与"校园暴力"的重要根源之一。逐渐就会使孩子有错也不向爸爸说，采取隐瞒、撒谎等方法来逃避爸爸的打骂，久而久之也会像爸爸一样以同样的手段对待别人。

爸爸打骂孩子往往是自己急了的时候，因此要学会"冷处理"，所谓"冷处理"，就是在自己着急、上火、生气时不要教育孩子，自己先消消气，等心情平静了再教育孩子。而当孩子也处于生气、激动的时候，也不适宜

进行教育，应该等孩子平静下来，再以温和的态度引导孩子分析原因，共同研究改进办法，并采取有效的措施引导改进。坚持下去将会收到事半功倍的效果。或者采用"放一放"的办法，等到心绪平静，再去处理可能效果更好。

孩子犯错了，光打骂是解决不了问题的，爸爸需要耐心教会孩子怎样正确地对待过错，教育要掌握分寸。当发现孩子犯了错时，从孩子的角度出发，用温和的态度对孩子讲清楚问题的后果，让孩子认识自己的错误，当然还可以用温和的语气进行适当的批评。孩子犯了过错，爸爸如果批评过于严厉，会挫伤其自尊心，甚至引起反抗。爸爸要给他充分的机会，相信他不愿意再犯。一定要和善地讲道理，千万不要列举其错，数落不止，否则，孩子不但不知道如何做是对的，反而产生一种你认为他已经不可救药的结论。这种感觉会使他怀疑自己能否正确生活，并产生自暴自弃的情绪。

总之，爸爸需要用温和的态度对待自己的孩子。当爸爸为孩子的错误烦恼时，不妨静下心来，平静地分析孩子的错误，用温和的态度耐心地对待孩子。爸爸们请务必记住，只有用温和的态度对待孩子，孩子才能更健康茁壮地成长。

孩子是不可能不犯错误的，但也不可能永远是错的。随着年龄的增长，他们在不断学习，不断成熟，会有自己的观点和看法，尽管他有时会有些片面。因此，爸爸不要把孩子当成大人，以爸爸的要求来强求孩子。当发现孩子犯了错时，要保持冷静，先反省一下自己的教育方法是否有问题。

爸爸要正视孩子自我意识的增长和对世界认知能力的提高，不要把自己的价值观强加给孩子，孩子想干什么，不要用自己的经验去套，相信他能够设计自己的未来。爸爸只需耐心地帮助他克服自身尚存的幼稚性和认识上的片面性即可。

此外，爸爸平时在和孩子的谈话中，如果孩子的意见和自己有冲突，千万不要失去控制，大吼大叫地打断孩子的话，即使一开始就不同意孩子的意见，也要耐心听完。在充分了解孩子的看法后，应该在商讨的气氛中用温和的态度给孩子分析，切记不要一味地否定孩子的意见，不然会使孩子养成沉默寡言的孤僻性格。不要一味说教而不顾孩子的感受，对需要干预的事应采取适宜的形式，避免因简单粗暴的态度导致更深的隔阂。爸爸要注意控制自己的情绪，从孩子的角度出发分析孩子的观点和看法，那样就会对孩子多些理解，也可以帮助孩子更好地完善他的行为和观念，并理解你的帮助和指令是为他着想。

家里的大事也可以征求孩子的意见，如果他的意见合理或和父母的意见一致，就采用他的意见，这样可以增加他的参与感和责任感，从而增加孩子对父母在其他问题上的顺应性。

平时爸爸要注意加强自身修养，广闻博见，对孩子能够采取一种更科学、更宽容的思维方式，用为人父的多重人格魅力取得孩子的信赖和尊敬。这样才能使孩子在社会能力方面建立起较好的自我评价和自我意向，建立起自信心，从而很好地发展自主能力、独立能力和其他社会能力，为一生奠定良好的基础。

别因孩子长大就羞于表达情感

袋鼠爸爸艾文森离开办公室，开着车向家的方向驶去。老房子、林地还有孩子们，都是袋鼠爸爸深感自豪的事情，这种自豪让他更热爱自己的家庭，喜爱自己可爱的孩子们。因此，他也很容易为孩子的事陷入深深的思索中。此刻，袋鼠爸爸脑子里想的就是儿子艾杰。尽管袋鼠爸爸是公认的家庭教育专家，但最近他也遇到了麻烦，那就是，他总感觉儿子正在疏远他。"当鸟儿长大，它们就会离开父母。"艾文森知道这个道理。可是现在的艾杰刚刚10岁，他的羽毛还未丰满呢，袋鼠爸爸却清晰地感觉到儿子近几个月和他疏远了。很明显的一点就是：艾杰与他的谈话越来越少。

艾杰看到爸爸走进来，看也不看爸爸一眼，就走进了自己的房间。袋鼠爸爸的内心疼痛起来。他不想有这样的隔阂和疼痛，他想和儿子好好谈谈。袋鼠爸爸走进儿子的房间。儿子躺在床上正看着漫画书，袋鼠爸爸把送给艾杰的礼物——国际象棋递给儿子，拉了把椅子在艾杰面前坐下来。

"谢谢你，爸爸！"艾杰接过象棋，放到桌子上，继续看自己的漫画书，并没有表现出很惊喜的样子来。

艾文森看着儿子，担心地问："艾杰，你近来是不是有什么烦心事？"

"没有啊，我很好啊！"艾杰回答。

袋鼠爸爸知道这是艾杰在回避自己的问题，"可是我觉得你似乎有心事，需要爸爸帮忙吗？"

"我很好，爸！"艾杰把漫画书放到一边，看着袋鼠爸爸说："你想问我什么？就直接问吧！"

"我们俩的谈话次数越来越少了！"

艾杰直起身来，盯着爸爸，过了好一阵子才说："爸，我感觉你不爱我了！"

艾杰说出"爱"字时，袋鼠爸爸的内心"咯噔"了一下。他发觉儿子的感情已经越来越丰富了，让他吃惊的是，为什么艾杰这么说呢？

"我当然爱你，我和妈妈都爱你，一直都爱啊！你为什么这么说呢？"袋鼠爸爸焦急地说。

艾杰看着爸爸，沉默了一阵说："你不再像小时候那样亲我了！"

袋鼠爸爸深深地叹了口气："艾杰，好孩子，爸爸要告诉你，爸爸是爱你的。爸爸和从前一样爱你，尽管爸爸不再亲吻你了，但爸爸用另外的方式来表达这种爱了呀，和你握手，拍你的肩膀。我知道你会问为什么，或许你希望像国外的孩子那样，无论多大，都可以得到父亲的吻。我也想这样，但是我却犹豫了，我想你一定会拒绝我这么做，因为你已经长大了！"

艾杰看着爸爸，眼中有很多不解："我不会啊，爸！"

这是童话《袋鼠妈妈教我如何长大》中的情节。袋鼠爸爸终于知道儿子疏远自己的原因。但让他很不解的是，他也不知道自己什么时候不再亲吻艾杰了，或许是一个月前，或许是两个月前，或许是半年前。在袋鼠爸爸的观念里，像许多父亲一样，父亲亲吻儿子只能在小时候，长大后就应该变成拍肩或握手了，这似乎是个根深蒂固的观念。袋鼠爸爸内心很清楚，他不再亲吻儿子，并不代表他不再爱艾杰。可在小艾杰看来，爸爸不再亲吻他，就是爸爸不再爱自己了。

我们中国人的感情表达更是含蓄，一般做爸爸的都羞于当孩子的面表达自己的情感。特别是孩子大了以后，很少有爸爸会一本正经地对孩子说"我永远爱你"之类的话，事实上孩子很需要这样的表白。

爸爸们都希望渐渐长大的孩子能感受到自己对他的爱。那么对于孩子而言什么才是爱他？究竟怎样表达，孩子才能真切体会到呢？这一切都需要做爸爸的不断地尝试、不断地调整。也许会有一点辛苦，但这样的辛苦值得。

羞于表达"我爱你"是爸爸们的通病，如果平时说不出口，不妨换一种形式把它表达出来，而不是埋在心底。可以给孩子写一封信，或者是留个便条，文字易于被年龄大一点的孩子接纳，一方面，可以避免孩子产生语言表达肉麻的感觉；另一方面，从心理上来讲，也是为了避开孩子心中的痛点。还可以送孩子一张印有"我爱你"的卡片。爸爸们更不能忽略用肢体语言向正在长大的孩子表达爱：拍孩子的肩，或者是脑袋，直到他不情愿地把身子转到一边去，或者是他长到你够不着为止；尽可能多地拥抱孩子；对孩子竖起大拇指，让孩子知道自己在爸爸的眼里有多棒；蹲下身子，给孩子系一回鞋带；牵着孩子的手，如果孩子主动把手伸过来，那更好；当孩子长大离开家时，挥手让孩子自己往前走。

总之，做爸爸的要把渗透在生活中每时每刻的爱意明确地向孩子表达出来，让孩子感同身受，铭记在心，伴随其幸福成长。

给孩子讲讲自己童年的故事

昨天晚上吃晚饭的时候，我和爸爸做了一个小游戏，大家讲讲自己童年的故事。听完爸爸的童年故事后，我被深深地打动了。爸爸从小住在乡下，5岁的时候就要到野外放鸭子、割猪草。我还有一个比爸爸小一岁的叔叔，由于爷爷家很穷，到了要上学的

时候，叔叔去了学校读书，而爸爸只能留在家做家务。爸爸在放鸭子的时候就经常偷偷地跑到学校外面看别的孩子学习，听着他们的唱歌声、读书声，爸爸好羡慕，心里想："我要是也能和他们一起读书该多好啊！"在爸爸11岁的时候，乡里派人到学校抽查人数，爸爸就被老师拉去充数，第二天，在爸爸的坚持下，爷爷同意爸爸去学校听课，但是只能去听，不给钱不缴费。爸爸好开心，终于可以上学了。第一学期结束，爸爸就通过刻苦学习拿回了一张奖状，爷爷奶奶高兴得合不拢嘴，最终同意缴费让爸爸好好读书了。想想现在的我，更应该好好学习，长大后我要好好孝敬爸爸妈妈，做一个对社会有用的人。

这是一个孩子听完爸爸讲他童年的故事后写的作文。孩子最爱听爸爸讲小时候的故事，也爱问爸爸像他那么大的时候在做什么。和孩子聊聊自己小时候所受的苦，让孩子从对爸爸童年经历的艰难岁月的了解中心灵受到触动。通过对比，让孩子明白自己现在无论是生活条件还是学习环境都比爸爸小时候强得多，由家庭的变化进一步感知祖国的巨变和人民生活水平的不断提高，通过对比，珍惜自己现在的幸福生活，更加刻苦学习，学好本领将来报效祖国。

多给孩子讲自己童年的故事也是拉近与孩子的距离，增进亲子关系的最好方法。晚上休息的时候，爸爸不妨拉着孩子的小手，让孩子躺在你的怀抱里、望着你的脸，听你娓娓地讲自己童年的故事。让孩子与你面对面的交流、零距离地感受。让孩子在对爸爸童年生活的了解中增进对父辈的了解，再让孩子把自己的感受告诉爸爸，从而让孩子的心与你贴得更近，引起两代人的情感共鸣。

做爸爸的还可以放下架子，多给孩子讲讲自己童年的傻事、趣事，以此来开阔孩子的视野，感受生活的乐趣，激发孩子对生活的热爱，这也是教子的一大妙策。

爸爸说，他至今仍记得夏天和村子里一群小伙伴们在水中摸鱼的时光：裤腿高高撩起，趟到清澈的小河中，敏锐的眼睛来回搜索。银色的鱼鳞在阳光下反射出耀眼的光。于是屏住呼吸，"哗"地潜下水去，再等探头出来，手里已多了一尾跃动的小鱼。摆一摆湿漉漉的头发，那飞洒的水珠里是怎样灿烂的笑脸啊！虽然，三十年后，那样的笑颜已在爸爸脸上淡成了一抹浅浅的微笑，但那份快乐，未少却丝毫。从此，我也爱上了水，疯狂地迷恋那清甜的山泉，温暖的大海和水里梭般的游鱼。虽然，如今只能在自然保护区里才能难得地亲近一下清凉流水，但那些有海与小河相伴的日子，会是我一辈子珍藏的快乐。爸爸的童年，已在时光的河流中东去。我只是在爸爸倒带的回忆中，轻轻地走进那段时光，匆匆一瞥。然而，这已成为我记忆之海中永不褪色的彩霞。

做爸爸的不妨试着关掉流行音乐，让孩子把眼光从电视、电脑荧屏上收回，坐到你的身边来，在你沉缓地叙述中，让孩子走近你的童年，会让孩子体味到另一种他从未感受过的幸福。这样，更会让孩子明白人生的意义，认识人生的价值！

爸爸不妨利用节假日，带孩子去你童年生活过的地方看看，边看边给他讲你小时候生活的事，让孩子对人生有更深刻的感受和体验。使孩子在这样一个个生动、真实、辛酸而又有趣的故事的陪伴中懂事，渐渐成长。

孩子沮丧时，给他有力的肩膀

蓓蓓从幼儿园回家后感到很沮丧，因为今天在幼儿园她想参加一群小朋友自发组织的游戏，但是被毫无理由地拒绝了。看见来接她的爸爸，她委屈的眼泪一下子就流了出来，她试图向爸爸诉说，可爸爸只是心不在焉地跟蓓蓓说："都上大班了，还哭啊。"蓓蓓扑进爸爸的怀里想寻求安慰，爸爸却一边打手机一边说："这点小事儿算不了什么，快走吧，爸爸晚上还约了人谈事。"爸爸的态度，让蓓蓓更加沮丧了，她整个晚上都一直在偷偷地流泪……

蓓蓓的爸爸显然对女儿的特殊情绪缺乏认识，或许是忙于其他的事情，或许是对自己孩子的变化缺乏敏锐的观察。在现实生活中，有很多爸爸也会和蓓蓓的爸爸表现得一样。

　　孩子都比较脆弱，自尊心像"一朵玫瑰花上颤动欲坠的露珠那样"，做爸爸的应十分小心地呵护孩子。在孩子遭受挫折心情沮丧时，爸爸应适时地给予他有力的肩膀，让孩子感受到应有的支持和安慰。通过交流沟通给孩子以希望、信心和力量，减少孩子遇到挫折后的沮丧情绪，使他振作起来，然后，再和孩子一起讨论解决的办法。爸爸对于孩子的理解和同情是情感的绷带，可以治愈孩子受了伤的自我。

　　当孩子受挫时，在家中得不到所需的安慰及支持，就会灰心丧志、孤独空虚，甚至会变得怯懦怕事。得到爸爸的安慰及支持的孩子就自信得多，他感受到爸爸的疼爱、支持，内心就会平和起来，对人容易产生同情和怜悯心，能慷慨待人，对人生充满希望。

　　当个好爸爸的关键，就是要明白你虽不能保证孩子不犯错，但可以帮助他改正错误；你虽不能保护孩子免受失望及创伤，但可以与他共渡难关；你虽无力扭转孩子生命中的失误，但可以为他的成就欢呼，把他从失败中扶起来。聪明的爸爸不应当希望自己的孩子一辈子不摔跤，而是要培养他成为能应对复杂社会的雄鹰。爸爸的责任是给孩子以帮助、支持、鼓励以及必要的保护。做个安慰及支持孩子的爸爸，要以安慰及支持来建立孩子的安全感。当孩子软弱跌倒时，你要把他扶起。你一定不会不耐烦或发脾气，而只会安慰他、支持他勇往直前。爸爸是孩子沮丧时最有力的支持者，给孩子以力量和忠告。

　　当孩子沮丧时，比如比赛输了，表演没得奖，或者是小动物死了，要允许并鼓励你的孩子表露自己的情感、描述事情的经过，不要打断他也不要加以评论，这样做可以让孩子的情绪得到缓解；同时还要理性地给出一些理由让他减少自责，比如让孩子明白别人也会失败，也有可能经历这种感觉；另外，你还要帮助他挖掘自己的长处，避免他因为一个过失而对自己全盘否认；当然，最重要的是要让他感到你是爱他和支持他的，不管发生了什么事情，你还可以给他一些具体的建议，帮助他快点忘掉不愉快。探讨其原因并研究其对策，关系到孩子的全面发展。

　　作为爸爸，你要学习去理解孩子，当孩子恐惧、尴尬、失望或受伤时，他最需要什么。愿意给予孩子安慰和支持的爸爸，首先要敏锐地判断孩子有什么需要，你必须细心观察孩子的一举一动，但你还需要更进一步从孩子的言行判断他的感受和需要。当孩子因遭遇挫败而大吵大闹时，他其实希望得到别人的安慰。你最好能预见自己孩子的需要，这样你就可以在孩子需要你的时候，以适时的语言和行动作出回应。因此，爸爸要及时发现孩子的这种心理变化，认真地倾听孩子的倾诉，帮助他克服负面思想，努力培养孩子正面的思维方式，以抵消这种消极不良情绪。

你要学习不凭直觉去回应孩子的问题，孩子只需要你在身边陪伴，拥抱他及感受他的痛苦。此时他并不需要你的指正，也不要你的忠言。他不需要大道理，只想有个有力的肩膀让他伏着大哭一场。

当爸爸的要懂得如何向孩子表达安慰及支持，如果爸爸惯用嘲讽、指责或批评的语气对孩子说话，任何表达安慰和支持的话语都会被抵消。

当然，爸爸有责任给予犯错的孩子以警告，但若先给予安慰和支持，随后而来的教训和督责就会有效得多了。

要让孩子学会积极面对困难和挫折。当困难来临时，积极乐观的心态比消极逃避的心态更有助于问题的解决，训练孩子学会在困境中用积极的心态面对生活。另外，让孩子学会经常提醒自己保持热情、开朗的心态。让孩子在做每一件事情的时候，力求竭尽所能，那么即使失败了，也可以对自己说尽力了，无怨无悔。

成功的爸爸要深悟安慰与支持的作用。你要善于观察与揣摩孩子的心态处境，然后选择时机有针对性地抚摸他、温暖他、激励他。当孩子沮丧时，适时说几句热情的话予以鼓励；当孩子疑惑时，及时用柔和的语言给他提个醒；当孩子自卑时，别忘记用他的闪光点点燃他的自信心；当孩子痛苦时，尽量设身处地说些安慰的话，这样，孩子蔫了的理想之花又会渐渐开放，垂落的人生之帆又会慢慢升起。因为他知道无论在外面遭遇什么事情，爸爸总会张开有力的双臂拥抱他。

说"不"时，爸爸的态度要坚决

周日，3岁的聪聪跟爸爸去动物园，刚一到动物园门口，就被几个商贩围住了。琳琅满目的儿童玩具强烈吸引了聪聪的目光，

无论爸爸怎么往前拽，他都不肯挪动一步，并用乞求的眼神看着爸爸。爸爸俯下身对他说："儿子听话，我们今天是来看动物的，不是来买玩具的。"聪聪执拗地说："不，爸爸，我就要这个机器猫。"爸爸强调说："爸爸说过了，我们今天是来看动物的，不能买玩具。"聪聪松开爸爸的手撅起小嘴说："爸爸不买玩具，我就不去动物园。"爸爸板着脸说："那好吧，如果你不走，爸爸只好自己去看动物了。"聪聪盯着爸爸看，还是没有动。爸爸表情坚决，扭身就走。就在爸爸走出十多步远的时候，聪聪在身后"哇"的一声哭了，喊着"爸爸"追了过来。爸爸立即转身，把他抱了起来。他满脸泪水地说："我不要玩具了，我要爸爸。"爸爸边给他擦眼泪边哄着说："好儿子，不哭，爸爸知道聪聪是个听话的好孩子。"聪聪乖乖地点了点头，止住了泪水。爸爸开始耐心地给聪聪讲不能乱花钱的道理。后来爸爸再带聪聪出去玩，聪聪再也没有乱要过东西，爸爸很为自己那次的拒绝和坚持而暗自庆幸。

当孩子提出无理要求时，爸爸一定要说的一个字就是"不"，而且要坚决地说，你的态度必须严肃、坚定，当然还要告诉孩子为什么"不"。学着对孩子说"不"，是为了他以后更好地去适应社会。

可当今的爸爸们大多倾向于娇惯孩子，总是不遗余力地满足孩子的要求，无形中成了孩子的"愿望满足器"。结果发现，就算孩子得到了他想要的，也还不满足。因为欲望是无止境的。如果爸爸一味地纵容和溺爱，往往会造成孩子的任性和以自我为中心。那些在童年时被娇惯的孩子，在长大后，将难以面对生活中的挫折。那些在孩提时代什么都应有尽有的人，成年后，在工作和人际交往中会出现问题，他对现实的认知往往是扭曲的。因此，作为爸爸，一定要学会对孩子说"不"，要让孩子知道世界上很多愿望是不可能得到满足的。

不少爸爸以为尽可能满足孩子的要求是给孩子面子，是维护孩子自尊心的重要手段。其实，这是不正确的。因为人的一生不会事事如意，挫折和烦恼是难免的。要想在今后的人生道路上面对挫折而不气馁，把它转化为一种挑战，在孩提时就得学会来应付它。只有抱着不成功的思想准备，才有可能获得成功。所以，不能满足孩子的一切要求，要学会对孩子说"不"。

孩子如果由撒娇、哭闹和恳求来达到获得物品的目的，无疑是在鼓励孩子不花费劳动即可满足自己的物质需要，事实上给孩子今后成长投下了阴影。不劳而获是人们最需要避免的生活态度，而有求必应则是滋生这种生活态度的重要背景。

拒绝孩子的一些不合理要求，是爱护孩子的具体表现。一味地迁就孩子、满足孩子，这叫做溺爱。溺爱不是爱，是披着"爱"的外衣的"害"。爸爸对待孩子提出的要求，决不能不假思索地去满足他。不会拒绝孩子要求的爸爸，不是成功的爸爸。

一名全国十佳少年的爸爸谈到他的成功家教经验时说了这样一件事：女儿有一次演出忘了带服装，给家里打电话叫爸爸给她送去，爸爸不同意，让她自己回家取。女儿说演出马上轮到她了，来不及了。爸爸说，可以把节目换一换。女儿终于自己回家来取。也许更让你感到不理解的是，这位爸爸当时正好没事在家休息。也许就是因为这位爸爸下得了"狠心"，会拒绝孩子，才把女儿培养得那么出色。

孩子不是天生就任性的，任性是在爸爸的退让中一点点形成的。爸爸的退让实际上是对孩子的纵容，它无形中给了孩子一种暗示：只要自己坚持或哭闹，无理要求就能得到满足。如果孩子第一次成功了，就肯定不会"下不为例"。爸爸迁就得越多，孩子的脾气就越大，在以后的日子里可能还会变本加厉、无法无天，使爸爸束手无策。孩子难以管理和控制的根本原因在于爸爸对孩子前期教育不得法。要杜绝和改变孩子的任性，爸爸应从孩子小时候做起，从拒绝孩子不合理要求的小事情上做起。拒绝不但能树立起爸爸的威严，而且能使孩子学会尊重爸爸的意见，学会明辨正误和主动放弃，养成善于合作的好习惯。

当然，拒绝也要讲究方式、方法，训斥和暴力是不可取的。拒绝不得法不但不能从根本上解决问题，还有可能使孩子对爸爸产生对抗情绪，甚至误入歧途，采取不正当手段来满足自己的欲望。所以，爸爸在拒绝孩子时一定要讲清道理，使孩子理解被拒绝并不是爸爸怕花钱或不爱他，而是由于自己所提的要求不合理而应该遭到拒绝。一旦明白了道理，孩子就不会再坚持了。要做到这点并不容易，这就要求爸爸平时要及时满足孩子的合理要求，要以身作则、言而有信，不能空口许诺、哄骗孩子。让孩子懂

得了不合理要求会遭到拒绝，合理要求会得到尊重，你对他的拒绝和赞成都是说到做到、有令必行的。别忘了，不管你的孩子做了什么，一旦你发现了他的哪怕很微不足道的自制力，你也要给以鼓励，对孩子来说，最好的报酬可能是爸爸或妈妈的一个紧紧的拥抱。

另外，爸爸对孩子的拒绝一定要前后一致。不能因为今天心情好，便纵容孩子一些；明天心情不好，便对孩子严格一些。这样会让孩子无所适从，也会影响到孩子的安全感。拒绝不是因为金钱缺乏、心情不好而采取的行动，它是一个让孩子对周围环境、对行为规则进行认识的教育机会。

拒绝孩子的不合理要求，树立行为规则，一开始需要爸爸和外界的不断点拨、刺激；时间长了，在爸爸的拒绝中，孩子便能学会自我控制，提升内省智能，从被动接受外界的教育内化为自律、自觉地自我克制。如爸爸一开始便明确规定孩子睡觉前不能吃糖，并一直贯彻执行，孩子自然会养成良好的习惯。

爸爸对孩子的爱应多一分深沉，少一分放纵；对自己的意见应多一分坚持，少一分放弃；应适时、有理、有力地拒绝孩子的不合理要求。要知道，孩子良好习惯的养成就在你坚持与妥协的一念之间。孩子是爸爸的镜子，问题出在孩子身上，病根很可能就在做爸爸的身上。每个爸爸都是爱自己的孩子的，但是要掌握爱的分寸却又很难，很多爸爸都会无形中过度，把爱变成了溺爱。该如何培育好自己的孩子，奉劝各位爸爸们三思而后行，学会对孩子说"不"，让小树多经历风雨，才能长成参天大树。

爸爸要做个优秀的倾听者

一天，浩浩的爸爸生病在家，读小学的浩浩放学回家，进门就对爸爸嚷着："我恨老师！我再也不到学校去了！"听到浩浩的话，爸爸本来想像平时一样严厉地批评儿子，不让他再说下去。但是，因为嗓子疼，爸爸没有马上说话，想要看看下一步会发生什么。愤怒的浩浩蜷伏在爸爸身边，把头搁在爸爸的膝盖上，伤心地哭了，他说："爸爸，今天老师叫我们写一篇作文，我用错了一个词，老师却把这个句子读给大家听，引起同学们一阵哄堂大笑，我窘极了！"爸爸忍不住用手搂住儿子。浩浩沉默了几分钟，接着他挣脱了爸爸，平静地说："我要去写作业了。谢谢爸爸！"

爸爸的倾听换来了儿子的信任和理解，使孩子能向他吐露内心的痛苦。孩子不需要爸爸的教训与忠告，他受到了伤害，需要爸爸听他诉说内心的痛苦，孩子是渴望倾诉的。所以，做爸爸的要当一个好听众，允许你的孩子向你诉说他的感受。你不要对他妄加评论，也不要急于帮他解决问题。通常，他需要的只有一点——你愿意花时间来听他的诉说。做爸爸的有必要定期抽出专门时间来，和孩子面对面地、专心认真地听他说话，让孩子感觉到你对他的重视，孩子对你的信任感会越来越深。只有爸爸肯把心交给孩子，孩子才肯把心交给爸爸。爸爸的耐心倾听，会使孩子受伤的心得以抚慰。

然而，生活中我们却经常见到这样的场面：爸爸和孩子在一起时，尤其是爸爸教育自己的孩子时，总是爸爸在滔滔不绝地讲，孩子耷拉着脑袋听，要么就是爸爸板着脸去质问孩子，要让孩子说出爸爸心中早已认定的孩子的错处。

一位教育家曾经说过："对心灵发生重大影响的，绝不是一种灌输，而是一种共鸣和抗争。"一个人心中有了苦闷，只要找一个合适的倾诉对象及时倾诉，就不会对心理造成大的损害，心理也就可以保持健康。孩子在成长的过程中经常会遇到一些问题、挫折，往往不能自己解决，就会产生苦闷、彷徨的心理。这时，孩子就需要一个倾诉对象倾听他的苦衷。最佳的倾诉对象就是父母，但许多父母却总认为孩子不应该有烦恼、不满，不愿倾听孩子诉说，甚至不让孩子说，这样，孩子心里总有苦水倒不出。因此，一个合格的爸爸要有两只倾听孩子心声的耳朵，在孩子获得成功的时候，爸爸要学会倾听，当孩子遇到挫折时，更要学会倾听。

斯普朗格曾这样说道："教育的核心是人格心灵的唤醒，教育的最终目的不是传授已有的东西，而是要把人的创造力诱导出来，将生命感、价值感唤醒。"爸爸要肯花时间，做一个有爱心、有真心、有耐心的听众，用心倾听孩子的心声，用心走进孩子的世界，用心与心的碰撞来进行情与情的交流。多关爱孩子，多引导孩子，多鼓励孩子。

　　学会倾听，也是爸爸了解孩子最有效的途径。学会倾听，不光是听孩子讲话，而是一块儿"交心"，爸爸应该把自己放在和孩子同样的高度，像朋友一样和孩子去探讨，在探讨的基础上引领孩子。在交流的过程中，不仅要听孩子说话，还要注意孩子说话的语气和表情，对孩子的过错和痛苦表示谅解和同情，对于他的感受或意见不要做出轻率的结论。

　　通过听孩子说话来了解他的感受，是非常有价值的一种方式。不论孩子提出的问题是大还是小，都要尽可能找时间立即去倾听，而不要等你有了空闲时间时再让孩子说。让他感受到他对于你是多么的重要，他也就会更多地把心里话告诉你。与孩子谈话，就是为你提供一次了解和教导孩子的机会。立即倾听孩子的谈话，有助于赢得孩子的信任，这样孩子才愿意把他所有的事都告诉你。只有把耐心倾听孩子的话作为日常生活的一部分，才能渐渐地看清楚孩子的世界，做爸爸的就会更有效地对孩子加以引导。

　　爸爸爱孩子，教育孩子，必须从倾听开始。如果孩子心目中有一些困扰能向爱自己的人说出来，通常问题就解决了一半。对孩子来说，随时有人倾听自己、关注自己，这是一种最大心理程度上的支持；把自己心中的烦恼表达出来并且确知不会得到嘲笑，这更是对问题的一种确认和静化。孩子心中的烦恼就像一场暴雨后的水库，爸爸的倾听就像是打开了一道闸门，让孩子心中的洪水缓缓流进爸爸那宽阔的胸膛。如果经常得不到发泄和疏通，孩子的心灵，这个还不坚固的小水库有朝一日就要决堤。

　　作为爸爸，每当孩子主动要向你倾诉时，你可曾放下手中的工作，让他畅所欲言，把心中的郁闷宣泄出来？孩子有时只是一时想不开，过度地焦虑；有时真希望有人为他分担一些痛苦。这时候，他也许会对爸爸吐露心事，希望得到你的支持和鼓励。亲子之间如果能彼此倾诉，经常交流，问题会少得多。

　　对一个人来说，能否拥有幸福美好的一生，最重要的起点是他的童年。成人世界中太多的苦难与挫折，都来源于童年时某一个不完整的情节。你的孩子在未来将要承受无数外来的竞争与压力，在短暂的童年里，爸爸要为他撑起一片无忧的天空，放飞他的身躯，呵护他的心灵。

引导孩子有节制有选择地看电视

晚上，爸爸一再催促军军去写作业，可军军却坐在电视机前入迷地看着一个武侠片，对爸爸的再三催促不理不睬。爸爸一气之下把电视机关了，对军军说："整天就知道看电视，看你的学习成绩都成什么样子了？"军军不服气地回敬爸爸说："学习有什么意思，搞学问的人都呆头呆脑的，杀手多酷啊，作为堂堂男子汉就应该像那样，我将来也要做个那样的杀手。"爸爸不认识似的看着儿子质问道："什么，你将来要做个杀手？你整天看电视就是为了学将来怎么去犯罪？以后不准你再看电视！"

很多爸爸都会遇到这样的烦恼，曾几何时，屏幕的色彩变得过于斑斓：频频闪动的暴力镜头、又帅又酷的黑道人物、亦正亦邪的男女主角、充满"智慧"的作案手段，看得不少模仿性极强的孩子心醉神迷，难辨是非。那种罔顾法律的江湖义气、睚眦必报的爱恨情仇、以暴制暴的自我张扬，带来的潜移默化也与法治社会的道德观念背道而驰。在影视节目推波助澜下，青少年"偶像崇拜"也已成为一个人们普遍关注的问题：一些少男少女为了"追星"，甚至离家出走、花季凋零，屡屡发生悲剧。凡此种种着实让不少爸爸满心困惑。

孩子看电视是爸爸无法回避的事情，禁止孩子看电视是不现实、不科学的，关键在于引导，引导贵在得法。爸爸要帮助孩子做到两点：一是控制时间，二是有所选择。帮助孩子制订合理的看电视时间表，根据户外活动和家庭作业等时间进行合理搭配。保证有足够时间看书和做作业，并且尽量选择时间不长但有意义的节目。

爸爸应选择好电视节目陪同孩子一起观看，根据电视节目安排表和孩子的观看兴趣，在有限的时间里选择最具有观看价值的节目，尽量提高看电视的效率，满足孩子的观看兴趣。爸爸特别要注意不能放任孩子，不要让他乱看，想看什么就看什么，以免他会盲目、随意地找一些并不适合他

的一些节目来看。

不要让孩子看太多复杂的成人电视剧，比如言情片、武打片、警匪片，因为孩子很难理解。爸爸应针对孩子的实际年龄和知识水平，和孩子一起筛选最适合他的电视节目，节目内容要健康，融教育性、知识性、趣味性于一体。最适合少年儿童观看的有两类节目，一类是一些儿童文学的名著、童话改编的故事片、动画片；另一类就是知识性的，比方说大自然探险，各种知识类的、科幻类的节目。让孩子看这样的电视节目，对他的身心发展是很有益处的，因为孩子的观察是一种直观性的，年龄越小越不喜欢文字，喜欢画面，这样的节目可以使孩子丰富知识。

引导孩子多看一些新闻时事节目。带孩子一起每天看新闻联播，孩子需要胸怀天下，需要关心国内国际时事。让孩子养成每天看新闻的习惯，这可能会成为孩子储备信息的起点。

引导孩子看广告。一个开放的世界，也是一个广告的世界，广告都会用艺术的、夸张的手法去展示自己产品美好的一面。要提醒孩子不要盲从广告消费，在看广告时要引导孩子判断哪些信息是正确的、有用的，用其利而防其弊，这样才可谓是成熟的广告教育。

跟孩子商定看电视的时间，并严格遵守。比方说孩子年龄小，最好看电视的时间不超过一个小时，上了中学不超过两个小时。当然时间的规定应和孩子认真地协商，然后订一个规则，订了规则之后就不能够违反，一定要说话算话。如果孩子违反了，要有惩罚措施。比方说只要超过了时间，那就以两天不能看电视，或者一个星期不能看电视为惩罚措施。一定要让孩子遵守规定，做到说话算话，让孩子对自己负责。

如果孩子的年龄偏小，爸爸更应该抽出时间陪同观看，对可能产生消极影响的节目进行及时控制或解释（如暴利或情色镜头），帮助孩子正确理解电视内容中的对与错。有时孩子会一边看，一边提出各种各样的问题，这时爸爸可以给孩子正确的解答。有时爸爸还可以提出一些问题，让孩子回答，帮助爸爸了解孩子对事物的看法，为教育孩子提供有利的依据，使电视教育更好地成为爸爸的有利助手。对于年龄小的孩子，最好有固定的时间看电视，这也有利于培养他良好的生活习惯。有些父母，在孩子没上学的时候，用电视当"保姆"，让孩子老老实实在电视前待着，自己去干别的事情，把孩子惯成了"电视迷"。

对于较大的孩子，在学习繁忙的时期，如复习阶段，要减少看电视的时间；在寒暑假期间，则适当增加时间。但在任何时间都绝不能允许孩子无休止、无选择地看电视。

另外，爸爸要约束自己。要求孩子有节制地看电视，爸爸当然要以身作则。现实生活中确实有部分爸爸缺乏其他消遣爱好，将所有的空闲时间都花在电视机前。如果自己不分时间看电视，却要求孩子少看、不看电视，这是很困难的。许多电视节目与孩子的学习息息相关，因此爸爸要引导孩子选择、收看这些节目，更好地与学校教育相结合。总之，爸爸对于孩子看电视要进行正确的引导，以便丰富孩子的生活，开阔孩子的视野，使孩子在一个良好的环境中健康快乐地成长。

尊重孩子的隐私

晚上，真真和爸爸一起坐在客厅看电视。这时候，电话铃响了，真真一下子跳了起来，说了声："我来接！"就跑进自己的房间，把门关起来。这一动作让坐在客厅里的爸爸很奇怪：孩子为什么要到自己房间去听？为什么要关上门？难道是男孩子打来的？爸爸马上拿起分机，听到一阵快乐的笑声。或许因为太紧张了，爸爸不自觉地咳了一下，女儿惊叫一声，"啪"地挂断了电话。爸爸不安地望着女儿的房门，但是那扇门却久久没有打开。虽然，爸爸后来小心翼翼地去敲，向女儿解释，但那一晚，门始终没有打开。自此以后，女儿就用一种防范的眼光看爸爸。其实那个电话是一位女同学打来的，女儿还准备听完电话就把那件好笑的事告诉爸爸呢，但女儿不能容忍爸爸偷听她的电话。

常听到孩子们私下里抱怨："我最讨厌的事情，就是爸爸妈妈偷看我的日记、偷听我的电话。我觉得他们看我就像看贼一样！"面对同样的问题，许多家长却认为："现在社会上很乱，不听他们电话怎么能知道他都结交一些什么样的朋友啊？我们这样做也是为了孩子好啊！"

这并不是个别现象，很多家长和孩子在"隐私"问题上都深有同感。随着年龄的增长和独立意识的增强，孩子开始有了自己的一些"秘密"。但很多父母以对孩子"负责""关心"为由，想方设法翻看孩子的日记，偷听孩子的谈话，殊不知这些父母的做法在侵犯了孩子隐私权的同时，也对他们的心理造成了很大伤害。如果长期下去，可能还会使孩子患上抑郁症，甚至出现性格扭曲，原本浓厚的亲情也会淡薄很多。

其实，在大多数孩子的日记里，很少有什么"不可告人"的事，更多的是孩子的一些思考和一些心里话。当爸爸的，要允许孩子有自己的秘密。

当爸爸的不但要有尊重孩子隐私权的意识，而且要学会如何尊重他的隐私权。这样才能建立起孩子对你的信任，从而向你敞开心灵的大门。

说到隐私权，爸爸们多会认为是大人所拥有的，对小孩子有隐私权就不以为然了，一些爸爸会因此而惊奇："呵，小家伙也有秘密啦！"在爸爸们看来，这都是些小事。连孩子的生命都是自己给的，何况一本日记、一个电话？可对孩子来说，爸爸的这些行为，都是对他们的不信任、不尊重，伤害了他们的自尊心。

所谓隐私权是指个体拥有隐瞒或不公开个人隐私的权力。孩子是独立的个体，当然也有这个权力，孩子不想让他人知道的秘密就是个人隐私，然而往往不被父母尊重。一家媒体公布一项针对儿童的调查报告，结果发现，**69％**的妈妈偷看过孩子的日记。往往亲子关系紧张的一个主要原因，就是孩子有了日益增多的独立需求，他们渴望有一片属于自己的隐私空间，而父母却千方百计地要全方位掌握孩子，他们对孩子的一切都想知道，总想让孩子在自己的控制下才放心。

作为一个自然人，一个独立的个体，孩子和成人一样，可以有自己的喜怒哀乐，可以有自己的思想行为，可以有属于自己的小秘密，所有这些，构成了完整而健康的人格。一定的隐私意识能使他们在成长过程中拥有属于自己的空间，这样更有利于形成独立的个性，也更有利于健康人格的形成。有一项对**3~6**岁幼儿进行的调查结果显示，没有隐私意识的孩子往往比具有一定隐私意识的孩子显得幼稚，他们的适应能力也普遍比后者差；而具有一定隐私意识的孩子往往具有较强的适应能力，他们也更能赢得其他小朋友们的尊重。

如果孩子从小就受到尊重，他便能懂得自尊，也会懂得怎样去尊重别人。那些对人彬彬有礼的孩子，肯定是在家里很受尊重的孩子；那些蛮不讲理、行为粗野的孩子，在家里，一定得不到他人的尊重，甚至常常受到伤害。

作为爸爸，如果你想把自己的孩子培养成为高素质的人，成为有教养的人，那么，你首先要做这样的人。要让孩子尊重你，你便应当先尊重孩子。

爸爸一方面要尊重孩子的隐私，另一方面要从小培养孩子的隐私意识。首先，告诉孩子哪些事别人不应该知道。比如，一个三四岁的孩子，在外面无意中说出爸爸妈妈经常吵架、打架，从而使自己的家庭一下子成为邻居们议论的焦点。孩子之所以会透露自己家的"隐私"，是因为孩子不知道这些信息不应该让别人知晓。因此，爸爸平时和孩子交流时，可直接向孩子讲明哪些事可以让别人知道，哪些事只能自己和爸爸妈妈知道。将隐私具体化，避免孩子不知不觉向他人透露自己的隐私，从而给自己或家人带来不必要的麻烦。这是培养孩子隐私意识的一个有效方法。

其次，爸爸要有良好的保护隐私意识。孩子隐私意识的形成是多种因素共同作用的结果，其中家长自身具备良好的隐私意识十分重要。很难想象，一个四处打听、随口传播别人隐私的家长，会注重培养孩子的隐私意识。因此，爸爸应做孩子的榜样。生活中，爸爸在孩子面前要言行谨慎，切莫信口开河，无意间侵犯了孩子的隐私权，给孩子的心理健康造成负面影响。尊重和保护孩子的隐私，从根本上说，就是尊重和保护他的自尊心。

再次，孩子隐私意识的培养应当适度。作为年幼的孩子，必须在爸爸的监护下健康成长。因此，在培养孩子隐私意识时，要防止孩子无原则地将一切都当做自己的隐私，要保证爸爸对孩子尽到最大限度地监护职责。不可否认，有时孩子的隐私中可能包含某些不良行为，爸爸要既尊重又巧妙地引导、教育。在充分尊重孩子人格的基础上，与孩子平等地进行对话和情感交流，争取孩子的信任，让孩子敞开心扉，主动地把隐私告诉爸爸。如果孩子视爸爸为可信任、可亲近的大朋友，就会向爸爸倾诉内心最隐秘的事情。使孩子在轻松愉快的环境中轻松解决问题，快乐成长。

榜样不是专制，爸爸也要征求孩子的意见

一天晚上，莹莹的爸爸对她说："爸爸妈妈都要出差，从明天开始，我们要把你送到姥姥家里住一个月。到了那里一定要听姥姥姥爷的话，不要惹他们生气，知道吗？"听了爸爸的话，莹莹很不高兴地撅起小嘴，接着大声地反对："为什么要把我送到姥姥那里，我不去！""不去不行，这个月爸爸和妈妈都要出差，没有人照顾你！"爸爸生气地对莹莹说。"为什么你们不问我愿意不愿意呢？我不想去姥姥家！我要去姑姑家和乐乐哥哥一起玩。""爸爸妈妈决定的事还要问你同不同意，你一个小孩子懂什么啊？这事由不得你。反正你不能去姑姑家。"爸爸一脸怒气地对莹莹说。莹莹难过得哭了起来。第二天，莹莹被爸爸送到了姥姥家里。莹莹在姥姥家里很不开心地过了一个月，她开始恨爸爸了。

孩子也是家庭的一员。当遇到事情尤其是和孩子密切相关的事情时，爸爸应该征求孩子的意见，并尽量尊重孩子的意愿。而不要总以为孩子太小，根本没有思考问题的能力，即使跟他商量也没有用。孩子是活生生的人，他不是爸爸的附属品，孩子能够发表自己的见解是他逐渐成长的表现和标志。孩子遇事有自己的想法，爸爸首先应该予以聆听、尊重、理解和鼓励。不做专制的爸爸，就要与孩子处在平等的地位，学会与孩子共同讨论，尤其是关于孩子的一些事情。当孩子表示不满或者反对的时候，应该心平气和地给孩子解释，争取孩子的理解，而不能强制孩子服从甚至恐吓孩子。不要总是居高临下地俯视孩子，完全凭自己的主观意志为孩子决定一切，而忽视孩子的感受。如果孩子在爸爸面前没有平等对话的机会，被动地接受爸爸的管束，有话不能说，有意见不敢提，久而久之，自己的想法不敢也不愿与爸爸交流。

尊重孩子的意愿，遇事经常和孩子商量，是对孩子的一种赏识和尊重。对于爸爸来说，对孩子的尊重是了解孩子最好的途径。如果爸爸尊重了自己的孩子，孩子反过来也会尊重爸爸。当爸爸想了解孩子的想法时，孩子才会大胆地告诉你。另一方面，如果爸爸经常和孩子商量事情，征求孩子的意见，一旦孩子需要做一项决定，他也会主动跟爸爸商量，征求爸爸的意见，而不是隐瞒爸爸，一意孤行。因此，爸爸应该随时记住孩子是家庭中的重要成员，遇事主动征求孩子的意见，尤其是不要尝试去干涉孩子的决定。为了把孩子培养成才，父母给孩子报这个班那个班，可谁真正征求过孩子的意见？父母的意志让孩子成了报班专业户，成了学习的"奴隶"。"爸爸妈妈请理解我们，别再强迫我们补习了！"这是很多孩子的呼声。咱们中国的家长太喜欢包办代替了，操心受累之余还会说："我这么替他操心，我容易吗？"孩子们不但不领情，反而加剧了逆反心理，尤其是进入青春期的孩子，他们更愿意固守自己的意志而拒绝家长的好心安排。

小毅读小学时，各方面成绩都很好，还是学校的少先队大队长，班级的班长，是老师、同学交口称赞的孩子。因为他所在的学校的教育水平不算名列前茅，爸爸就想升初中以后，给他选一个名校，这样一来，他考大学就更有把握了。所以爸爸费了好大的劲，给他转到市里一所非常有名的中学。但是去了以后，一个学期下来，小毅所有科目的成绩都大幅度下滑，还有两门功课不及格！爸爸特别想不通，为什么小毅进了好学校，成绩反而下降得特别厉害呢？小毅的爸爸哪里会想到，问题就在于转学完全没有征求小毅的同意。为此小毅一直闷闷不乐，跟爸爸谈过两次，希望能留在原来的学校并保证一定考上好高中，以后考个好大学，结果都被爸爸振振有词的理由给堵回去了。小毅觉得爸爸很专制，既不尊重他也不顾及他的感受。到了新学校很多同学欺生，老师也不喜欢整天闷声不响、上课从不积极发言的小毅。小毅背着沉重的思想包袱，一直在新学校熬着。开始他也为自己成绩下滑着急，慢慢地，老师同学的不待见，更让他心灰意冷。他经常怀念原来的学校，怀念被老师和同学承认、拥戴的感觉，甚至希望新学校不要他，他就能回到原来的学校去了。

溺爱淹没了孩子，专制扼杀了孩子，家庭教育需要民主。所谓民主就是爸爸与孩子平等相处，视孩子为具有独立人格的个体，尊重孩子。涉及孩子人生的转折性事件，孩子应该有发言权，爸爸决定前一定要跟孩子商

量，征求孩子的意见，在认真考虑孩子意见的基础上，再辅之以自己的看法，待孩子完全同意后再做决定。只有爸爸放下做家长的架子，虚心向孩子学习，不把自己的意志强加给孩子，真诚、平等地和孩子进行沟通、交流，你和孩子才会相互理解、相互信任，你才能与孩子真正建立和谐的亲子关系，才能让孩子健康成长。

适时放手，让孩子独立

　　爸爸在收拾地上的玩具，2 岁的天天也想帮忙，爸爸耐心地教女儿："先捡起红色的玩具。好，现在捡蓝色的。我们把方形的玩具收到玩具箱左边，把圆形的放在箱子右边。好极了，天天真棒，收拾得又快又好。"爸爸带天天去超市，给天天买了顶漂亮的帽子，天天要自己拎着，爸爸说："天天是个大孩子了，可以自己拎东西了，真能干！"天天拎着袋子，高兴得甩动着袋子。爸爸平时还交给天天一个重要的任务，给进门的人拿拖鞋，天天可认真了，每次爸爸进门，就及时送上拖鞋。穿着自己女儿拿来的拖鞋，爸爸的心里甜滋滋的。

　　做爸爸的应该懂得，放手让孩子做力所能及的事情。尽早参加家里力所能及的劳动，让孩子认识自己的能力，并适时夸奖孩子的主动，创造机会帮他实现自理的愿望，培养他的独立性，使孩子体会到"我自己来"所带来的成功体验，那样孩子会更积极地做自己的事，这是培养独立做事能力的良好开端。

　　可在生活中，我们常见到这样一些情景：孩子上学，家长帮背书包；孩子的鞋带松了，家长帮系好……许多家庭的父母对孩子事事操心，对孩子管得太宽，包得太多，往往以自己的意愿来安排孩子的一切，真可谓"可怜天下父母心"。但这些做法，无疑是父母在不知不觉中剥夺了孩子独立成长的机会，更糟糕的是，这种包办代替还有可能使孩子产生自己无能、愚蠢的观念，导致孩子自信心不足，这对孩子更是一种无形的伤害。

　　父母对孩子过分保护，往往会妨碍孩子身心的正常发展，使他变得胆怯、依赖心重，不敢做任何尝试，而且不易与人接近。所以，凡是孩子力所能及的事情，爸爸都应放手让他自己去做。做爸爸的只有注意抓住一次次给孩子锻炼的机会，提高孩子的自理能力，才会使孩子日益趋于独立。

　　培养孩子的独立性需要耐心、时间以及物质上的某些损失，但不要因孩子打碎一次东西就对他的灵巧、独立能力和自信心失去信任，最重要的是孩子已经体验了个中的滋味。因为在孩子成长的道路上，不是只有鲜花，还有荆棘；不是只有平川坦途，还有沼泽泥泞；不是只有成功，还有失败。这些，都需要孩子独自去面对、去克服。

　　在教育子女方面，某些动物堪称我们的楷模。如：小鹰翅膀上的羽毛长出来了，老鹰就教小鹰练习飞翔和捕食的本领，天天督促它们严格训练，不得偷懒。等小鹰们这两个本领学得差不多了，老鹰就不再喂食给它们吃。又如：小狐狸长大了，该独自生活了，老狐狸就狠心把小狐狸赶出家门，让它们独立生活。有些小狐狸还舍不得父母的庇护，赖在洞口可怜巴巴地乞求着不愿离开。这时，身为父母的老狐狸尽管心中有一万个不舍，一万个不忍，但还是毫不犹豫地将小狐狸驱逐出去。它们并非不爱自己的孩子，而是很清楚地知道，父母不能陪伴孩子到老，让孩子学会独立生存的能力至关重要。它们看上去似乎有些绝情的行为正是体现了其良苦用心。

　　过分溺爱孩子，什么事情都不让孩子动手，孩子只会衣来伸手饭来张口，独立生活处世的能力一点都没有，可以说，爸爸这样的爱心只能贻误了孩子的前程，这是一种极其不正确的爱。有个孩子天资聪颖，再加上后天的勤奋努力，成为公费留学生。可是，因为在国外不能一个人独自生活，又不能带着父母一起出去，万般无奈之下只得放弃了留学。这样的事情很多很多，就在我们周围发生着、演绎着，应该引起爸爸们的深思了。

　　做爸爸的总是会担心孩子，但爸爸只是一味地担心，不肯放手让孩子去试试看，孩子将失去许多学习的机会。放手是一种出于信心的爱，若父母能放手，孩子就能比较主动，知道自己该在什么时间做什么事。反之，孩子比较被动，因为他一切只要听从父母的指挥就可以了。再者，父母如果能放手，孩子就会懂得如何选择，如何自己做决定。所以，爸爸应在日常生活中学习放手，让孩子有解决困难的机会，学习适应社会的技巧，这样一来，长大后才会懂得如何照顾自己。

生活中，很多当爸爸的一面强调着要培养孩子的独立性，希望自己的孩子比其他孩子要能干自信；另一方面，他们却不自觉地处处宠着孩子，把很多原本应该让孩子自己做的事情包揽下来。结果，由于爸爸长期精心呵护，孩子的独立能力反而不及同龄人，甚至因为缺乏独立性而在社会中无法适应。所以，做爸爸的要明白，爱孩子就请放开你的手。

爸爸们也都清楚地认识到，未来的社会，是一个竞争激烈的社会，未来的人才，就得有独立面对一切挑战的自信和能力。从小培养孩子的独立意识很重要，它是孩子将来适应社会的立身之本。爸爸们要认识到，孩子是个独立体，潜力无穷，你保护越多，孩子丧失的能力就越多。你越是爱孩子就越应该放手，放手让孩子锻炼，不要怕他摔跤，摔跤了孩子会自己爬起来，你只需要在一旁给予积极的认可和赞许，加上适当地指导，使孩子产生自信。"我行"这种自我感觉很重要，它是孩子独立性得以发展的动力。因为，自信是一种积极的心理品质，是一个人对自身价值和能力地充分认识和评价。

现代社会所需的人才需要有敢拼敢闯的搏击力和坚韧的忍耐力。而自信心是否树立，决定着孩子今后能否自主、独立，也决定着孩子面对逆境时能否勇敢地去尝试，去获取成功。

因此，紧紧抓着孩子的手不肯放松的爸爸们，请你适时放放手，外面的天空广阔无垠，让孩子自由地去飞翔吧！只有在蓝天中翱翔，孩子的世界才更宽广；只有让孩子学会与风雨搏击，他们的翅膀才更强健有力。

孩子表现出色时，请不要吝啬夸奖

"妈妈，妈妈，我这次英语比赛在班里得了第一名。"小飞一进门就兴高采烈地对妈妈说。"别太骄傲了，全学校英语成绩比你好的孩子还多着呢。"正在收拾屋子的妈妈顺口说道。"老师夸我的口语说的最标准了！"小飞跑到妈妈面前得意地说着。"哦，知道了。今天有作业吗？快去做作业吧！我这忙得很，你就不要捣乱了！"听到妈妈这么说，小飞刚进门的高兴劲一下子就没了，闷闷不乐地躲进了自己的房间。他不明白为什么自己英语比赛得了第一名，妈妈却一点都不高兴，更没有夸奖他。他甚至在心中犯嘀咕："妈妈难道不爱我了，一点都不关心我？"正当小飞疑惑不解的时候，爸爸回来了。爸爸发现小飞很不高兴，就问他："怎么了儿子，有什么不开心的事情吗？"小飞很委屈地对爸爸说："爸爸，我今天英语比赛得了第一名，老师都夸奖我了，可是妈妈却一点都不高兴。"爸爸很高兴地说："是吗？第一名啊，真厉害！"小飞兴奋地接着说："老师让我们分两组，男生一组，女生一组。男生组里我回答问题最快，英语说的最流利，他们都不如我！"爸爸摸着小飞的头说："太棒了！我儿子真是好样的！再接再厉，其他科也要学的更好，好吗？"小飞高兴地拉住爸爸的手说："嗯，我以后无论哪科的成绩都要成为班里最好的！"

孩子表现出色时，做爸爸的最好能给予应有的夸奖和鼓励，这样孩子的荣誉感和成就感就会得到最大的满足，把后面的事情做得更好。如果孩子取得了成绩，你因为怕孩子骄傲而故作冷淡或无动于衷，必然会给孩子的内心造成不良的影响。

每个孩子都希望获得父母的认同。孩子通过自己的努力，在学习或者比赛中取得好成绩，这是多么值得爸爸赏识的事情！这时候，爸爸应该为孩子感到高兴，应该及时给予热情的赏识和赞扬。让他感觉到爸爸为他的出色表现感到骄傲。爸爸只有及时赏识和赞扬孩子，才能充分调动孩子的积极性，让他往更高的目标冲刺。

因此，当孩子达到了某个既定目标，爸爸一定要把握机会，及时由衷地夸奖孩子，同时表现出你的喜悦心情，让孩子感受到是他的良好行为表现使爸爸感到高兴。这是简单而又能产生显著效果的一招，只要坚持去做，必有喜人的收获。

有时候，孩子需要的不仅仅是爸爸一句赞扬的话，他也需要得到爸爸的重视和关心。如果爸爸没有对孩子的成绩表示出及时的关注，会让孩子感到失望，而这种失望很可能会让他失去继续努力的动力。

及时夸奖孩子，能表现出爸爸对孩子的真心赏识和热切期望，还能传递给孩子一种强大的精神力量。这种力量不仅可以让孩子更加努力和自信，

而且会促进孩子健康快乐地成长。

在第一时间把赞扬和肯定传递给孩子，让孩子感觉到爸爸发自内心的赏识和期望，从而满怀自信地面对学习和生活——这是赏识教育里很重要的一课。

爸爸们，当孩子有出色的表现时，不管你在忙什么，是工作还是学习或者做家务，都请你马上停止。因为，在这个时刻，最需要你的关注，是你那可爱的孩子，他在眼巴巴等待着爸爸的反应，请你第一时间回应他一句："孩子，你确实做得很不错，我为你骄傲！"要让孩子知道你欣赏他，同时也要让孩子知道他自己的诸多优点。

夸奖使孩子产生自信，鼓励使孩子战胜胆怯。好孩子是夸出来的，不知道从小对孩子实施欣赏和夸奖的爸爸是失职的爸爸。很多人成功，可能就缘于从小父母对他的欣赏和夸奖。

　　大发明家爱迪生小时候学习成绩不好，经常有一些在老师看来奇怪的想法和做法。在他上小学时，老师认为他弱智，并让母亲把他领回家去。爱迪生的母亲没有文化，但她相信和理解自己的孩子，说："我的孩子并不弱智，他是个天才，只是你们看不出来。"母亲持续不断地欣赏、夸奖和鼓励，使爱迪生成功地走上了发明创造的道路。

所以，成功者特别的财富和幸运就是他在人生的某些关口，受到了父母更多的、更及时的、更到位的积极意义上的理解，即欣赏和夸奖。

我国杰出的童话作家郑渊洁在教育孩子时曾说过这样的话："要多夸孩子，要采取广种薄收的方法来夸孩子，比如他画画时，你就夸他画画好，比如他唱歌时，你就夸他唱歌好，比如他折纸时，你就夸他折纸好。总之，他无论干什么你都夸，那他总有潜在的某一种天赋被你激发出来了。"由于从小受父亲激励，郑渊洁的儿子，二十刚出头，就成为一家少儿画报的主编。

夸奖孩子时，爸爸们已经习惯于对着孩子说出"真棒""真好"这样的评价。其实总是笼统地表扬孩子，会让孩子无所适从，夸孩子也要讲究艺术，夸奖要有针对性。为达到激励孩子的目的，真正做到"夸具体"，有针对性的具体表扬会让孩子更容易理解，并且知道今后应该怎么做，如何努力。爸爸首先要对孩子做事情的整个过程有所了解，有的时候可以亲眼看看孩子是怎样努力的，当你在总结孩子成绩的时候，不妨详细地把自己的所见描述出来。比如孩子写完作文之后，你可以说："文章的开头很好，你能想出这样的开头实在不容易。"这样，你把孩子在作文上所花费的辛苦一一说了出来，愉快自信的笑容立刻就会洋溢在孩子的脸上。如果你没有亲眼见到孩子的努力也没关系，你可以用提问的方式让孩子自己说出努力的过程，这中间不失时机地加以适当点评，同样可以给孩子一个有益的赞美。

爸爸要一点一滴地发现孩子在各方面的优点，发现孩子的进步，哪怕是最微小的进步，都要对孩子进行有效的鼓励，从而增加孩子的自信心。没有及时对孩子的表现欣赏、夸奖、鼓励的爸爸，是失职的爸爸，是不负责任的爸爸。爸爸要真正欣赏孩子，真正夸奖孩子，给孩子以无穷的积极进取的力量。

做爸爸的永远不要失去对孩子任何一个欣赏、夸奖、鼓励的机会。如果一时找不到欣赏与鼓励孩子的机会，要尽可能创造这样的机会，最大限度地调动孩子学习的兴趣与奋发向上的积极性。寻找孩子被夸奖、被欣赏的理由，是家庭教育特别高的艺术。掌握了这门艺术，你一定会成为幸福的爸爸。请相信：爱，永远比恨更有力量。而夸奖一个孩子，永远比斥责一个孩子更能帮助他茁壮成长。

让孩子参与家庭大事的讨论

桐桐的爸爸妈妈准备买一套新房子。他们挑来挑去，觉得有两个楼盘比较中意。但这时候，夫妻两人的意见却出现了不一致。一天，夫妻俩又因为房子的事情争执起来。这时候，读小学五年级的桐桐终于忍不住了，大声对爸爸妈妈说："你们要买房子怎么从来都没有征求过我的意见呢？""你能有什么意见，小孩子懂什么啊。"爸爸不以为然地说。"就是，买房子是大人的事，你管这么多干什么？！"妈妈附和着说。"买房子是全家人的事，我也

是家里的一员，为什么不关我的事呢？"桐桐生气地问。"可是你懂房子吗？小孩子好好学习就可以了，别管这么多闲事。"爸爸朝女儿一摆手，很不耐烦地说。"谁说我不懂，我知道爸爸要买东方新城，我还知道，那里的房子根本不能买。""为什么不能买，你知道什么啊？"爸爸吃惊地问。桐桐不服气地说："东方新城的旁边有一片空地对吧？那里马上就要建化工厂了，爸爸想以后天天都闻化工厂的怪味吗？"爸爸非常疑惑地问："什么？化工厂？我怎么不知道？你听谁说的啊？"桐桐胸有成竹地说："我同学的爸爸是化工厂的厂长。那天我和他说你们想买东方新城的房子，他说不能买，因为他爸爸告诉他化工厂马上就要搬过去，他还说化工厂的气味能熏死人呢。"爸爸将信将疑地看着女儿说："真的吗？要真是那样，这房子就真不能买了。"后来，爸爸打听了一下，女儿说的消息确实是真的。于是他在另一个楼盘买了一套房子，一家人乔迁新居，生活得非常幸福。

爸爸不能摆出长者尊严的面孔对待孩子，孩子和爸爸在家庭中的地位是平等的。家里的事要征求孩子的意见，如果他的意见合理或与你的意见一致，就以他的意见做出决定，这样可以增加孩子的"参政（家政）感"和责任感，从而增加孩子对爸爸在其他问题上的顺应性，促进家庭关系的协调。

赏识孩子，就要尊重孩子的意愿，让孩子有知情权和参与权，这样才能让孩子感觉到他在家庭中的重要性，从而建立对家庭的责任感，培养他的主人翁意识和大局观。

让孩子参与家庭管理，一方面，孩子会觉得能与父母"平起平坐"讨论决定家庭大事而充满自豪，另一方面，又加强了家庭成员间的交流与合作，为培养孩子的交流与合作能力提供了有效的途径。

一般爸爸都认为孩子没有社会活动经验，也没有生活经验，跟孩子没什么可讨论的。其实，家庭中有许许多多的事可以让孩子参与进来。比如购买什么样的房子、家用电器、汽车，如何布置房间、处理家务、处理亲属关系等，孩子都可以以家庭正式成员的身份与父母一起商讨，父母也应该倾听孩子的意见，充分肯定孩子正确的想法和行为，给孩子参与讨论各种问题的机会。参与对孩子来说，重要的是过程而不是结果。再说，每个孩子都有潜在能力，只要心理环境宽松，表现机会充足，孩子天生的聪明和灵气就会淋漓尽致地表现出来，就能向自信能干的方向发展。

  阳阳的爸爸妈妈决定要买一套大一点的房子，把爷爷接过来一起住。爸爸妈妈跑了很多楼盘，做了很多比较，从户型大小、地理位置、交通状况、性能价格比、物业管理、小区绿化、升值潜力、教育环境等等做了一系列的比较筛选，最终剩下三套候选方案。阳阳的爸爸妈妈要听取阳阳的意见，阳阳提出来一条："要选周围有医院的地方，爷爷身体不好，选的房子要看病方便。"这一条恰恰是爸爸妈妈没有想到的。最后全家一致通过买了小区旁边有综合性医院的那套房子。搬进新居那天，阳阳非常自豪地对爷爷说："这套房子是我送的！"

除了购置房屋这样的大事，在讨论一般的普通家事时，不妨也让孩子讨论一下。不管最后是否采纳了他的意见，也让他感受到自己在家庭中的重要性，是家庭中不可或缺的重要一员。爸爸尊重了孩子的意见，孩子也会尊重爸爸的建议。让孩子参与决定家庭大事，一是孩子会比较容易接受爸爸的决定，二是孩子会把自己看做是家里受重视的成员。

反之，如果爸爸平时包办过多，孩子参与生活自理、家务劳动、家庭决策的机会太少或剥夺了孩子各种参与的机会，就会造成孩子心理消极，缺乏自信，对家庭缺乏责任感。孩子从小就参与家庭的各种活动，并提出自己的意见，不强迫孩子遵守爸爸的决定，让孩子有选择的机会，这样不但帮助孩子的自我得到肯定，也可以让孩子从小就有表达意见的机会。

爸爸可以在制订家中规矩和计划的时候征求孩子的意见，和他一起完成。而不是以爸爸的意志来强迫孩子遵守。和孩子一起制订家规，不仅表示了爸爸对孩子的赏识和尊重，还能起到激励孩子严格自律的作用，有效地鼓励和培养了孩子的自律能力和责任感，可谓一举两得。

定期召开家庭会议。召开家庭会议时，每位家庭成员都有权利提出问题，其他成员有义务倾听，然后共同讨论，形成决定；会议中大家还要共同制订家庭计划和解决问题。形成的决定大家都要遵守。

定期让孩子管理一天家。利用休息日，让孩子管理一天。让孩子制订一个计划表，安排一天的饮食、作息时间、游玩的地点，并让孩子安排由谁帮助他完成。既让孩子体验到做大人的感觉，又培养了孩子交流与合作

的能力。

在一些相对和谐融洽的气氛中，一边吃饭或娱乐，一边和孩子讨论协商一些比较轻松的话题，比如孩子的生日怎么过、暑假有什么安排等。

参与能体现民主、平等、人格的尊重；参与能体现友爱、融洽、和谐的氛围；参与能凝聚智慧与力量；参与能促进人的主体发展。在一个家庭中，父母应尊重孩子的主体地位，应该了解孩子的意见，让孩子参与家庭大事的管理，尽可能达成共识，这将有利于家庭良好氛围的形成。在孩子参与的过程中，要注意参与的度，尊重与引导相结合，不要什么都顺从孩子。参与的目的是为了培养孩子思考问题的习惯，促进孩子能力的提升，而不是一味地满足孩子的要求。

孩子是家庭成员之一，让孩子了解家中的情况，参与处理一些家庭事务，征求孩子对爸爸及家事的意见建议，既可在其中教育引导孩子，培养孩子的主人意识，同时还可以增进亲情关系，加强爸爸与孩子的沟通。从而形成与孩子相互理解、彼此尊重、交流顺畅的良性互动，也使孩子有了宽松、愉悦、和谐的成长环境。

爸爸不要太严厉，多给孩子一些宽容

上小学一年级的龙龙，期末考试语文只考了 70 分。回到家里，爸爸一看到龙龙的试卷就火冒三丈，大声地训斥道："这才一年级就只考 70 分，以后肯定越来越没出息！考试前你不是说好好复习了吗？怎么还考成这样？"龙龙很害怕，小声对爸爸说："我真的复习了，可是我复习的都没有考到。"爸爸更生气了："还敢撒谎，我看你是想挨打！"爸爸把他按在沙发上，狠狠打起屁股来。龙龙一边挣扎一边喊："我真的复习了，我没有撒谎！"可是爸爸根本不信，反而打得更厉害了。龙龙忍不住哇哇大哭起来。从那之后，龙龙总是有意无意地躲着爸爸，有什么事情都不再对爸爸说。

　　孩子都有不足，做爸爸的应该宽容孩子的不足，而不是批评和指责。批评和指责不仅于事无补，而且会造成孩子对爸爸感情的疏远。以后再发生这种事情，他可能会故意隐瞒爸爸，从而使孩子养成说谎的习惯。爸爸要学会细心呵护孩子脆弱而单纯的心灵，当孩子需要安慰和鼓励的时候，多给孩子一些宽容，让孩子从爸爸的宽容中找回重新振作的动力。

　　爸爸要做到在宽容中教育孩子，真正让孩子吸取教训。犯错的孩子需要的是爸爸的宽容和安慰，而不是在他的伤口上再撒上一把盐。责怪孩子其实没有多大的用处，反而会让孩子心里有一种想法："反正我是不能让爸爸满意的，我就是一个不行的人了"，孩子的自尊、孩子的上进心就这样慢慢的没有了。

　　即使孩子的表现非常糟糕，爸爸也要忍住一时气愤，调整好心态，给孩子最大的宽容和鼓励，让孩子在爸爸的宽容中找到安慰和继续努力的力量。宽容孩子的不足，可以帮助孩子建立信心，受到爸爸赏识、宽容和教育的孩子，会在愉快中接受爸爸的建议，时刻记住自己的失误，并在以后逐步改进或改正。

　　做爸爸的发现孩子的不足时，比如考试成绩不理想或者犯了别的错误，应该给孩子一些宽容。你可以说："孩子，你已经很不错了，再努力一点，你会越来越好的。"当从别人那里听说孩子有不足时，不要批评和责备孩子，而应该对孩子说："并没有什么问题，只要努力，你很有希望。"

　　一个未曾犯过错误的人永远也不会成熟，就像一个从未摔过跤的人肯定不会走路一样。在孩子成长的道路上，错误和不足也同样是一笔财富。如果赏识孩子，就少给孩子一些严厉和责备，多给孩子一些宽容；少给孩子一些误会，多给孩子一些理解。这样才能解放孩子的头脑，让他们能大胆思考；才能解放孩子的眼睛，让他们能认真观察；才能解放孩子的双手，让他们能充分尝试；才能解放孩子的嘴巴，让他们能尽情倾诉。可现实生活中有一些爸爸持着"望子成龙"的态度，对孩子总是那么严厉。要知道棍棒底下出不了孝子，只有以宽容、理解、支持、尊重的态度来对待自己的孩子，才能让他保持健康的心态去面对所有的事情。

　　爸爸要从孩子的角度出发，尽可能地给孩子更多的关爱，与孩子多沟通。如果孩子做错了事，应该去宽容他，毕竟他还是孩子。应该多留意孩子的优点，并不吝表扬和鼓励，还应鼓励和容忍孩子情感的宣泄。"人非

圣贤，孰能无过"，更何况是孩子。对待孩子的过失与错误，敞开你宽广的胸怀，多一些宽容，少一些斥责，给孩子一份温馨的爱。

苏霍姆林斯基说过："要像对待荷叶上的露珠一样，小心翼翼地保护孩子幼小的心灵。"因此，作为爸爸，你应该尽可能多地捕捉孩子身上的闪光点，在孩子受到挫折的时候，给他一些宽容和理解，让孩子从中获取无穷的力量，从而扬起生活的风帆，一步步走向成功的彼岸。

宽容是一种心态。对孩子的宽容，并不是无原则、无限度地纵容，而应建立在客观的立场上。孩子毕竟是孩子，孩子就是在不断地犯错误中成熟起来的。当我们面对孩子的错误时，不必大惊小怪，而要有一个宽容的心，这样孩子面对自己的错误，才能够静下心来反思自己，才能够更好地改正错误。

做爸爸的应该谨记：对孩子要多一分宽容，少一些严厉；对孩子要多一些鼓励，少一些埋怨。爸爸要多给孩子一些关爱和宽容，让孩子在健康和谐的环境下快乐成长。

孩子不是爸爸炫耀的工具

学校开始期末考试的那天，超超的爸爸中午就在单位迫不及待地打电话回家，询问超超上午考得怎样。当得知孩子感觉良好时，爸爸的高兴劲儿简直难以形容。超超的学习成绩确实不错，因而爸爸总喜欢将超超的学习成绩作为炫耀的资本，在单位的同事中大肆宣扬，在同事们羡慕的目光和赞叹声中，获得虚荣心的最大满足。

眼下，将孩子作为炫耀工具的父母绝不在少数，好多父母们自己没有实现的理想总希望在自己的孩子身上实现。他们送孩子进名牌学校，希望孩子考取名牌大学；送孩子学琴棋书画，希望他们考几段几级，然后在众人面前自豪地吹嘘。

每当自己的孩子被别人称赞时，做父母的听到后会比孩子还高兴。现代的父母们从孩子小时候就开始比较了，比完成绩，就比谁的孩子都会什么才艺，拿了几座奖杯。孩子在哪方面比别人强，能为他们在亲戚朋友面前挣面子。

其实，父母为孩子自豪是一件正常的事，但必须理智地对待，不能因为自己的过度夸耀给孩子带来不必要的压力。让孩子多学知识、丰富生活是好事，但如果父母把目标定得太高、太功利，孩子的表现一旦没达到他们的标准，他们会因孩子而抬不起头来，而父母情绪的变化将对孩子产生更加恶劣的后果，孩子的心理也会因此畸形发展。

孩子应该是完全独立于父母的有个性的生命体，他们最终并不属于父母，更不是可以让父母随意摆布、炫耀的工具。孩子需要的是父母帮助他们健康成长，在需要鼓励的时候，父母就给他信心；在需要督促的时候，父母就给他们以提醒；在需要引导的时候，父母就给他指明道路。把孩子作为炫耀的工具，肯定将成为孩子成长的一大绊脚石。

著名作家阿成有两个女儿，对女儿的成长，他向来都是一颗平常心。阿成在给两个女儿的行文中写道："在家里，两个女儿都可以坦诚地跟我讲任何事，而不会受到批评与歧视。我从来都是耐心地听她们说一切，我尽可能地以一个青年的心理去理解她们。我对她们没有更高的要求，就是一句话，做一个普普通通的人，过普普通通的日子。既别太穷，也别太富，平平安安，足矣。"

在德国，一个男人成功的定义只有三个条件：种一棵树，生一个孩子，盖一座房子。种棵树给世界留下绿荫，是为社会做一件事；生个孩子让生命得以延续，是为自己做一件事；盖一座房子能给配偶、孩子以温暖，是为家庭做一件事。这三件事不难做到，每一个德国男人退休时会骄傲地宣布："我已经做到了这三件事，完成了使命，我觉得自己是一个成功的人。"务实的德国人，把成功说得这么清楚，这么具体，反倒让德国的父母有了充分的选择余地。他们不会逼孩子悬梁刺股地去念书，也不会砸锅卖铁牺牲自己的一切供孩子上大学。教育在于发现，父母就是要善于发现自己孩子的长处，并发挥其长处。一棵梨树不会结出苹果来，那么，就让它结出一个出色的梨子吧！

孩子是和爸爸一样平等的人，不是爸爸用来炫耀的工具。有的爸爸为了得到别人的一两句赞扬，或是为了与街坊、邻居的孩子一较高低，不顾

孩子是否喜欢，拼命让孩子学习那些与他的年龄不相符的东西。他完全忽视了孩子的本性和个体的需要，忽视了孩子也有自己的选择。

也许爸爸们很少想到，当孩子成为一种炫耀的工具时，对孩子心灵的摧残有多大。

把考高分的孩子当成往自己脸上贴金的招牌，把有缺点的孩子看成是自己的耻辱，把有特长的孩子当成自己的摇钱树，这是虚荣，是对孩子的不负责任。

如今孩子上什么档次的学校，似乎成了一些爸爸赖以炫耀的"面子"。于是，在望子成龙的同时，也夹杂着爸爸们不少的"争脸"心理。把孩子学业成就当成装饰品，当成向别人炫耀的资本。

一个小学老师，一心希望儿子能出国留学光宗耀祖。但儿子分数差了一点儿，父亲到处托人找关系。最后，交了两万美元，终于把儿子弄到了美国，他逢人便说："我儿子出国留学去了！"儿子出国后，把自己挣的一千美元寄回家。父亲立刻牛了起来，穿戴也讲究了。后来，儿子在国外被人打伤，向父亲打电话诉说了自己的遭遇，提出要回国，父亲勉强同意了。儿子回来以后，父亲很不高兴，说："你真不争气，我正在竞选校长，你这个时候回来丢我的脸！找个没人能看到你的地方待着去！"

虚荣心有多可怕啊，父母的虚荣心带给孩子的是怎样的伤害，正如一位名人所言："虚荣心很难说是一种恶行，然而一切恶行都围绕虚荣心而生，都不过是满足虚荣心的手段。"

爸爸们必须丢掉虚荣心，找回责任心，承认孩子不是父母的工具，孩子的生命是为了本身的目的而存在的，父母只是陪着孩子走一段路程而已。孩子不应该成为爸爸用来炫耀的资本，长此以往不利孩子的成长。让孩子按照自己的兴趣去发展，这样，孩子的将来才会有希望。孩子是祖国的未来，爸爸的希望，但孩子不是光宗耀祖的工具。

5

第五章

正爸爸，负爸爸，看你选择
做哪种榜样

正爸爸教孩子面对失败，负爸爸教孩子关注成功

望子成龙，望女成凤是每一个做爸爸的心愿。为此，有些爸爸在孩子成长的过程中，虽付出了重金和爱心，但他们的付出却不能和收获成正比。为什么？因为他们并不明白别人的儿子、女儿在成龙、成凤的过程中，他（她）们的爸爸是如何付出的！但有一点是明确的，从孩子与孩子的差异中，我们不难看出正爸爸与负爸爸的差异。

华裔少年胡铉，12岁时，就已成为美国知名少儿文学作家了。被美国媒体誉为"东方的马克·吐温"。2006年，美国斯坦福大学还破格录取他为该校英语文学系新生。

华铉8岁跟着父亲移民美国。在学校里，他的成绩一直比较差。有一次，他拿了个全班倒数第一。在成绩单发下来后，胡铉打电话告诉爸爸，一些同学正围着他嘲笑呢！爸爸在电话里安慰了儿子后，说："有一件事，儿子，你敢不敢做？"胡铉问爸爸是什么事，爸爸大声说："把你的成绩单贴到教室的墙上，向大家宣布：我是最差的！"

于是，胡铉找来了胶水，在众目睽睽之下，将自己的成绩单贴在了墙上，然后向大家宣布："我是成绩最差的！"他的这一举动，出乎所有人的意料，嘲笑他的同学也觉得没意思了，而老师却表扬了他。

胡铉回到家后，爸爸不但没有因他的考试成绩批评他，反而夸儿子有"非凡的勇气"，以致让他高兴地对爸爸说："看来，做个笨小孩也不错！"

胡铉的爸爸为何要这样做呢？事实证明，他的态度是绝对明智的——他终于为儿子赢得了一个好的心态，使儿子再也不像以前为成绩差而诚惶诚恐了。

此后，胡铉的爸爸给他设计了一套适合"笨小孩"学习的方

案。在爸爸的耐心指导下，仅短短两年时间，胡铉在学校的英语成绩就名列前茅了。

从以上事例可以看出，正爸爸在孩子彻底失败时，不是打击、挖苦孩子，而是允许孩子失败，教育孩子要有输得起的心胸，勇敢地面对失败，并在孩子受挫的最关键的时刻，给孩子提供适当的帮助，适时地对孩子的良好行为进行肯定性评价，让其从挫折中吸取经验教训，把挫折看成是获得锻炼的好机会。带领孩子闯过难关，以此让孩子重新获取自信，变得坚强起来。

而现实生活中，那些负爸爸又是怎么做的呢？他们总是强调成功，让孩子只看重结果，不在乎过程。每当看到自己的孩子学习、比赛获得好成绩——成功了，就眉开眼笑，再有不足也被忽略了，一好百好；当看到孩子失败时，那张脸就马上拉长了，于是就说孩子一无是处，就怨声载道。因此，负爸爸的孩子心中只有成功、只在乎成功，于是成功就成了孩子的压力、焦虑、枷锁并让孩子沦为"结果"的奴隶。因此负爸爸的孩子一般自尊心极强，认为只有"赢"，才能证明自己的能力。他（她）们特别看重别人对自己的评价，总是渴望通过成功来获得他人的好评和肯定，因此很难有一个好心态，一旦失败了，就容易产生消极情绪，甚至是对自己的全部否定。

小田的爸爸是一位小学老师，他在爸爸任教的学校上学。小田从小就泡在题海里，很少有时间和小朋友们玩。有一次，两位同学约他一起去踢了场球，结果小田的爸爸知道了，竟当着全班同学的面狠狠地批评了那两个同学，从此，再也没有同学敢找他玩了。不过小田的成绩一直是全年级最棒的，他多次被评为学校"三好学生"，甚至是市级"三好学生"。

由于在学校里小田每天只能跟书本做朋友，同学中几乎没有朋友，因此他的性格变得越来越内向了。

到了快升中学的前一学期，小田眼睛的近视突然厉害起来，而且成绩也一再明显的下滑，这使他的爸爸着急和不满起来，时常报怨，叹息，甚至大骂儿子，要求他下次考试千万考好，别给自己丢脸，别让自己失望，等等。可适得其反，接下来，小田得了考试"恐惧症"，哪怕是班级单元学习测试，他也感到心慌、难受。常常是头一天便开始饭吃不香，觉睡不稳。可这时，他的爸爸还没有意识到儿子出问题了，仍是一如既往地逼着孩子做题、背题，嘴里还嘱咐说："我看你这次能考多少分……这一次你必须争取拿第一名，挽回你和你爸的名声，否则，你怎么升个好中学啊！"

终于在一次考试中，小田晕倒在地……

在心理疾病研究中心，小田被诊断为"精神分裂症"，是因高度紧张和"情感饥饿"造成的。听着医生的分析，小田的爸爸痛苦地说："天哪，是我把儿子束缚成这个样子的！"

那年中考，小田只考进一所普通中学，而且，他对学习再也提不起兴致了！

小田本来是个天资聪颖的男孩，但是爸爸对他的期望值太高了，总是对孩子不满意，最终导致了小田的精神失常。我们设想，如果小田的爸爸尊重孩子成长的自然规律，小田还会出现这样的问题吗？揠苗助长不会使小苗长得更快，只会适得其反。另外，孩子和大人一样，也需要情感的交流和情绪的宣泄。小田的爸爸总想看到孩子的成功，而无法面对孩子的失败，以至他的高要求和生气、哀叹、报怨等情绪，无形中都变成了压力强加在了孩子身上，让孩子没有喘息的机会。长此以往，孩子便被"闷"出了"心病"，无法拥有一个健康的心态。因此，作为爸爸妈妈，看到孩子受挫，不必大惊小怪，应该冷静的、正确的加以对待，让孩子从挫折中吸取经验教训，完善自己的人生。如果孩子害怕失败，他将一事无成。

其实，对于孩子来讲，没有永远的"失败"，偶尔的"失败"也不是一件坏事，只有在失败后再站起来的人，才是真正的强者。因此，爸爸要想真正地帮孩子，不妨在他失败后多"袖手旁观"几次，让你的孩子经受一番抗挫能力的锻炼，使他积累一些在输了以后去争取赢的经验。最重要的是，这使我们看到和明白了：孩子无论是体质、精神、承受能力等俱多方面都在受着大人的影响。过度的压力和过度的保护，都可能使孩子的意志变得越来越薄弱。但当孩子有一天独自面对困难时，就会束手无策，情绪紧张，就往往会采取退缩的态度，这不仅仅关系到孩子现在的学习，还可能影响到孩子将来对工作、对人生的态度，从而更容易导致孩子走向失败。要知道，敢于面对成功的人，不一定是英雄，但不敢于面对失败的人，必

定是一个懦夫。面对失败，需要有非凡的勇气。只有面对失败，才能找到失败的原因，吸取上次失败的教训，努力走向成功。总之，一个敢于面对失败的人，其实已经向成功走了一大半的路。

读了以上两个例子，相信我们都希望自己是正爸爸，而不是负爸爸。因为在孩子的成长过程中，不可避免地会有这样、那样的挫折。既然生活中有挫折这道必经的坎，我们就应该教育孩子敢于直面挫折。因此在孩子学习和参与各种比赛时，我们大人首先要摆正心态，做到不要求孩子每次都必须赢。也正是如此，爸爸要允许孩子犯错误或遭受失败，善于从错误和失败中既看到孩子的不足，又看到孩子潜在的能力。爸爸的一句"我相信你只要努力就能达到你的目标"，会极大地增强孩子自信心。用这样的话语去促使孩子养成积极、认真、严谨的为人处世的习惯。

我们不仅要学习正爸爸的教会孩子面对失败的行为，还要学习他懂得珍惜并鼓励孩子在这个过程中的每一个微小进步的行为。当孩子完成某件事轻而易举时，他会适时地提高些要求，让其再接再厉、充满信心地去迎接或完成更艰巨的任务，达到更高的目标。如果孩子失败了，结合具体情况，与孩子一起分析，寻找失败的原因，使孩子懂得方法不当、努力不够、条件不足等都可引起失败。始终要注意保护孩子的自信心，使他不自卑，不失望，不放弃，继续努力。还要时时告诫孩子，成功是每个人都渴望的，无论成功和失败，都要以平常心对待。培养孩子对待失败的良好心态，首先爸爸应做到无论成败都应让孩子享有同等待遇。

正爸爸希望孩子超越自我，负爸爸希望孩子超越他人

正爸爸会在孩子失败时说："爸爸相信你，只要你努力，就一定会比这次做得好。"即使孩子成功了，也会说："这是你一直努力的结果，只要再加把劲，肯定会比这一次做得还要好。"正爸爸相信，只有不断超越自己的孩子，才有可能去超越别人。

在一次英语考试中，强强得了班上倒数第二名。在她的妈妈

数落了他一通后，他的爸爸下班回家来了，妈妈又气愤地把这个坏消息说给他爸爸听。爸爸听后却笑了："不就是倒数第二吗？总比倒数第一强吧！至于那样激动吗？"

弄得妻子反过来骂强强的爸爸："都是你不管……"

强强的爸爸终于说："好，以后儿子的学习就由我管。说好了，你可不要插手哦……"

爸爸走近强强，强强低着头，等待爸爸的批评。爸爸却抚摸着他的头，笑着说："儿子，没关系，爸爸小时候也考过班上倒数第二名。"

强强抬起头，惊讶地看着爸爸，眼里显然没有了沮丧，他问："你不是说你一直是班上最棒的吗？"

爸爸神秘地笑起来，小声说："那是骗你妈的！"

强强接着又问："那你不是好学生？"

爸爸摇着头："这样说爸爸可不对！谁说好学生就得每次都考第一呀？好学生也有失误的时候啊，对不对？"

强强赞同地点点头。

爸爸接着说："我自从考了倒数第二名以后，我就开始下决心努力了，因为那一次，我确实没有下工夫去背单词。后来，我可是每次都考得不错哦……所以，在爸爸看来，虽然你的英语这次没考好，不代表你永远考不好，只代表你这阶段没有静下心来下工夫学习对不对？你看你的数学成绩一直都很稳定是吧？从你的数学成绩来看，你不是个笨孩子，我想，只要你以后也学爸爸，多用点心，多下点工夫，相信下一次一定会比这次考得好。不信就试试看……"

第二次，强强的英语成绩果然进步多了。那天，他拿着成绩单让爸爸签字时。爸爸兴奋地说："儿子，我说你这一次一定能比上一次考得好吧！我真的说对了！"

强强却怯怯地辩解说："可我这次成绩在班上还是算差的。这次我们班都考得好，还有好几个100分呢！"

不想爸爸却满不在乎地说："我不管别人，只看你这次是不是比你自己上次进步了。……你能做到下一次比这次再进步点吗？

爸爸相信你，只要你下一次能做到比这次再进步一些，哪怕一点点，那你也就更棒了！"

强强听了爸爸的话，不但没有了压力，反而自信地点着头。他对学习英语也提高兴趣了！

就这样，强强一天比一天用功学英语，成绩也一次比一次进步，终于取得了理想的成绩。

正爸爸懂得保护好孩子的自信，真的比什么都重要！因此在孩子做得不好时，正爸爸仍能看到孩子的优点，并在表扬中肯定孩子的不足。这样做既维护了孩子的自尊，同时也给孩子指引了努力的方向。在为孩子制定目标时应遵循"努力一下就能够到"的原则，使孩子一步步去超越自己，越来越自信。在这同时，正爸爸不要忘用自己乐观、向上的积极心态去影响孩子，做孩子战胜困难的榜样。

正爸爸的教子秘诀就是：每个孩子的资质都不一样，永远不要拿自己孩子的不足去跟别人比，而是要拿他（她）自己现在的成绩去跟他（她）原来的比，只让孩子做些他（她）力所能及的事情，在做这些力所能及事情的过程中，让他（她）品尝成功的喜悦，做到有信心和勇气去不断战胜自己、超越自己。这正是很多负爸爸没有意识到或没有真正做到的一点，也正是正爸爸和负爸爸的根本区别。

正因为正爸爸懂得尊重孩子、相信孩子，所以，他的孩子便一步步去超越了自我，取得更好的成绩和更大的成功。

恰恰相反，生活中的那些负爸爸，由于他们犯一种急功近利的错误，总拿自己孩子的劣势跟别人孩子的优势比，结果越比越觉得没信心。请看看下面这个例子吧：

小西和小东同龄，住在同一个小区里，而且上学也在同一个学校和同一个班级。虽同是女孩，但一个长得胖胖的，一个长得瘦瘦的；一个喜欢静，一个喜欢闹。总之，她们俩是完全不同的两种性格和两个个体，但两人的模样却都不失可爱。然而，小西的爸爸在拿女儿和小东比时，总觉得女儿很多方面都比不上人家。

为此，当小西的爸爸知道小东去少年宫学唱歌、学跳舞后，便也连哄带逼地要求女儿也去少年宫学唱歌、学跳舞，而且还非得选择和小东在一个班里。爸爸说："这样，你随时可以看到自己跟小东的差距……"结果，小东在班里总是受老师和同学的偏爱，而小西总是自卑地被"晾"在一边。

小西一点也不快乐，而爸爸却说："你知道自己不如她，你就要努力呀！你见到老师、同学怎么不说话？你怎么让老师喜欢你？我说你多少次了，你怎么就不改呢？"

有一次，音乐老师让小西站在台前给大家演唱了一首歌，小西表现不错，于是老师鼓励、夸奖了她的进步。小西下课后说给爸爸听，不想爸爸听后却说："我都看见了。那有什么呀？你比小东还是差远了，最起码，人家的表情比你好得多……"

小西辩解说："坐在我右边的那个姐姐，她比我先来，她唱得还不如我好呢，唱歌总跑调。那你怎么不说她？"

爸爸说："你怎么和那些不好的比啊？你这样永远也不能进步。我们和小东住一个院，我只希望你和小东比——不要差于小东。知道吗？"

小西不说话了。她认为自己在这方面永远也比不过小东，因为她那天生胖胖的身材根本就不是跳舞的好苗子。

于是，爸爸便狠心让她减肥，饿得小西直发晕，结果干什么都干不好。

"六一"儿童节到了，小东被挑选参加节目演出，而小西却落选了。这对小西的爸爸来说，打击很不小。他对小西感叹说："学了半天，还是赶不上人家！唉……看来，你只有在学习上去超过她了！"

于是，为了让小西在学习上去超过小东，小西的爸爸便打算让女儿放弃学唱歌、跳舞了。可此时小西已喜欢上了唱歌，她希望能继续学习唱歌。但她的爸爸毫不留情地说："你能赶上人家小东吗？如果你能赶上，我就让你学！我看在这方面，你再怎么学，也赶不上人家小东了，我清楚得很。再学有什么劲呀？不是瞎耽搁时间吗？再说，你和她在一起，我见到她的家长，也感到没面子……"

从此，小西只能一心一意地学习，然而，她的成绩却仍不能保证每次都超过小东。每当那个时候，爸爸便责备说："你就是

太笨了！我说你怎么什么都比不过人家呢？"

小西也终于反抗说："我本来就笨，你干啥非得让我和她比呀！我不想和她比！"

生活中，不知还有多少像小西那样受着精神虐待的孩子？也不知还有多少像小西爸爸这种同样受着精神折磨的家长？许多爸爸在对待孩子成才这个问题上，往往不能心平气和，总是显得那样急躁和盲目，恨不得孩子在一天之内就变得聪明起来……在爸爸的安排下，有的孩子的生活过得紧张而又辛苦，全然没有了自由和欢乐。其实爸爸的这种心情是可以理解的，但这种做法却往往是失败的，不仅不能开发孩子的智力，而且会对孩子的心灵造成伤害。如果你没有结合自己孩子的年龄及性格特点，并根据别人追求的成功目标，给孩子选择努力的方向，而强求自己的孩子去挑战不现实的目标，就会因把握不好适度性，造成孩子一次次的失败，给孩子留下一次次失败的打击和阴影，甚至摧毁和贬低了孩子的自尊，而让孩子觉得自己是如此的无用，如此的卑微。使孩子产生消极的情绪，甚至产生心理障碍。更使他（她）们的童年生活没有了一点点快乐和色彩，从此失去对人生、对生活的美好追求。

这一切难道还不够严重吗？

说到这里，也许爸爸们已经明白了：要想自己的孩子越来越优秀，就得针对孩子的实际水平，适当降低标准去要求孩子，使孩子在获得成功的体验中获得自信，一步一个脚印地去超越自己，并去争取更大的进步——这种进步永远要比超越别人来得真切，而且实惠并有意义！

正爸爸培养孩子学会"舍"，负爸爸教会孩子"贪"

每个人在他的一生当中，都要面对许许多多的取与舍，通常情况下我们总是渴望着获取、渴望着占有，以为拥有的东西越多，自己就越富有、越快乐。在这种思想的驱使下，人们试图把自己想要的都争取到。可是，日子一天天过去，我们却往往不能如愿，反而被压力压得喘不过气来，失望、忧郁、困惑和一切不快乐都随之而来，时间久了，就会严重影响我们的身心健康。作为爸爸，我们应该教会孩子从小就懂得取舍，而最重要的是学会"舍"。

一艘小艇在海上遇到风浪，船舱受到损伤，船长让乘客们把随身携带的东西都扔到海里。其中有一个年轻富商携带了许多黄金，他说："如果我放弃了我的黄金，我的父亲是要指责我的……"于是，他宁可独自一人乘坐橡筏逃生，也决不放弃黄金。

船上的乘客十分气愤，纷纷指责他。在这样万分危急的时刻，船长也只好由他去了。

小艇终于到达了陆地，人们获救了，而那个年轻人却同他的黄金一起葬身海底。

其实有许多时候，不是我们不懂生命的重要，而是我们更多地被欲望所左右、所迷惑。

如今，不少孩子被大人逼着去学各种技能、去考规定的分、去拿奖，结果，不是弄得孩子疲惫不堪，怒气冲天，便是让孩子学会"贪"，什么方面都要做最好的，想要什么就必须得到什么，处处出类拔萃，处处高人一等，如此下去，将来又如何能立足于社会？又如何能经历失败？

有个小男孩，一天晚上，爸爸妈妈带他去朋友家玩。回到家，他发现原来在手里攥着的一块糖没了，那是阿姨给他的，一块包着很漂亮的糖纸的糖——自己家里所没有的糖。于是他歇斯底里地哭着，还在地上打滚。爷爷、奶奶、爸爸便带上手电出动，沿着回家的路进行拉网式搜寻。眼看到了晚上12点了，糖还是没有找到，爸爸只得硬着头皮去敲响了朋友家的门……

很多年过去了，这个小男孩子长成了大男孩，他喜欢上一个女孩。可女孩根本就看不上他。于是，他拿起一把刀，割破了自己的手腕……

在医院里，他被抢救了过来，但他又开始绝食。

父母哭着求他："不就是一个女孩吧，天涯何处无芳草！"

男孩却固执地说："我就要她，就要她！"

小时候的那块糖如今已演变成了女孩，他也"一定要"。

可想要就能得到吗？得不到他就自伤自残啊！爸爸妈妈已拿

他毫无办法了！

这个男孩子如此过于自我，难道他的爸爸没有责任吗？他可能万万没有想到，正是因为自己的溺爱，过分地满足孩子的欲望，才养成了孩子的贪得无厌，并毁了孩子一生的幸福。

一位教子有方的父亲在特意为孩子所作的一本书中写下这样一个小故事。

"10岁那年的一天，走过屋后那片空地时，一种欲望激荡着我——想拥有一片自己的小树林。

终于在很久以后，我得到了一小袋子柏树籽，金灿灿的，可爱极了。我将它锁在抽屉里，不时拿出来，用手去抓，种子滑过掌心指缝，痒痒地，真舒服。一直，我都有舍不得将它们播入泥土中。可心中想拥有一片自己的小树林的欲望仍一直在折磨着我，我心中挺矛盾的。

有一天，父母对他说：'再珍爱种子，你也得把它播下去呀，不然哪能有一片小树林呢'……

18岁那年的一天，我走过屋后我自己的小树林时，想起父母的话来，忽然悟到，很多时候，为了得到，我们必须忍痛割舍。"

做爸爸的，必须让孩子从小就明白："舍"也是一种能力，有时候，只有"舍"一部分，才会得到另外一部分；只有"舍"去某种凭"惯性"而固守的东西，才会得到另一些能真正裨益人生的东西。生命给予我们每个人的，都是一座丰富的宝库。教孩子学会取舍，选择适合自己所拥有的。例如：没有音乐天赋，可以让孩子放弃学钢琴；没有考上大学，可以让孩子选择去学自考。

诗人泰戈尔说过：当鸟翼系上黄金时，鸟就飞不远了。学会放弃，才能卸下人生的种种包袱，才能轻装上阵，迎接生活的转机，度过风风雨雨；学会"舍"的本身就是一种淘汰、一种选择，淘汰掉自己的弱项，选择自己的强项。"舍"去并不是不要进步，相反，"舍"是为了更好地进步和追求。懂得"舍"，才会拥有一份成熟，才会更加充实、坦然和轻松。

所以，应该教会孩子从小就学会"舍"去一些不现实、不可求的东西。就像弃学从商的比尔·盖茨，对于他来说，放弃了银子是为了得到金子和钻石，这就是放弃的艺术。

正爸爸让孩子觉得自己重要，
负爸爸让孩子觉得自己不重要

　　一个人，只有懂得珍爱自己，有了爱自己的能力，才能够更好地去爱别人，爱这个世界，爱你周围的一切。

　　做爸爸的，没有理由总欣赏别人家孩子的长处，而忽略自己家孩子的优点；没有理由一味地比高比优，而让孩子丢掉了自我。我们要让自己和孩子都学会对自己有一个全面的、公正的认识：一个人可以没有靓丽的容貌，但不能没有做人的尊严。别人怎么看你，那是他个人的问题，与你没多大关系。而你怎样看待自己，才是最重要的，爸爸的职责是要让孩子的身体与心灵、感情与理性、知识与人格都能得到和谐发展。

　　小易是一个非常快乐自信的阳光女孩，但她长得并不漂亮，在她参加一家有名的大公司招聘时，她却战胜了好多看似比她强的对手，这是为什么呢？应聘的老师说："一看她就知道她是个快乐自信的女孩。这样的女孩能给公司注入活力，能给周围人带来快乐。这是我们公司现在所追求的工作法则——快乐工作，才有创造力……"

　　快乐还能从脸上看出来？那是一种怎样的快乐？

　　那是一种发自内心的快乐！那是一种不平凡的气质！

　　小易的快乐劲是从哪儿来的？

　　在小易很小的时候，有一次，她从幼儿园回家问爸爸："爸爸，我们家谁最重要？"

　　爸爸想了想问她："你怎么会问这个问题呢？"

　　女儿歪着头，天真地说："我知道谁最重要。我们小朋友说了，爸爸最重要，没有爸爸挣钱，我们家就什么也不能买了！"

　　爸爸笑了笑说："你说得对，爸爸重要。可妈妈也重要，你也重要呀？你想想，没有妈妈对你的爱，你会幸福快乐吗？"

　　小易懂事地摇了摇头，后来又想了想说："没有妈妈，就没

有人给我们洗衣服、做饭吃了。"

爸爸又问："那你呢？你重不重要啊？你同样是我们家庭的一部分。对爸爸妈妈来说，你永远是最重要的！你能给爸爸妈妈带来快乐和希望，爸爸妈妈听不见你的笑声，就会感到痛苦，或者说不幸福，明白吗？"

小易懂事地点着头："那我就要每天笑，给你们快乐。"

爸爸拥抱着小易："是的，你的快乐就是我们的快乐。所以你要爱惜自己……爸爸妈妈也要爱自己，对你来说，没有爸爸妈妈行吗？爸爸妈妈疼爱你、养育你。没有爸爸妈妈，你就没有别的孩子幸福，你就没有别的孩子快乐是不是？所以我们每个人都很重要，所以我们都要爱自己，也要爱别人，明白吗？"

小易听懂了，在她幼小的心灵中，就这样被爸爸播下了爱的种子。从小到大，父亲都这样"宠爱"她，爸爸的爱变成了她前进的步伐、成了她自信的源泉。

虽然小易的家境很不好，妈妈常年有病，但爸爸执意要让她去学舞蹈。女儿嫌自己体形不好，当不了舞蹈家，便不想跳舞，父亲却对她说："学跳舞并不是非要当舞蹈家。正因为你的体形不好，你才要更好地关注它。学跳舞正好可以锻炼你的体形和气质，这也是爱你自己……"

女儿的个子总是比同龄人长得快，女儿有些不习惯，爸爸安慰她："长得高好啊，长大正好可以做模特，那多棒啊！"

就这样，小易一直被爸爸的爱滋润着，她始终是个快乐上进的女孩，有着无拘无束的性格，她的快乐使她很有人缘。我们知道，这一切对她来说是一笔多么宝贵的财富！

不同的家庭培养出不同的孩子，你看出自己孩子与别人家孩子的区别了吗？在当今的家庭教育误区中，有一部分爸爸，不是过分地溺爱孩子，就是过分地冷漠和"放任"孩子，要不就是对孩子管教太严、约束太多，经常打骂、训斥、指责、甚至虐待孩子。成人的这些不公正、不平等的态度，致使某些孩子感到自己的地位比别人低。认为自己与别的孩子不一样，是另类和不重要的，以致感到自卑、怯弱，从小失去自尊和自我。

有一个 5 岁的男孩子拉拉，爸爸妈妈整天忙着做生意，很少管他，他便自由自在地在外面玩耍。后来他发现，那些有家长跟在后面的孩子都不和他做朋友。

其他孩子的家长会说："离他远点……"或者："别和他玩，去找别的小朋友玩去……"

小男孩拉拉很奇怪，回家问爸爸："为什么他们的爸爸妈妈不让他们和我玩？"

爸爸不耐烦地说："看你身上脏的！人家当然不和你玩！"

拉拉记住了爸爸的话，第二天，小男孩要求换干净衣裳，可他已没有干净衣服——妈妈忙着做生意，很多已穿脏的衣服还没有来得及给他洗。于是，妈妈只得从一堆脏衣裳中挑选出稍干净一点的衣服让他接着穿。虽然他的衣裳的质地并不比别人的差，甚至还比别人的好，可就是因为他比别人脏，便让这个小男孩在别人面前失去了自信，也失去了玩伴。

于是，小男孩只能自己和自己玩，趴在地上玩沙子，跪在地上玩纸片。有次在家中，他把爸爸的一张订货单折成了纸飞机，爸爸发现后，狠揍了他一顿。爸爸还说："今天要是没有找到这张订单，我非得揍扁你不可……"

小男孩拉拉从此想："我没有爸爸的订货单重要……"

拉拉上学后，班里的同学也因为他的脏而远离他，但他已经习惯了。再后来，他的作业因为没有家长签字或督促完成，常受到老师的批评，于是，他自然而然就被同学们认为是差学生。虽然小男孩没有表示出自卑，而是表现出调皮捣蛋、学习不认真，但他的心里一直在渴望：我怎样做，他们才带上我一起玩……

后来有次学校组织春游，拉拉从家中偷拿了 200 块钱，买了好多好吃的来讨好别的同学，就是为了有人和他玩。再后来，他的偷拿行为便成了家常便饭。终于有一天，他还没等放学，妈妈便为丢钱的事找到学校向他问话。

妈妈说："看你回家，你爸爸不收拾你，非揍死你不可……"

拉拉想起爸爸那张总是在数钱时才笑的脸，还有那动不动用脚踢他的腿，他就害怕了。放学后，他没有回家，背着书包，学

着电视里的"流浪者"的样子，离家出走了。

在火车站，拉拉和一些真正的流浪儿成了朋友，因为他们的穿着和他一样不讲究，他仿佛找到了知己和真正的快乐。

拉拉出走后，爸爸妈妈不惜出重金寻找他。此后虽找着了小男孩，但他回到家中已没有心思再上学读书了，没有多久，在爸爸妈妈稍稍怠慢了他时，他便又离家出走了。仅在小学期间，拉拉就离家出走了4次。他的爸爸有次在找到儿子时哭了："你再跑，我就打断你的腿，就当我没养你这个儿子！你说我和你妈妈辛辛苦苦挣钱，不都是为了你吗？你吃得比别人的好，穿得也不比别人的差呀！……"

小男孩拉拉已完全失去了自我。他向爸爸伸出手："你如果让我相信你说的话，那就把你挣的钱现在就都给我吧……"

在拉拉眼里，爸爸妈妈对他已不重要了。

这位负爸爸做梦也没有想到，自己会遇上一个这么不可教的孩子。经过别人指点，他去请教心理医生。医生指导他，孩子是由于缺少鼓励和关爱才变成这样！可到了如今，要想挽救这类孩子，光给予一些鼓励和关爱，少一些压抑和训斥已远远不够了！得找准一个切入点，真正走进孩子的心灵里去才行。得真实地了解孩子、打动孩子，才能慢慢溶化孩子心头的冰霜。此时，这位一心一意只顾挣钱养家的父亲才真正明白是自己导致了孩子这样放任自流。

在我们的现实生活中，一些家庭不和，爸爸妈妈经常吵架、爸爸妈妈离异，也都有可能导致孩子从小失去亲人的温暖，使孩子感到压抑和感到自己不重要……

要想改变这些自暴自弃的孩子，爸爸首先要用行动去带动孩子，引导孩子，做出榜样来改变孩子的这种不正确的认识。从以上专家提醒小男孩爸爸的话语中，我们不难看出，光给予孩子吃、穿是不够的，爸爸们还要在平时从生活中的各个方面去关注孩子，特别是关注孩子的心理需求和精神需求。应多给孩子做事的机会，让孩子感到自己有用。引导孩子做些对家庭、对别人有益的事。让孩子多与人交往，积极参加活动并积极表现自己的能力，让他感受到与他人之间的友谊、需要和依存。

正爸爸常说"你能"，负爸爸常说"你不能"

生活中，有些爸爸特别注重孩子自信心的培养，他们总是在适当的时候对孩子说："我相信你，你能做到！"

自信心是激发孩子潜能的重要前提，也是孩子如何正确看待自己、评价自己、理解自己在环境中的感受，而这种感受将成为孩子建筑人生大厦的基石，而对这些石料的加工过程首先是由爸爸来操纵的。也就是说爸爸很大程度上决定了某些选择，这些选择的方式，态度是积极的还是消极的，也就直接影响到孩子对自己是确认的还是怀疑的，信心由此而建立也由此而消亡。因此，培养孩子的自信心，爸爸要讲究一定的方式方法，多鼓励孩子说"相信你、你能"之类的话。

法国文学巨匠雨果说过："塑成一个雕像，把生命赋予这个雕像，这是美丽的。创造一个有智慧的人，把真理灌输给他，这就更美丽。"作为爸爸，在给予孩子的生命的同时，更应教会他（她）如何生存、如何做人，做一个健康快乐、有助于社会的人。具体如何行动，却体现在方方面面，这需要爸爸们去从那些正爸爸身上去学习、收获。

理查德·布兰森，一个欧美家庭的明星，一个在英国民意测验中被评为"英国最聪明的人"，一个世界上最富有传奇色彩的亿万富翁。

在他回忆自己的成长经历时，他认为自己的大胆创业和冒险行动，都与父亲对他的教育有密切关系。

在理查德·布兰森4岁时，有一次爸爸开车接他回家，突然在离家几公里远的地方将车停下，要小布兰森自己走路回去。小布兰森有些害怕地对爸爸说："爸爸，我做不到。"只听他的爸爸微笑着说："孩子，你已经是个小男子汉了，你可以的，你真的能做到。"

面对公路和田野，小布兰森一片茫然，最后不可避免地迷了路。当然父亲并没有真正地抛下小布兰森不管，他在暗处观察和

帮助小布兰森。最后，布兰森终于凭借自己的勇气和毅力疲惫地回到了家。当他看到家门时所产生的那种胜利归来的英雄情结，鼓舞了布兰森的一生。

理查德·布兰森是维珍集团的董事长兼总裁；

理查德·布兰森是乘坐热气球，横跨太平洋的第一人；

理查德·布兰森曾两次驾驶摩托艇横渡大西洋；

理查德·布兰森曾驾驶坦克驶入纽约的"时代广场"；

理查德·布兰森曾在海湾战争时，驾驶自己的飞机飞入巴格达解救人质；

理查德·布兰森是人们眼中傲慢的暴发户，却又是世界各大公司 CEO 的偶像。

……

理查德·布兰森是在父亲的引导下学会勇敢、学会冒险的，也就是说，他的过人之处，是由他父亲塑造出来的，没有他父亲的一次又一次地为他提供挑战的机会，一次又一次地相信他，对他说："孩子，你能，你真的能做到，相信自己……"也就产生不了理查德·布兰森这个英雄式的人物。也由此可看出，爸爸对孩子的鼓励在孩子的成长中有多么重要！

当孩子参加一些挑战性登高运动怕摔跤时，作为爸爸的你，就应该鼓励孩子说："别怕，你行的！摔一跤算什么？"、"你真勇敢！"当孩子一次次战胜困难时，他便会增添勇气，激起战胜困难的愿望，害怕的心理就会消失，自信心就会增强，当有一天，孩子自己认为自己能行了，自己可以克服困难了，那么他（她）的抗挫折能力也就培养起来了。

相反，还有一种爸爸，他总是在怀疑孩子的能力，便常打击自己的孩子："这个你不行""太难了，你能做到吗""那个不能动，你会弄坏的""你不会，你还小""你真笨，什么都做不好"。在毫无遮掩的怀疑中，孩子对自己便产生了怀疑，形成自己对自己极端错误的了解。于是在面对新问题时，孩子首先是畏惧、胆怯或犹豫不决，在解决矛盾的冲突中，往往选择了"逃避"。结果，就产生了不积极努力战胜自我的意识。

祖祖 7 岁的时候，电视台请他参加一项冬令营活动。想到要离家 3 天，样样事情要自己做，晚上还要独自睡觉，他有些犹豫。爸爸这时不但没有鼓励他，反而说："你可要想好了，我担心你不能照顾好自己，最重要的是怕你出意外……你会带好你的那些东西，保证一样不丢吗？你渴了，可没有妈妈给你倒水喝。你晚上蹬掉被子着凉了怎么办？你想好了，自己能不能做到？否则到那时后悔就晚了。"

听了爸爸的话，祖祖退缩了，放弃了一次有利于锻炼自己的机会。

孩子的自信和做事的能力是要通过一个又一个的实践来积累获得的，如果不给孩子实践的机会，孩子自然不能具备某些能力。其实，生活中，有些孩子对自己毫无信心，主要是爸爸或家人低估了他们的能力，或将他们的长处视为短处，让孩子在心理上矮化了自己。这对孩子来说，真的是很可悲的！

每一个做爸爸的都希望自己的孩子优秀，但怎样达到这个目的，却需要找到一种科学而有效的教育方法。在这里，我们奉劝爸爸们，对待孩子，有时候要学会换位思考，把自己放在孩子的位置上重新审视问题，分析失败或错误产生的原因。要让孩子知道为什么错了，该怎样做？避免就事论事，最好善于举一反三。如果你遇到自己的孩子好心办了坏事，比如装电池的例子，爸爸妈妈适宜的做法是先表扬后批评："哟！你自己装的？真不错！不过，你把电池装倒了。看，应该正极对负极，这样才能形成导电回路，汽车才能动起来。还有，以后再拆什么东西的时候，你最好记住它原来的样子，明白了吗？"对孩子这样讲，效果是不是更好一些呢？

只有当孩子在多次的"你能"中获得自信，才敢于面对挑战，乐于修正目标，即使遭遇挫折，也能在失败中看到成功的希望，鼓励自己不断努力，获得最终的成功。许多伟人、名人、成功人士的身上都会体现出一种超凡的自信，正是这种自信心的催化作用，使他们不断努力，并在失败中看到希望，百折不挠，充满了个性魅力。

正爸爸善于夸奖孩子，负爸爸经常打击孩子

要说正爸爸善于夸孩子，也就是正爸爸在表扬孩子时总是适度，不滥表扬。在表扬孩子时掌握原则，而且表扬时就事论事，不泛泛地、随意地

直接赞美孩子整个人，而应该赞美他的具体行为，不夸大其词、言过其实。在孩子画了一幅画时，不是说"你真聪明!"，而是说："哟，这幅画不错!"让孩子明白自己为什么得到表扬，这样他会充满自信地向家长认同的方向发展。

现实生活中，还有一种总爱夸奖自己孩子的爸爸，他认为"自己的孩子，怎么瞅着都好"，结果让孩子看不清自己身上的缺点，更不能正确地看待自己。也有一种爸爸总是经常打击自己的孩子，认为"惯儿不成才"。其实，"夸"和"打击"只要不走向偏极，都是可取的教子良方，其中的闪光点就是善于"夸"或善于"打击"孩子。但今天我们在这里所要讲的只是"正"与"负"的对比，也就是正爸爸与负爸爸究竟"差"在哪？借此"点"为那些不明"界线"的爸爸们提供个借鉴或提个醒儿。

只有在孩子做了值得被赞美的事情时才去赞美，而且在表扬时，应避免只表扬他们的成功和获取成功的个人能力，而是应引导孩子关注成功的过程，激励他们进一步思考，保持向上的动力。

南京有个女孩叫周婷婷，她一出生就是个聋儿。她的生活和成长道路显然和别的孩子不一样，但他的爸爸并不因此对女儿感到失望，而是在带领女儿艰辛成长的过程中，时常不忘去夸奖女儿、激励女儿。最终使16岁的周婷婷成为辽宁师大教育系的一名少年聋人大学生，也是我们国家第一位聋人少年大学生。《实话实说》曾请周婷婷做过节目，从中，我们看到她的父亲教子有方的诀窍就是赏识孩子、夸奖孩子。

周婷婷的父亲提出了一个教育概念叫做"赏识成功"。用"爸爸很高兴看到你这样努力"来表扬孩子为取得成功而付出的努力，用"你这个办法可真巧妙，能告诉我是怎么想出来的吗"来称赞她为获取成功而使用的方法和策略，他认为他的孩子虽不能和别的孩子比，但他总是用夸奖激励女儿再努力,使孩子树立起自信心，有了前进的动力。最后聋儿虽然聋但不哑，而且16岁就上了大学，成为一名出色的大学生。

正爸爸表扬把握分寸。孩子经过努力做出了成绩，或者做完了他应该做的事，都有权得到赞美，但不需重复赞美。过分的赞美，只会给孩子播下爱慕虚荣的种子。作为爸爸，应以一种赏识的目光看待孩子，就是在帮助孩子成长。接下来，我们再来看看负爸爸在这方面是怎么做的。负爸爸不但吝啬表扬孩子，同时还经常数落、打击孩子。负爸爸会因孩子胆小而用恶言骂他。例如："胆小鬼"、"没有用"、"没出息"等字眼，甚至当众叱责，让孩子在众人面前抬不起头来，伤害孩子的信心。在孩子有出色的行为表现或在孩子渴望得到赞美时，却表现出熟视无睹以及不以为然、不屑一顾的态度，常常给孩子以失望，甚至无异于给孩子当头浇了一盆冷水，不但打消了孩子的积极性，还打击了孩子的自信心。而在孩子出错时，又会喋喋不休地批评，甚至喜欢用责骂和处罚来对待孩子，这不仅让孩子感到心理上的恐惧，还会使孩子的意志遭到压抑，严重影响孩子的智力发展，并且容易诱发孩子抑郁、孤僻、自卑等心理疾病。

吉姆是心理学教授罗塞尔的大儿子，他从小就表现出超人的聪明才智，三岁时就已会自己阅读和书写，而且性格活泼开朗，是个人见人爱智能超群的孩子。可不幸的，他的爸爸虽是个从事心理学研究的学者，却因他自己性格内向，不喜欢与人交往等原因，便固执地认为儿子不谦虚和自以为是。

有一天，罗塞尔教授或许是遇上了烦心事，当他又听见儿子在和别人说笑时，便跑过来责问儿子："吉姆，你又在嚷嚷什么？"

"爸爸，我又读完了一本书。"吉姆高兴地说。

"就一本书，你至于这样高兴吗？"罗塞尔教授生气地说。

"这本书的确太让我愉快了。还有，我居然把这么难懂的书读完了，真是感到兴奋。"

罗塞尔教授听了儿子的话，突然发怒："你吵吵嚷嚷干什么？你以为只有你才有这本事吗？我看你是个骄傲自大的孩子！你是在想得到我的表扬吗？告诉你，我永远不会表扬你。"

"爸爸，我做错了？"吉姆委屈地问。

罗塞尔教授仍在训斥儿子："你不要以为自己是个了不起的天才。我告诉你，你什么都不是，我以后再也不想听到你的那种赞扬自己的声音了！你是个笨蛋，你是在自欺欺人。"说完，他"砰"地关上了门。

门外的吉姆伤心地哭了，突然之间，他过去的那种良好的心态消失得无影无踪，取而代之的是一种极坏的自我感觉："我是

个很糟糕的孩子。我是个讨人烦的孩子……"

从此，吉姆变了，他的脸上再也没有了笑容，完全变成了另外一个人。就这样，原本一个很有天分和才华的优秀孩子，最终变得普通起来。

从以上正爸爸和负爸爸的两种态度所导致的后果中，我们已看到：善于夸奖孩子的正爸爸能把一个普通孩子塑造成优秀的人才；而打击孩子的负爸爸，却完全有可能把一个聪明孩子变成一个不积极进取的人。美国著名心理学家塞德尔兹认为："打击只能使孩子变成一个懦夫，变成一个无能的人。当然，放纵孩子也不是明智的做法，但起码能让孩子自由自在。打击却不一样，它能毁掉孩子。"

正爸爸了解前因后果再判断，负爸爸瞎结论

人非圣贤，孰能无过？当孩子有什么过分要求和想法或做错什么事时，要冷静地对待孩子的缺点和错误，爸爸应先听听孩子的解释或想法，不应当直接去指责、埋怨，而应当多给孩子建议性的引导，也就是善意的批评，这种批评还要讲究方式，不说不能怎么样，多说如果能怎么样会更好。有目的的、恰当的进行评议，要宽容地给孩子尝试改错的机会，让孩子确实认识到爸爸是为了自己好，不是敌人，用博大的爱心去感化孩子。尊重孩子、理解孩子，这才是爱，让孩子真正能从内心里信服你这个爸爸并接受你的建议。

有一个少年捡到了一块与众不同的奇异的石头，他便对同学们说："这是一块宝石，可能会价值连城。"同学们哄堂大笑，可是他并不在意，继续对身边的东西发表另类看法。也因此，他在同学们中的人缘很不好，大家都认为他在经常说谎。

有一次，少年在泥地里捡到了一枚硬币，他神秘兮兮地拿给自己的姐姐看，便夸口说："这是一枚罗马硬币。"

姐姐拿过来一看，却发现这是一枚十分普通的旧币，只不过

由于受潮生锈，显得有些古旧罢了。

姐姐把这件事告诉了父亲，希望父亲好好惩罚他，让他改掉那种令人讨厌的"说谎"习惯。

父亲听了姐姐的"告状"后，把少年叫到面前，和蔼地对他说："我怎能责备你呢？你的想象力真是太了不起了！"

这个少年长大后成了著名的科学家，他的名字就是达尔文。

现实中，又有几位爸爸能做到像达尔文的爸爸那样呢？我们好好地想一想，我们有没有在一些小事上，或者是一些不小的事情上委屈、冤枉过孩子？如果没有，那你就不愧是个正爸爸，相信你的孩子也因有你这位爸爸而变得越来越优秀；如果你恰恰如此，是不是已意识到这不是一般的错误，应当立即改正呢？如果你是个信口开河、对孩子想说什么就说什么的爸爸，而且对孩子的事总是凭空就可以妄下结论的话，那你完全会伤害孩子，或者说已经损害了自己在孩子心目中的形象。

小新是个活泼开朗的女孩子。有一天，小新的妈妈去学校接她，听老师反映说她的性格像男孩子，常和男同学结伴玩，却不爱和女同学交往。老师只是随意向她的妈妈分析了孩子在校的一些情况，并没有指出小新因此而不对或犯下了什么错。但她的妈妈却多了一块心病，便回家把这件事郑重地说给小新的爸爸听。爸爸听后，便肯定地认为："女儿在学校一定不学好了！这么大的女孩子整天和男孩子交往，不出事才怪呢！老师是不是有什么事没有明确地告诉你？是不是隐瞒了什么？女儿是不是早恋了？不行，从现在开始管，必须管！"

就这样，爸爸给女儿规定，从今往后不准她再跟男同学交往——连话也不允许和男同学说。

小新和爸爸理论。爸爸说："你别以为你在学校里的表现我们不知道！告诉你，你这个年龄的女孩子，应该要懂得自重了，不要让人瞧不起！"

小新不服气："我怎么不自重了？"

爸爸："你自重？你自重干啥总和那些男孩子泡在一起？"

小新："我喜欢和男孩子交往，他们不像女孩子那么小气！"

爸爸："你再说一遍？"

小新便和爸爸赌气，把刚才说的话又说了一遍。

爸爸气极了，一个耳光就扇了过去。

从小到大，在小新的心目中，爸爸一直比妈妈好，爸爸从来不数落和管束她，可今天，爸爸不但打了她，还说出了她认为是污辱她人格的话。

爸爸打下一巴掌后，仍生气地说："我让你小小年纪，就不要脸皮！……"

小新惊呆了，随后伤心地跑进自己的房间。

从那以后，小新努力地克制着自己不和班上的任何一个同学说话，也不跟爸爸妈妈说话，变成了一个实实在在的"哑巴"。这下，老师、同学们都感到奇怪和接受不了了。为此，小新的爸爸被学校"请"了去，老师通过了解，才知道问题出在爸爸身上。这位爸爸在认识到自己的错误后，主动向女儿认错。但他的言行带给女儿心灵的伤害却不是一下子能抹去的。

列宁夫人克鲁普斯卡娅曾说过这样的一句话："家庭教育对父母来说，首先是自我教育。"这位负爸爸终于尝到了自己种下的"苦果"，多年后，她的女儿和别人说起此事时，还是泪眼汪汪，可见爸爸在这件事情上带给女儿的伤害。因此，作为爸爸，当孩子有了你认为不好的表现或做了一些你认为不正确的事情时，应放下架子，身入其境，循循善诱。不怕孩子出错，就怕你的教育方式让孩子产生逆反心理和抵触情绪。如果到了那一步，你在教育孩子方面将要多走很多弯路的。

正爸爸适时为孩子解压，负爸爸不断为孩子加压

随着孩子一天天长大，他（她）和我们大人一样，也学会了苦恼：妈妈逼着学钢琴苦恼，遇上不会做的题苦恼；受到老师的批评苦恼，参加唱歌、绘画、数学竞赛失败了苦恼……

当孩子遇到麻烦问题或失败时，我们的每一位爸爸所表现的态度是有

差别的。正爸爸首先不会去抱怨和打击孩子，而是用积极的态度去鼓励孩子，教会孩子如何面对困难，如何学会给自己减压，教孩子及时调整坏情绪，重新战胜自己，重新树立目标和信心。

小江是一个初一的学生，他的数学成绩一直不错，可在一次数学竞赛中，成绩却一般。这对他的打击很大，特别是后来，数学老师当众宣布：将为那些考得好的学生开"小灶"，帮助他们在决赛中获得更好名次。此后，小江对自己感到更加失望了，一下子认为自己差极了。

小江的爸爸知道后，除了安慰儿子，还帮助他分析这次考差了的原因。尽管这样，小江还是不开心。

爸爸问小江原因，儿子说："就像您说的，我这次数学竞赛出现了失误，可老师给他们开'小灶'了，从此他们就真的超过我了！其实我也不是怕他们超过我，我只是担心我会真的落后了。"

爸爸听了，抚摸着儿子的头，笑着夸儿子说："你真是个上进的孩子！不过，你担心的这点其实并没什么。他们开'小灶'，咱们也可以开'小灶'呀？你要是愿意，爸爸也出钱让你在外面报一个班。你说呢？其实在爸爸看来，你只要努力就行了，分数不是最重要的。"

小江经过认真考虑，他接受了爸爸的建议，在外面报了一个奥数班，从此他更加认真地学习数学。

三年后，小江成了学校里的数学状元，还参加了全市的数学竞赛，并获得了第二名。

小江正是由于有了爸爸的正确引导，才抛开了压力，重拾了自信。生活中，同样也有一个名叫小秋的男孩子，他有着类似小江的经历，可只是因为他的爸爸和小江爸爸的区别，使他和小江有了完全不同的结局。

小秋在上初二时，在一次数学竞赛中拿了个全年级第四名，因为是第四名，所以以一名之差不能得到一些奖励。小秋在为自己感到遗憾时，还非常担心，因为他知道这样的成绩不是爸爸所希望的！

果然，小秋的爸爸一听到这个成绩就火了："我就知道是这样的结果！你上次是怎么跟我保证的？你这学期是怎么了？怎么就不能给我拿个第一？人家的孩子怎么能拿？你是比别人笨吗？

就是你不下工夫！以后，你再也不要想着看电视了，每天给我多做 10 道题……"

从此，小秋每天都泡在题海里。虽然小秋在老师、同学眼里一直是个好学生，但他的爸爸看重的是第一名或是 100 分。然而，尽管小秋很用功，可他的成绩却越来越不理想。

小秋爸爸的严厉要求，使小秋压力很大，渐渐地，小秋性格也发生了变化，他变得越来越不爱说话了。每次爸爸跟他说话，他都像听不见一样。有次语文考试，他的成绩居然下滑到了后几名。也就是这一次，他放学后没敢再回家。后来，当他的爸爸从警察局接他回家时，他只有一个要求："不想再上学了，就是不想上学了……"

从小秋的这个负爸爸的身上，我们看到自己的影子了吗？

在孩子未达到要求——面对失败或考试没考好、比赛落后时，做爸爸的一定要理智些，应耐心询问孩子的情况，应心平气静地倾听孩子的诉说，对孩子的心情表示同情和理解，在稳定情绪的基础上再提出合理化建议，帮孩子走出情绪的低谷。切忌采用教训的口吻和冷嘲热讽、唉声叹气、轻描淡写的态度，否则会使孩子的情绪更低落。爸爸应给孩子积极的评价，帮助孩子渡过失败难关，切不能嘲讽挖苦孩子，也不要板着面孔不搭理孩子，使孩子感到压抑，加重孩子的焦虑心理或让孩子出于逆反心理而对抗。如果那样，结果总会适得其反。

如果你不想做负爸爸，而又希望自己的孩子能搞好学习、快乐成长，那就从现在开始给孩子减减压吧！

正爸爸支持孩子异想天开，负爸爸扼杀孩子奇思妙想

只要是孩子，他（她）们就会有一些在大人看起来似乎不切实际的想法，而想象能使孩子们的生活充满神奇、创造和快乐。可做爸爸的，面对孩子们的奇思妙想，看法却并不一样。

在开发孩子智力方面，大多爸爸往往只注重孩子的语言、计算等各种

知识技能的学习，却忽视了孩子的好奇心和想象力，而恰恰是这些因素能使孩子的能力不断提高，并让其发挥出数倍的潜能，令他们终生受益，而这些品质的培养关键就在孩提时代。

很多年以前，有个穷苦的牧羊人带着两个年幼的儿子，靠为别人放羊来维持生活。

有一天，他们赶着羊来到一个山坡上，正好看见一群大雁鸣叫着从他们的头顶飞过，很快便从他们的视野中消失了。

牧羊人的小儿子问父亲："大雁要往哪里飞？"

牧羊人回答："为了度过寒冷的冬天，它们要去一个温暖的地方安家。"

大儿子这时眨着眼睛羡慕地说："要是我们也能像大雁那样飞起来就好了，我要比大雁飞得还要高，去天堂看妈妈。"

小儿子这时也说："做只会飞的大雁多好啊！可以飞到自己想去的地方，那样就不用放羊了。"

牧羊人沉默了一会，然后对儿子们说："如果你们想，你们也会飞起来的。"

两个儿子试了试，可并没有飞起来。他们用疑惑的眼神看着父亲，牧羊人于是说："看看我是怎么飞的吧！"牧羊人试着飞了两下，也没有飞起来。

牧羊人肯定地说："可能是因为我的年纪大了才飞不起来，你们还小，只要不断努力，就一定能飞起来，去你们想去的地方。"

两个儿子从此牢记了父亲的教诲，并一直不断地努力着。等他们长大了以后，终于飞起来了。他们就是美国的莱特兄弟——飞机的发明者。

孩子的许多看似不实际的想法，其实都有可能实现，因为梦想能使人产生激情，而这种可贵的心灵动力，可以最大限度地激发孩子的潜能。

1997 年 6 月，原新加坡总理吴作栋在第七届国际思维大会上所作的主题报告中明确提出：让今天的孩子"学会思考"，这是我们送给他们的最好的礼物。

的确，作为爸爸，只有从小培养孩子爱思考的情感，会思考的能力，才能使他们适应知识高速更新、科技飞快发展的社会，这远比教孩子背几

首唐诗、做几道算术题、写几个字有意义得多。

我们常会惊叹发明家的头脑："人家的脑袋是怎么长的？"其实，每个人在孩提时代都有着丰富的思维和想法，只不过，有的被家长给忽视了，也有些被嘲笑了，甚至被扼杀掉了。

有一天，小力和邻居的一个小伙伴在家里用纸盒和积木建筑官殿，小力的官殿搭得很高，小伙伴的官殿很矮。

小力说："我的官殿的上方可以搭上一个梯子，一直通往月官。你那个可以吗？"

小伙伴辩解说："我这个可以通往地下，地下很大的，还有海洋和鱼儿。"

小力说："我这个也可以呀，上面通向月官，下面通向海洋啊！"

小伙伴又说："如果我想上天去也可以的，我在里面安一个开关，像飞机那样的，想上天去，一按就飞上去了。"

小力兴奋起来："那我们在天上会遇见吗？"

小伙伴："当然会的，我还可以请你到我的官殿做客。"

小力这时又有了新的想法："我应该在官殿上面插上红旗，以免你因认不出我的官殿而走错了地方。"

于是，小力说着便去抽屉里找可以做红旗的材料。他没有找到，便跑到客厅找爸爸，爸爸听了孩子的解释后说："什么红旗不红旗的？你们在房间里瞎折腾什么呢？"

爸爸说着，便随孩子进了房间，他大声呵斥："看把屋里弄的！你们在干什么呢？别玩了，等你妈妈下班回来，会说你的。"

小力急切地说："爸爸，让我们再玩一会吧！我的官殿还没有插上红旗呢！"

爸爸："我说别玩就别玩了，尽说那些可笑的话。别玩了，别玩了！"

顷刻之间，给两个孩子充满美好想象的官殿被爸爸无情地摧毁了。

小力哭了。

爸爸："你已经多大了？该上学了，怎么还那么幼稚？玩那些小孩子玩的东西！还有脸哭？"

　　这位负爸爸不了解孩子，他的这种做法，不仅摧毁了孩子的精神家园，还剥夺了孩子的幸福和游戏的快乐，而且妨碍了孩子以后创造力的发展。孩子毕竟不是大人，他（她）们有自己的需要、兴趣、爱好以及看世界的独特眼光，作为爸爸，应该尊重孩子，理解孩子，不要将自己的想法强加在孩子身上，强迫他们做这做那，而应做孩子的朋友，向他（她）们学习，过一种富有灵性的生活：做游戏、串门儿、开玩笑、进行体育锻炼、看书、下棋，等等。应时时以一种赏识的目光去对待孩子。因为令你冷眼相看的孩子的行为，如能经你正确引导，就不定哪一天，他也可以成为"爱迪生""瓦特""爱因斯坦"……

　　很多育儿和教育专家以及儿童心理学专家都在向我们传递着一个观念——大胆的想象是人类飞向进步的翅膀。因此，负爸爸们再也不要对孩子看似荒诞奇异的想法报以不屑一顾的态度，孩子的潜力和智商正是我们可以从这些想法中挖掘、培养的。

正爸爸鼓励孩子多提问，负爸爸厌烦孩子求解好奇

　　孩子的天性就会对周围五光十色、千变万化的大千世界感到好奇。孩子经常会向大人发问："这是什么？""为什么？""怎么样？"周围的世界使他们着迷，使他们不断地去探究，爸爸应充分利用孩子的好奇心和所提的问题对他们进行教育，培养孩子对科学的兴趣。

　　有一天，汉森正在接待一位朋友，他的朋友因自己的孩子总爱提问常常令他很烦的话题而苦恼，为此他和汉森正在进行讨论。

　　就在此时，汉森的儿子走了过来，手中拿着一本达尔文进化论少儿读本。书中生动地描述了生物进化的过程，并且配有极为有趣的插图。

　　儿子走过来问汉森："爸爸，进化论中说人是由猴子变过来的，这是对的吗？"

　　汉森："我不知道是否完全对，但达尔文的理论是有一定道理的。"

儿子："可是既然人是由猴子变来的，那么现在的人是人，猴子仍然是猴子？"

汉森："你没有看见书是这样写的吗？猴子之中的一群进化成了人类，而另一群却没有得到进化，所以它们仍然是猴子。"

儿子怀疑地说："这恐怕有问题。"

汉森："这有什么问题？"

儿子："既然是进化论，那么猴子都应该进化，而不应该是只有一群进化。"

汉森："为什么这样说？"

儿子："我觉得另一群猴子也应该得到进化，变成一群能够上树的人。"

汉森："那是不可能的，因为事实上是猴子当中的一部分没有得到进化。"

儿子仍然不放过这个问题，问："为什么？"

于是，汉森尽自己所知向他讲解其中的原因："据我所知，一群猴子由于某种原因不得不在地面上生存，它们的攀缘能力逐渐退化，而学会了直立行走，经过漫长的进化变成了人类；另一群猴子因仍然生活在树上，所以没有得到进化。"

"我明白了。"可儿子又开始了另一个问题，"可是为什么要进化呢？如果人能够像猴子那样灵活不是更好吗？"

汉森："虽然在身体和四肢上猴子比人灵活，但人的大脑是最灵活的。"

儿子又说："大脑灵活有什么用呢？又不能像猴子那样从一棵树跳到另一棵树上。"

汉森："身体灵活固然好，但只有身体上的优势是远远不够的。大脑的灵活才是最重要的，因为只有这样才能创造文明。"

儿子："为什么要创造文明？"

爸爸："因为文明代表着人类的进步。"

就这样，汉森儿子的问题一个接一个地如潮水般涌来。他的很多问题在大人眼里显得非常可笑而毫无根据，但即使这样，他的爸爸也尽力不让他失望。

他的朋友最终表示佩服汉森的耐心。而汉森却说："其实也并非我的耐心比其他人好，只不过我认识到认真回答孩子问题的重要性，因为只有这样才能够培养起他的探索精神，而不是将他这种宝贵的品质抹杀掉。"

有些正爸爸不但能做到认真回答孩子的问题，而且还会常常从孩子的游戏中、从孩子身边的花草鱼虫中、从孩子常见的风、云、雨、雪、起雾、下霜等自然现象中，启发、鼓励孩子进行提问，引导孩子从小亲近科学，使孩子得到探索和寻求知识的快乐。为了孩子的问题，这些正爸爸还会经常带孩子去博物馆，在参观时多问孩子几个"为什么"、"怎么会"之类的问题。并与孩子一起做科学游戏。如放飞风筝时，通过手中紧握的牵引线，可以让孩子具体又真切地感受到风向和风力在不同高度的变化，还可以指导孩子如何在实践中不断改进技艺，把风筝做得越来越好，放飞得越来越高。而且在这些过程中，他们会不厌其烦地为孩子解答各种问题，如"小燕子为什么只有到了春天才来到北方？"、"为什么夏天的知了要不停地叫？"、"为什么夏天会打雷"等等，让孩子在不知不觉间思考和掌握了各种相关知识。

但也有一些爸爸却不是这样做的，别说引导孩子打破沙锅问到底了，就是回答孩子的一个问题都显得是那么的不耐烦：

放学的路上，女儿小香子小心翼翼地问爸爸："爸爸，我可以问你一个问题吗？"

爸爸："问吧？"

小香子："人是什么变的？"

爸爸："人是猴子变的。"

小香子："我们今天上课时，老师讲到了人是由猴子变过来的。可我不明白，那现在的猴子怎么就变不了人呢？"

爸爸："经过进化变过来的，有的变成了人，有的就只能是猴子了，现在变不了了！"

小香子："那为什么过去的猴子能变，现在就变不了了呢？"

爸爸不耐烦了："你问的这个问题有用吗？人就是由猴子变的！你问点有用的好不好？"

小香子："好吧，就算人是由猴子变的。可我不清楚，猴子

又是由什么变来的?"

爸爸的耐心彻底没了:"你问这些烦不烦呀?管它是什么变来的!这是你关心的事吗?希望你以后不要再问这些毫无意义的问题。"

小香子只好闭上嘴不说话了。

的确,孩子有时会没完没了地问一些"为什么",常常弄得大人张口结舌,甚至恼羞成怒,只好粗暴地让孩子住嘴。可爸爸们要知道,孩子之所以问个没完,是因为他(她)对此问题产生兴趣了,孩子问得越多,问的范围越广,越说明孩子是一个善于观察新鲜事物、是一个善于开动脑筋的人。这样的孩子一般智商较高,做爸爸的应该打心眼里感到高兴才对。

因此,我们希望那些负爸爸们从此改变态度,正确面对孩子的提问,并要做到以下三点:一是要认真对待;二是要耐心细致,不厌其烦地给予讲解;三是要知之为知之,不知为不知,坚持实事求是的科学态度,不可乱说一个答案来敷衍孩子,更不要害怕自己答不出来而伤面子。你可以和孩子一起去寻求答案,也可以引导孩子自己去寻求答案。然后让他(她)把答案告诉你,对了给孩子鼓励,错了要耐心地讲出错的原因,这个过程,是非常宝贵的,可以让孩子产生一种自我价值感,同时更能促进孩子求知的欲望。因此,不论什么时候,爸爸都不要拒绝回答孩子的提问,而要让孩子感到提问是有利于双方的一种活动,你也可以自由地问他一些问题,正如他问你一样。当他提问时,不要急于回答,你可以这样说:"现在我们就讨论这一问题吧。"你可以根据这个问题提出一些相关的容易判断的问题,再不断提出相应的问题去引导,以便孩子自己在思考如何回答时就能寻找出他所问的问题的答案。另外,在你回答孩子的问题时,要让孩子听明白问题的答案或完整地听完你的答案之后再提出另一个问题。

正爸爸耐心十足,负爸爸缺乏耐心

心理学家认为,父母对待孩子的态度,教育孩子的方法,对孩子的自尊心发展有着重要影响。因此,父母多了解孩子的心理特点,掌握正确教育孩子的知识和方法，将有助于提高孩子的自尊心并有助于孩子成才。

俄国文学家列夫·托尔斯泰十分注意培养孩子的学习兴趣，尽管自己的写作时间相当宝贵，但他还常常将部分时间分给孩子们，给他们讲故事，为他们绘画，回答他们提出的各种问题。不过，托尔斯泰从不给孩子强行灌输知识，而是根据孩子们的爱好和兴趣为他们服务。有一段时间，孩子们对作家儒勒·凡尔纳的作品很感兴趣，托尔斯泰就一本又一本地讲给他们听。后来，他发现《环球旅游80天》这本书没有插图，为了帮助孩子们理解故事情节，他竟然每天晚上用鹅毛笔亲自为该书描制插图。托尔斯泰的时间是宝贵的，但是他认为，把时间花在提高孩子的学习兴趣、激发孩子的求知欲方面是值得的。

实践证明，这位正爸爸的做法是对的，更值得爸爸们学习的是他的那份耐心。试想一下，和托尔斯泰这位做父亲的耐心比，你还欠缺多少？扪心自问，很多爸爸总以自己工作忙为借口，对孩子都表现出没有绝对的耐心，无论是在孩子的生活上，还是对孩子的学习上。如果只是偶尔地陪陪孩子或玩一会儿——行！可要他陪孩子练琴、陪孩子上课，能每天给孩子一点时间，那就"烦"了，甚至认为这些都是孩子妈妈该干的事。

小特的妈妈生病住院了，小特的爸爸便开始管起儿子的学习和生活。仅仅一个星期的时间，这对父子俩便结下了"深仇大恨"，从此儿子对爸爸再也"亲"不起来了。

小特至今还清楚地记得，在妈妈住院的八天早晨里，爸爸给他准备的早餐都是泡方便面。其中有三天小特是没有吃早餐上学的，因为起得太晚，连方便面也来不及泡。更重要的是小特晚上回家写作业，遇到不懂的题，过去总是妈妈帮着讲解。换了爸爸后，他说："自己想，想不出就别做！"

有一天，小特求爸爸，说以前都是妈妈帮他。没办法，看电视的爸爸便走过来看了一眼题，毫不客气地说："这么简单的题也不会做？你原来这么笨！……"

于是，爸爸就极不耐烦地给小特讲题，而此时小特的脑子里全是爸爸骂他的话。这几天，爸爸没少骂他。因此他根本没有听进去。爸爸只顾自己讲完，便又转身去看他的电视了。

　　小特面对仍然不会做的题，感到特委屈，加上想妈妈，他便趴在桌上独自哭了起来。

　　爸爸闻声跑过来，责问："你还有脸哭？学过的为什么不会做？你哭什么呀，我最讨厌有人哭！"

　　小特哭得更伤心了！

　　爸爸命令说："你给我马上把眼泪擦干，赶紧写作业，我看你今晚又得写到什么时候！"

　　小特边哭边说："我那道题不会做……"

　　爸爸却说："不会做，就知道你不会做！不会做，你还哭？再哭就给我滚出去！"

　　小特哭得更厉害了。这时爸爸冲过来："你再哭？你怎么这么不听话呀？你要是再不停下来，我把你的作业本都撕了！"

　　小特不敢再哭，便抱起书本，跑进另一房间，"砰"地把门关上了，爸爸怎么叫也不开。

　　第二天一早，小特因为没有完成作业，怕老师说自己，便和爸爸赌气不上学。爸爸拿着书包下楼等了小特很长时间，他也没下来，爸爸最终气急败坏地冲上楼，当着小特的面，撕毁了他的一本作业本。

　　看着被撕毁的作业本，小特歇斯底里又蹦又跳地大哭起来："你赔，我赔我的作业本，你赔我的作业本……"爸爸气得拳头攥得紧紧地，恨不得一下子把小特打趴下，可尽管这样，也一点没有"震"住小特，结果，爸爸在无可奈何中，只得向小特的姥姥和老师求援，最后由姥姥、老师出面，才最终平息了这场父子"风波"，小特才安静了下来。

这位缺乏耐心的爸爸的行为最终给自己的孩子带来了一系列难以想象的不良后果，从而让孩子的一生都充满了挥之不去的心理阴影。更重要的是他在伤害孩子的同时，也最终毁了自己在孩子心目中的形象，影响了孩子的健康成长。

　　所以，请爸爸们平时一定要多拿出一些耐心来对待自己的孩子，多一些耐心和理解，多讲究一些方法就可以减少和孩子的冲突。不要把教育孩子的责任全推给孩子的母亲，这样做对妻子和孩子都是不公平的！当你做到注意自己的言行，少打击孩子，多鼓励孩子，你的家庭才有欢乐，你的孩子才有可能在你的言传身教中快乐、自信、健康的成长！

正爸爸重视孩子学习，负爸爸否定学习的意义

现在是知识信息爆炸的时代，不学习，或者说不注重学习的人，都注定要被这个时代所抛弃、所淘汰。

正爸爸不但关注孩子的学习，更重视孩子的学习方法和学习质量，甚至从细小的事情上去引导、培养孩子学习的兴趣。

2005 年 9 月 19 日，中山大学本科毕业生、20 岁的王颖赴斯坦福大学攻读计算机博士学位，并得到了一年不少于 4.14 万美金的全额奖学金，世界排名数一数二的大学愿意"倒贴钱"让他读书。

王颖的父亲王庆国是深圳大学的教授，曾先后两次主持国家自然科学基金项目。他虽非常忙，但他注重言传身教，在孩子学习方面，仍没少花费心思。

在王颖很小的时候，爸爸为了培养他对数字的兴趣，便常跟他一起用扑克做算 24 点游戏，有时候还有意输给王颖，培养他的自信。王颖在深圳中学的时候，获得了全国华罗庚数学竞赛（中学组）金牌，这和他小时候经常玩数字游戏有很大的关系。

王颖不到 10 岁的时候，象棋、围棋、麻将、扑克（拖拉机）、电脑游戏样样都会玩。爸爸利用他对"玩"的兴趣开发他的智力，使他变得好学并充满活力。因此他常常在轻松愉快的实践中就能掌握、积累多方面的能力和知识。王颖从来不会失眠，他每天学习、锻炼、娱乐忙个不停，用他自己的话来说：哪有时间失眠？看电视的时候，他还要做扩胸、原地弹跳等运动。受他的影响，他的妈妈现在看电视的时候就转呼啦圈。王颖家经常把晚饭桌变成学习交流会，大家会讲一些科学故事、笑话、智力题。

　　王颖也学过 3 次钢琴，第 4 次的时候，他表示不愿意学了，虽然钢琴已经买了，但他的爸爸还是果断地决定放弃。那次放弃，使王颖的少年时代不必背负太多的重压，使他有较多的时间做他自己喜欢的事情：篮球、足球、游戏和学习。他的爸爸认为，孩子有了学习以外的兴趣和爱好，只要安排好了，不但不会影响孩子的成绩，反而能提高孩子学习的兴趣和质量。

　　人们常说知识是活的，只有学活了知识，才是真正掌握了知识，真正提高了学习质量。

　　如今越来越多的爸爸认识到：遵循各年龄阶段孩子的认知的特点，从感知入手，通过孩子亲手参与操作的科学游戏、科学小实验等形式让孩子进行学习效果更佳。因为在游戏与实验中，孩子能直接看到、感受到一些物体和现象的特性与变化，从而激起孩子对学习的强烈兴趣。

　　爸爸们可经常带孩子参加各种展览或游览动物园、公园等，还可让孩子参加一些力所能及的劳动，如饲养小金鱼、浇花、采集落叶等，这些都可培养孩子对动植物的兴趣。经常给孩子看一些实物照片，让孩子更好地了解动、植物的外貌特点及生存环境。爸爸也可根据自己的条件，精心设计一些有趣的实验与游戏，让孩子从中获得一些科学知识。有时就算孩子现在还不知道一些实验背后的科学原理，但也能激发孩子的好奇心，甚至对他今后的择业有所影响。

　　然而，至今也还有个别爸爸，因为自己没有文化和修养，便否定学习的意义，他们认为只要能吃苦，只要能出力，就能挣钱，他们把挣钱当成一个人的全部追求，认为钱是至高无上的，认为知识和钱并不能成正比。因此，他们从不要求孩子去学习，更不重视孩子的学习。

　　小中从小随做生意的父母来京生活，在北京这个成长的大环境中，使他受到了很好的文明教育。

　　小中是个爱看书、爱学习的好孩子。由于爱看书，他不知挨了爸爸多少骂。在家里，爸爸一会儿让他做这个，一会儿让他做那个。就连早上那一会儿时间，爸爸妈妈还要他必须到店里去卖会儿早点，然后才能去上学。小中有时不愿意，说："上学迟到了……"

　　爸爸便说："你要是怕上学迟到了，就别上了，正好帮我做事：……是你学习重要，还是挣钱重要？没有钱，你上什么学？"

有时，小中要求爸爸妈妈去学校开家长会。爸爸说："有什么好去的？你跟老师说爸爸妈妈没有时间。再说你学得好，学得不好，将来你都不可能上大学。上大学得多少钱啊？我可培养不起你。现在你上学识几个字，将来我只希望你能接爸爸的班，做点小买卖就行了……浪费那些时间和钱财干啥？"

小中不认同爸爸的观点，但他却无力改变爸爸，便认定了，一定要好好学习，证明给爸爸看。

小中的爸爸从不给小中买课外书看。有一次，小中借了别的同学的书，爸爸发现后，把书给撕了，这让小中很受打击。他觉得和同学没法交代，便求妈妈给他钱去赔人家，妈妈也不同意，他只好以绝食来要求他们，并歇了两天没有上学。直到老师找上门。

老师听了小中的哭诉后，狠狠批评了他们的父母。但这位爸爸却并没有真正接受。接下来，这种撕书、撕本的事照样发生。就这样，小中在爸爸的"压迫"下好不容易才读完了小学。等小中上初中时，他父母的早点小店已变成了一个大饭庄。小中自然而然也成了一个"老板"的公子。随着爸爸手头上的钱挣得多了起来，他多多少少也改变了过去不想让儿子读大学的想法，可他却并没有因此而改变儿子对他的看法。爸爸也早看出儿子对自己一点也不亲。有时便故意"讨好"儿子说："儿子，爸爸的饭店将来都是你的……"

不想儿子看也不看他一眼说："我不稀罕……"

一年假期，饭店走进来了几个外国客人，点什么菜大家都听不懂。这时，小中走过来，用英语和那几个外国人对上了话，那些外国人一下子搂住小中直翘大拇指。饭庄里所有进餐的客人也都夸小中，说老板培养了这么好的儿子，将来一定有大发展，等等。

小中虽然看到爸爸眉开眼笑，但他却从心里反感和瞧不起自己的爸爸。在学校里，小中写了一篇关于爸爸的作文，作文里写到了好多关于他爸爸小时候反对他学习的事情，还在最后写到：

"我为有我这样的爸爸感觉到悲哀，我真不希望他是我爸爸，只希望自己能早一天走出这个家庭……"

当老师拿着这篇作文找到小中的爸爸时，他特别吃惊："这，这是什么孩子？老爸没文化，他瞧不起老爸了？……"

俗话说"种瓜得瓜，种豆得豆"，这话说得一点也不假，我们在管教孩子的过程中，如果"对"和"错"可以不分的话，我们又有什么资格来说教孩子呢？有些爸爸，仅仅以为自己是孩子的父亲，便自以为是，结果能从孩子身上得到了什么？虽然我们常说孩子需要管教，但有时我们也要思考，大人的所作所为给孩子树立了一个怎样的形象和榜样？

随着时代的进步，人们脑子里的那些旧观念必须要更新了，否则，我们不止在为孩子制造"悲哀"，也为自己"取消"了一个做父亲的权利！

正爸爸微笑面对孩子，负爸爸经常板着面孔

有些爸爸常微笑着面对孩子，他们善于和孩子交朋友。孩子可以和他们聊天、交心，甚至和他们一起玩耍。他们不会因为孩子贪玩或犯错而对孩子生气，或者不给孩子笑脸。他们认为，玩和犯错都是孩子的天性和权利，就像吃饭穿衣一样，是必不可少的，最重要的是：玩和犯错也都能给孩子带来快乐，也是孩子思维发展的需要，是一种学习的方式。

他们还相信，给孩子笑脸就是在给孩子快乐和给孩子改错的机会；给孩子快乐和给孩子改错的机会，就是给孩子一个有利于他（她）健康成长的空间。

也许有一些爸爸会因此而担心：这么说，不是无法管教孩子了吗？他想玩什么就让他玩什么？他想犯错误就犯错误？显然不是。爸爸是未成年子女的监护人，有义务对孩子的一些行为进行教育和帮助。在这方面，正爸爸的主要责任不是限制和管教，而应该是指导和帮助孩子去"玩"和去纠正错误，给孩子规定一些行为规则，让孩子无论是玩，还是学习、劳动，都要从中得到开心和收获。总之，是要给予孩子快乐。我们经常可以看到，

有的幼儿刚开始时积极地跟爸爸妈妈学背诗歌，认真而愉快地识字或看图，充分享受能背熟、能记住的喜悦，并从爸爸妈妈的肯定中得到强化，这时孩子是把背、记当成游戏，是玩背诗，玩识字，这是多么好的学习方式呀。但随着时间的延长，多数家长没有能帮助孩子在游戏中激发出对学习的好奇心和求知欲并使之保持下去。因为随着孩子年龄的增长，爸爸妈妈对孩子的要求越来越高，孩子不想学或学不进时，爸爸的笑脸看不到了，孩子便会受到惩罚或说教，游戏变成了负担。同时单纯的学习活动又被附加了更多的学习内容，孩子不再觉得学习是一件好玩的事，只感到是沉重的负担。所以，保护好孩子在游戏中激发出的求知欲，实现游戏中的玩向学习中的玩的转化，是家长应该掌握的教育艺术。

斯宾塞是西方的一位著名的教育家。他这位爸爸经常抽出时间和儿子一起到户外种植植物，一起埋种子，一起浇水，直到植物生根、发芽、苗壮成长。小斯宾塞由于有爸爸与他一起分享这些过程的快乐，所以对这些活动更感兴趣，每当看到植物长高或开花结果，小斯宾塞都别提有多高兴了。

斯宾塞还和儿子一起"淘气"地烤面包。虽然父子俩考出来的面包用"糟糕"两个字来形容最恰当不过，但过程中那种幸福和快乐的情绪，始终在他们父子之间萦绕。

斯宾塞与儿子最疯狂的一件事，是在儿子的提议下，俩人共同制作出一张巨大的餐桌，父子俩一起挑选木材，提出各自的设计意见并动手制作。经过几个星期的努力，一张饱含父子智慧和快乐的"奇怪"餐桌诞生了！当这张餐桌实实在在摆放在斯宾塞家的客厅里时，父子俩都高兴地尖叫起来。

斯宾塞的家始终洋溢着快乐的"空气"。这种快乐的"空气"成就了小斯宾塞积极、乐观的个性。这位快乐爸爸的"愉乐教育法"，也最终成为影响西方世界家庭教育的一剂良药。他认为："身为父母，应该在培育孩子的过程中，传递给孩子快乐的力量，这种快乐的力量是孩子学习和成长的动力。有了这种力量，孩子就会有无穷的能量，苗壮地成长。"

其实，给孩子笑脸会带来的好处，还永远不止斯宾塞教授说的那些。如果爸爸用微笑的面孔面对孩子，还可以随时打开孩子的心扉，让孩子乐意与你交流，和你谈起他们的兴趣和爱好。通过孩子们的兴趣、爱好，你

便能真正帮助孩子，引导他（她）们朝着你和孩子共同所期盼的方向成长，尽一个做爸爸的真正职责。

然而生活中，真的有一种爸爸，他们经常因孩子的作业，因孩子的成绩，因孩子贪玩等原因而生气、而板着面孔。这常让孩子生活在一种压抑的环境里。

有一位四年级的女生在她的作文中写到了这个故事。

小时候，我跟姥姥、姥爷一起生活，直到上学时，才被爸爸妈妈接到身边。我的爸爸和别人的爸爸不一样，他很少和我笑，总是很忙，也总是喜欢命令周围人干这、干那。我一点也不喜欢他。

有一次，我不小心把一瓶墨水打翻，把桌上的一些纸染黑了，爸爸因此暴跳如雷，他对妈妈大叫："烦死了，赶紧把她送走……"

那一次，我记得很清楚，爸爸为我和妈妈狠吵了一架，吓得我好几天都躲着他。

从此，爸爸的那张脸便变得很可怕。即使有时他对妈妈和我笑着说话，我也总是认为他是在假笑。

昨天，我在屋子里和一位客人家的小妹妹玩捉迷藏，我躲藏在窗帘后面，可能是脚踩上了窗帘布了，以致把整个窗帘杆也拉下来了，"砰"地砸在我的头顶上，吓得我好半天才回过神。

爸爸听见响声跑过来，他没有问我吓着没有，也没有问我砸痛了没有，而是板着脸开始数落我："我就知道你要闯祸。这下好了吧？……"

我们不敢说这个女孩子说爸爸的话"对"，但这位爸爸真的是不懂得如何"爱"自己的女儿，最起码在语言上给她的关爱是很欠缺的。从孩子这种"义愤填膺"的态度中可以看出，"小事"的背后却可导致爸爸在孩子心目中变得没有地位。

我们相信每个爸爸都是爱孩子的，只是方式方法不同或行为习惯不同，但有一点，孩子的心灵是脆弱的，他（她）们需要爸爸时常给予他（她）们笑脸，爸爸的笑脸是孩子们感受到快乐和幸福的一种最基本的需求，所以做爸爸的如果连这点最起码的需求都不能给予和做不到的话，你又怎么可能去做一位真正的、称职的爸爸呢？为了你的孩子，你必须学会改变，从多给孩子笑脸开始！

正爸爸注重相互沟通，负爸爸只懂自己表达

如今，人们的生活水平不断提高，孩子们仿佛生活在蜜罐里，要什么给什么，可有些孩子却仍不快乐，那是为什么呢？

孩子们会因为学习或生活中的一些事情而影响情绪，或是在有些事情上得不到爸爸妈妈的理解、尊重和信任而引起心里压抑。孩子们的情绪变化，有的是来得快去得快，也有的在孩子的心里结下一个解不开的"结"。千万别小看孩子们的情绪"结"，它往往可诱导孩子走向病态或人生歧途。

关注孩子的情绪就是关注孩子的身心健康。要想化解孩子们的情绪"结"，避免孩子被不良情绪所困扰，最有效的方式就是要和孩子常沟通。其中，做爸爸的，更要对此加以重视，因为大多数的爸爸不善于或不懂得如何和孩子进行沟通以及关注孩子的情绪。

丹麦童话作家安徒生出生在富恩岛上一个叫奥塞登的小城镇上，那里有不少贵族和地主，而安徒生的父亲只是个穷鞋匠，母亲是个洗衣妇。贵族地主们怕降低了自己的身份，从不让自己的孩子和安徒生一起玩。安徒生的父亲对此非常气愤，但一点也没有在孩子面前表露，反而十分轻松地对安徒生说："孩子，别人不跟你玩，爸爸来陪你玩吧。"

父亲亲自把安徒生简陋的房间布置得像一个小博物馆，墙上挂了许多图画和做装饰用的瓷器，橱窗柜上摆了一些玩具，书架上放满了书籍和歌谱，就是在门玻璃上，也画了一幅风景画。父亲还常给安徒生讲《一千零一夜》等古代阿拉伯的故事，有时则给他念一段丹麦喜剧作家荷尔堡的剧本，或者英国莎士比亚的戏剧剧本。

为了丰富安徒生的精神世界，父亲还鼓励安徒生到街头去看埋头工作的手艺人、弯腰曲背的老乞丐、坐着马车横冲直撞的贵族等人的生活，这些经历为安徒生以后写出《卖火柴的小女孩》、

《丑小鸭》等童话故事打下了很好的基础。

从安徒生爸爸的行为中，我们可以看出，这位正爸爸非常重视孩子的精神世界。因此，我们要想让孩子成为一个身心健康的人，就得了解自己的孩子并常和孩子去沟通，以便给予孩子应有的帮助。现在，在美国家庭中，为了把孩子培养得更加出色，很多爸爸主动放弃自己的事业，而甘愿做一名"袋鼠爸爸"。当然，我们并不是鼓励中国爸爸也去做"袋鼠爸爸"，但是我们很真诚地提倡：做爸爸的再忙，也要尽可能多地抽出时间来关心一下你的孩子。接下来，我们再看看生活中的负爸爸是如何做的。

小智已是个 16 岁的大小伙子了，爸爸陪同他来到心理咨询室，他坐在那里一言不发，而爸爸却坐在那里说个没完没了："为了他，他妈妈提前退休了。他本来成绩不错的，可由于他中考考试紧张，没有考好。就因为这一紧张，我不得不拿出家里的全部积蓄，还到处向别人借了些钱，才交齐了 3 万多赞助费，让他上了区重点高中。为什么花这笔钱？不就是希望他将来能考个好大学，有个好前程，比我和他妈有出息吗？可他倒好，根本没把爸爸妈妈的付出当回事。他上学没几天，便不愿意再去学校了，你说他怎么就这么不让我们省心？他怎么就这么不懂事？怎么就这么懦弱呢……"

心理医生单独和小智谈了谈话。小智说："我在家里学习，妈妈老盯着我，他们不让我打球，不让我和同学来往，凡是我自己想做的事，他们都不让。爸爸还动不动就发火，我考得差了就拳脚相加，这些年，我感觉自己真累，一点自由都没有。花钱上学也一点面子都没有，可他们就是要逼我去，我真的受不了了……"

这位望子成龙心切的爸爸为儿子付出了很多很多，可到头来，却让儿子变得焦虑、紧张，整天挣扎在痛苦之中。如果这位爸爸平时能多多和孩子沟通，了解自己的孩子，就不会把自己的意愿强加在孩子身上，也不会因此让自己和孩子到头来都背负着一身的压力。更重要的是，他的行为已使孩子产生了逆反心理，既厌倦了学习，也失去了自己的追求和信心。

有关专家指出：一个健康的家庭教育方式，应从三方面着手：首先与孩子进行心理沟通，尊重孩子的主观愿望和实际能力，调整自己的期望值；其次，注重孩子情感方面的需求；再次，加强自身修养，改善自己的观念。

而受过"精神虐待"的孩子，会出现很多心理行为上的障碍，甚至会产生自卑、焦虑、自私等心理疾病，难以适应社会。

但愿更多的爸爸能引以为戒啊！

正爸爸善于理智行事，负爸爸往往意气用事

在我们今天的家庭教育中，有多少爸爸面对孩子的兴趣爱好或错误时能用理智的态度对待？

大多孩子想参加什么兴趣班，学什么语言，买什么书籍，交什么朋友，都要由自己的家长来决定，孩子没有选择的权利和自由。长此以往，孩子就会无法独立作出选择，就会对自己没有信心，就会充满怀疑。自古以来，那些取得专业成就的人，无不是从兴趣开始的，而那些"兴趣"，在一般爸爸的眼里却常常被认为是"不听话"或是调皮捣蛋。也正因此，只有那些有头脑的、明智的爸爸才会赏识、引导自己的孩子，最终培养出优秀的人才。

著名画家达·芬奇的父亲彼特罗也是一位令人称道的好爸爸，他培养孩子的信条就是：给孩子最大的自由，让孩子发展自己的兴趣。

6岁那年，达·芬奇上学了，他在学校里学了很多知识，但他对绘画最感兴趣。一天，他上课不专心听讲，还给老师画了一幅速写。回家后，达·芬奇把速写给父亲看，父亲不仅没有生气，反而夸奖他画得很好，决定培养他在这方面的才华。

一次，达·芬奇花了一个月时间，在盾牌上画了一个两眼冒火、鼻孔生烟，看起来十分可怕的女妖头。为了把父亲吓一跳，他还关紧窗户，只让一缕光线照到女妖头的脸上。后来，父亲一进家，真的是被盾牌上的画吓坏了，可等达·芬奇哈哈大笑地解释完，他竟然也没有责备儿子。

16岁那年，父亲把达·芬奇带到画家维罗奇奥那里学画画。

在维罗奇奥的指导下，达·芬奇刻苦学习，掌握了很多绘画技巧，经过不懈的努力，他终于成为一代大画家。

正是因为达·芬奇父亲如此开明，才最终让达·芬奇全身心投入到自己喜爱的绘画中。接下来我们再看看负爸爸在这方面所制造的悲剧。

小希的爸爸让小希在英语、奥数、钢琴、绘画中，选择一个课外班学习。小希觉得这几门课他都不感兴趣。因为他是个喜欢闹的孩子，他向爸爸提出要学武术，爸爸没有同意，因为他认为孩子本身不安分，再学武术，会让他更野！

小希没有办法，只得按爸爸的要求选择了练钢琴，可他只上了一节课，就不愿意再上了。正巧，这时小希爸爸得知一个同事的儿子已学钢琴两年了，便向他请教。同事告诉小希爸爸，自从儿子练钢琴后，脑子好使了，学习进步了，而且已会自己作词作曲了！小希爸爸听后羡慕不已，于是，更坚定了让儿子把钢琴练下去的决心。他回到家对儿子说："是你自己选择练琴的，而且我已给你买钢琴了，不想学也得学！"

没办法，小希只得天天被逼着弹琴。

一年下来，小希真的没有多少长进。于是，钢琴老师当着他爸爸的面，毫不客气地说："每次让你回家练的曲子你都练了吗？你要是真不喜欢就别练了。再这样下去，我都不好意思教你了！"

小希的爸爸也很奇怪，虽然儿子不喜欢钢琴，可每天自己也都逼着他坐在钢琴前练了呀！怎么一回到老师这儿就犯错呢？后来，爸爸经过仔细观察才终于发现，儿子不是对着书练，而是在瞎弹着玩……

爸爸气极了，于是他坐在儿子身边陪练。

他大喊着："你这个不争气的东西，如果今天你练不会就别想吃饭！"

结果，小希拒绝吃饭。

这下，爸爸更气了，说："弹不会，晚上也不准睡。"

小希同样也接受了。再接下来，爸爸的大巴掌就不知轻重地打向了儿子。结果正巧打在小希的耳门上，不知为什么，小希就这样应声倒下了，再也没有爬起来。

教育孩子是父母的一种义务和责任，但过分地强迫孩子做他不想做的事，无疑是一种精神虐待。我们试想一样，如果小希的父亲像达·芬奇的父亲，能真正做到尊重孩子的意见，正确的引导好孩子，说不定小希能成为一代优秀的武术家，甚至能成为像李小龙那样的闻名遐迩的武术人才也未可知。可最终呢？这位爸爸却因"爱"而意气用事，结果杀害了自己的孩子，这种失子之痛是他一辈子都不能解脱的。

因此，我们在这里，奉劝那些还没有真正醒悟过来的负爸爸，面对自己的孩子，一定要多一些理解、多一些耐心，还要采用正确的态度和方法。千万别对孩子求全责备，而应以一种赏识的目光，带着一颗诚挚的爱心去对待每一个孩子。你冷眼相看的人中可能就有"达·芬奇"，你怒斥的人中可能就有"成龙"，你嘲笑的人中可能就有"爱因斯坦"……当你用赏识的目光去看待自己的孩子时，当你对孩子的呵护关爱成为一种习惯时，你就会觉得每一个孩子都是那么可爱，那么优秀！

正爸爸懂得控制情绪，负爸爸把孩子当出气筒

孩子们在学习中一天天地成长，而做家长的呢？是不是也在一天天学习、一天天不断地"修炼"如何教养他（她）们，如何掌握管教孩子的好办法呢？有的爸爸性情并不很开朗奔放，但对待孩子发生的"意外"事情却不见有焦躁紧张的时候。这并不是他好运亨通，细细观察体会，我们就不难发现这种爸爸善于控制自己的情绪，是一个懂得如何教养孩子的人。针对自己的孩子，找出适当的教育方法。找对了方法，才是教育成功的关键。

有一位爸爸，在孩子放学的路上，无意中发现上中学的儿子林林和一个女孩子亲密地走在一起。随后，这位爸爸不得不特意跟踪、关注起儿子，最终他不得不下结论："儿子早恋了！"

这位爸爸没有冲上前去责备儿子，也没有把自己的发现告诉孩子的妈妈，而是暗暗地寻思着：采用什么方式方法才是最合适教育儿子的呢？

第二天，这位爸爸借自己提升为由，在家让妻子做了一桌好菜来庆祝。在餐桌上，他给儿子也倒了一杯酒，尽管孩子的妈妈不让儿子喝，但爸爸执意要让儿子端起酒杯。

这位爸爸感叹说："儿子，我们全家人得碰一下杯。我们这第一口酒得感谢你妈，她是我的好妻子，也是你的好妈妈。没有她，就没有爸爸的今天，也就没有我们这个幸福的家庭，对不对？"

喝了第一口酒后，爸爸接着又举起杯："这第二口酒，我得和我儿子喝。儿子，你知道吗？你特让老爸骄傲，你现在已是个大小伙子了，如今是越长越帅，爸爸一见你就有一种自豪感！真的，你从小到大，无论是学习还是其他方面都没有让爸多操心，爸爸为有你这样一个懂事的好儿子而高兴，打心眼里高兴。来——干杯！"

爸爸和儿子喝完酒后，还故意当着孩子妈妈的面和儿子开起玩笑："儿子，你长得这么帅，在班上，一定吸引好多女孩子了吧？"

爸爸的话刚说完，妈妈便数落爸爸："你怎么和孩子说这个，他还是个中学生呢？有女孩子喜欢，那也是那些没有头脑的女孩子！"

爸爸和妈妈争了起来："你怎么这样说？这样说可不对，当初我上中学时，不就有好多女孩子喜欢我，其中不也包括你吗？"

妈妈不屑一顾："得了吧！我什么时候说过喜欢你了。"

爸爸："你虽然没说，可我知道。不过，那时我是班长，你是音乐委员。其实那时我心里好喜欢你的。"

妈妈吃惊："那我怎么不知道啊！"

爸爸得意地笑着："我怎么会告诉你呢？那时还是学生，告诉你也不现实啊，我不能就此中止学习和你结婚吧？再说，你也不可能同意，就是你同意，你的父母也不可能同意。就是你和你的父母同意，我的父母也不会同意。"

妈妈不服气地说："想得美！那时我才十几岁，怎么可能和你结婚？"

爸爸笑着说："因为我也不傻呀，我也不可能那样做啊，我那样做，就等于断送了我自己的前途，也对不起辛辛苦苦培养我的父母。我心里明白着呢，要想娶你，就得超过你。和你一起考一个好的大学，将来才能娶你，对不对？不信让我们儿子评评，爸爸的见解对不对？现在我做到了！"

妈妈幸福地笑着。爸爸又转过脸去接着问妻子："你还记不记得比我们高一年级的那一对谈恋爱的学生？那女孩子后来怀孕了，那男孩子的腿硬叫那个女孩子的爸给打断了，你知道吧？"

妈妈说："记不清了。好像是有这事。"

爸爸："怎么记不清呢？那个男的不就是靠菜市场东边第二个卖肉的那家吗！当年他可是个好学生，就因为和那个女孩子好，后来被学校开除了，更可惜的是伤了一条腿。"

儿子好奇地问："那他和那个女孩子后来结婚了吗？"

爸爸："结婚？怎么可能结婚？要是能结婚，女孩子的爸爸能打断他的腿？就是让他俩结婚，这辈子也不可能幸福。"

儿子还是好奇："凭什么打断他的腿？"

爸爸说："不是让他女儿怀孕了吗？"

儿子张了张嘴，好像还想问什么，但他的爸爸打住了他的话头："听说那个女孩打胎后转了学校，后来嫁人又离婚了，现在结没有结婚就不知道了。"

妈妈听了有些伤感："那个女的太吃亏了！"

爸爸："瞧你说的，男的不吃亏？"

孩子妈妈感叹："那个时候学校怎么那样？说开除学生就开除学生。唉，就是吃亏在太年轻上了，怎么说也是初恋啊！难怪人们都把初恋说成是苦涩的……"

"瞧你，想起初恋了？"爸爸说着却转向儿子："儿子，你要学爸爸啊，爸爸是从你这个年龄走过来的，爸爸做的是不是很棒？你要以爸爸为榜样，现在不要因为有漂亮女孩喜欢，你就晕了头脑啊！千万不要，否则你就等于自毁了前程，最终也不可能得到幸福的。"

儿子不笑，也不说话，然后低着头思索着……

爸爸又摸了摸儿子的头："看我们的儿子，被爸爸妈妈说得不好意思了！没什么，儿子，爸爸相信你，你会比爸爸还有头脑……"

此后，这位爸爸发现，儿子不再和那个女孩子来往了，尽管

那个女孩子曾守在楼底下"死"等他，但他的儿子也没有动摇。

印度有一句谚语："播下一种心态，收获一种性格；播下一种性格，收获一种行为；播下一种行为，收获一种命运。"

心理学家马斯洛也曾讲过类似的话：心若改变，你的态度跟着改变；态度改变，你的习惯跟着改变；习惯改变，你的性格跟着改变；性格改变，你的人生跟着改变。有了快乐的思想和行为，你就能得到快乐。

这位正爸爸真的很英明，在他发现儿子"早恋"后，他没有劈头盖脸地去骂儿子，更没有把自己的发现告诉妻子，而是稳住了自己的情绪，然后采用一个非常有效的方法——既不是说教，也没有伤害孩子的自尊，更给予了孩子自己反省的机会。让孩子自觉和心甘情愿地去改变自己。同样生活中也有一些爸爸，由于生活、工作中的不如意，往往在心理上产生了巨大的消极情绪，各种各样的消极情绪如忧郁、无聊、困惑、无奈等又使他背负很大的思想包袱，如果爸爸不善于排解情绪，就会把这种负面的情绪带到家庭生活中，影响到对孩子的教育，甚至把孩子当成发泄的对象或转化成吞蚀幸福生活的恶魔。以致他们不能像那些正爸爸那样控制自己的情绪和明智地对待孩子，拿孩子自己的话说："爸爸把我当成了他的出气筒……"

小正的妈妈和爸爸闹离婚，他们先是为了要孩子，双方各不相让。后来，妈妈妥协了，同意把儿子让给孩子的父亲。可就在法院判决时，爸爸又改口不想要孩子了，愿意把孩子让给孩子母亲，于是，双方又为不要孩子争吵起来……

法院决定征求孩子意见。在征求孩子意见前，爸爸对孩子说："你妈不想要你，她好跟别人结婚，过她的幸福生活……不能让她如意！是她要跟爸爸离婚的！你要帮爸爸去惩罚她，她不是个好女人……"

妈妈对孩子说："你爸爸有房子，你得跟着你爸爸，将来你爸娶了后老婆，这房也有你的份……妈妈将来没有房子给你……"

儿子听了，心里好难过，最终他因为爸爸的话恨起了妈妈，便按自己的想法选取了爸爸，而不是像妈妈所说的为了房子。

随后，妈妈离开了这个家，从此，小正的生活一落千丈。妈妈再不好，最起码能让小正回到家有饭吃。可爸爸呢？他不但不能像妈妈那样给他做饭吃，而且还常常在外喝酒，半夜才回来。喝多了，回到家就骂骂咧咧的，有时还把已熟睡的儿子叫醒，目的就是为了听他数落他的妈妈，这使儿子对他越来越反感。有一次儿子终于对他说："就你这样，不怪妈妈和你离婚，你活该……"

儿子的话刚说完，爸爸就对他一顿拳脚相加，结果儿子第二天鼻青脸肿。更可气的是，这位爸爸在第二天并不知道儿子身上的伤是他打的，而且还逼问儿子在哪里闯祸了。

儿子哭笑不得。当这位爸爸得知是自己酒后所为时，他捶着自己的头，向儿子保证他以后再也不这样了。可接下来，他一遇到不顺心的事，便又忍不住拿儿子出气。

有一次他还骂儿子，说都是因为儿子，老婆才和自己离婚，他逼儿子给他妈妈打电话，说要他妈妈回来，如不回来，他觉得活着没有意义了，他会天天虐待儿子，让儿子"恨"他，等等……

儿子无形中成了爸爸真正的出气筒，真是太可怕了！终于有一天，小正在挨打后，从家中逃了出来，他的同学收留了他。为了严惩他的爸爸，同学的爸爸拨打了110报警电话。

从那以后，小正再也没有回到父亲身边生活。尽管后来父亲多次求过他，说他是多么多么地爱他……但孩子还是决定选择妈妈。小正对别人说："我相信我的爸爸也是爱我的，只是他不懂得如何去爱，所以才拿我当出气筒，这是我接受不了的……"

结果，妈妈又从爸爸那里要回了孩子，从此，这位爸爸就真正的成了孤家寡人。

这位拿孩子当出气筒的爸爸，还有什么比自己的孩子都不愿意"认"他感到心痛的呢？爸爸在孩子的眼里应当起到模范和表率的作用，用一举一动、一言一行潜移默化地影响孩子，身教重于言传，可这位爸爸能给予孩子什么呢？

我们的孩子在一天天的成长，他（她）们因为还不能独立，所以他（她）们需要爱和关怀，也慢慢从别人对他（她）的爱和关怀、帮助中学会对别人的爱。虽是孩子，可他（她）们有独立的人格和尊严，如果父母把他（她）们当成私有的财产，可以随时抛弃或拿之当出气筒，可以任意地打骂、训斥、虐待，这就会被人们所鄙视，法律也是不允许的，更是孩子

所不能接受的。

人都是有感情、有尊严的，希望得到别人的肯定、尊重、支持和理解。而你生气、愤怒、埋怨、指责，很容易刺伤别人的自尊心。即使是你的孩子，客观上你还是会伤害到他们，而这种伤害往往是最没有价值的。一旦他们不能容忍，冲突和矛盾就产生了，感情很容易破裂。谁愿意和一颗炸弹呆在一块儿呢？所以，当爸爸遇到不如意时，应该及时调整负面情绪，去除影响健康心理的一切因素。只有这样，我们才能达到心灵的宁静，做好孩子的榜样，为孩子和自己创造快乐的生活。

正爸爸严格要求自己，负爸爸严格要求他人

家庭是孩子体验生活、认识人生、了解社会的第一课堂，爸爸有责任在这一时期在孩子的个性培养、心理塑造及行为指导上下一番工夫，为孩子的成长打下良好的基础，因为这将使孩子受益终生。

要想解决孩子成长中的各种问题，就要把握孩子身心发展的特点和成长规律，了解孩子问题行为背后的原因。并以身作则地要求自己，处处做孩子的榜样，只有这样，才能和孩子心心相印，也才能真正帮助孩子去成长。

20 世纪 50 年代末，戴高乐就任法国总统，他进入爱丽舍宫后的第一件事，就是叮嘱主管礼宾事务的官员："我跟你们约法三章，今后你们最多只能安排我的孩子参加两次招待会。"主管礼宾的官员对此很不解，戴高乐耐心地解释说："这样做可以避免特殊化，对孩子的成长有利。"

在戴高乐执政的 11 年间，他的家庭成员从来没有因他的缘故得到过任何特殊的提升，他的亲属的子女也没有一个人被安排在政府部门任职。戴高乐还不准孩子们抛头露面，搞特殊化。

戴高乐鼓励自己的子女说，你们必须从小就抛弃"大树底下好乘凉"的观念，只能依靠自己的努力在社会上争得一席之地，而不是依靠父亲去取得特权。

可现实生活中，由于有些爸爸对孩子成长过程中出现的问题认识不足，往往面对具体的事情就感到束手无策或采取不正当的方式，以致影响了孩子正常的身心发展。更重要的是那些爸爸不能做到严格要求自己，却处处严格要求他人，让孩子从心里感到不信服或为孩子带来负面的影响。

上中学的男孩子边边，从小到大，爸爸对他的要求都很严，因为只要他一犯错，一顿拳打脚踢是少不了的。别看边边在爸爸面前像个可怜虫，可只要爸爸一转身，他马上又变了一副嘴脸，神气得不得了，一副天不怕地不怕的"二赖子"样子。因此，他从小在学校调皮捣蛋的习性不但没有改，反而变本加厉，成了一个使老师和同学都感到头痛的人。

有一天，边边放学时拦住了一名另一个班上的女生，要她答应和他处朋友，女孩子不同意，他便天天恐吓那个女孩子，终于有一天，他被女孩子的爸爸逮住了。

女孩子的爸爸问他："是报警还是告诉你的家长？"

男孩子拼命摇头，然后可怜巴巴地哀求。女孩子的爸爸最终要他保证以后再不要拦他的女儿，他答应了。

这个男孩子真的没有再去拦那个女孩子，可他又去拦别的女孩子。恰巧这个女孩子的父亲是个警察，他自然不会有好果子吃……

当警察问他为什么小小年纪就不学好时，他理直气壮地说："这不叫不学好，这叫追求女孩子……"

当警察问他这些理论是从哪儿来的时，他不说话了。

警察生气地顺口问道："难道是你爸爸教你的！"

男孩子却点了点头……

后来警察了解到，他的爸爸因"花心"和他的妈妈离婚了，于是他便开始了频繁地追求女人。

他的妈妈说："一个好孩子，硬是让他的爸爸给带坏了……"

俗话说"近墨者黑"，真是一点不假，例子中男孩子的爸爸是一个极不负责任的人，他吸毒，有很多女朋友，总是找不到工作又把责任推到别人身上，还爱贬低那些有成就的人。跟妻子离婚后，他变得更加蛮横无理。对于这种情况，这样一个行为粗鲁、不负责任的负爸爸不但不可能给儿子树立良好的榜样，反而让儿子无形中去"学习"了爸爸的言行。孩子就是

孩子，他（她）们学好不易，学坏却是很容易的！

在现实生活中，爸爸妈妈的行为都是孩子的一面镜子，不是说教打骂、严格要求就可以教出一个好孩子。如果自己说一套做一套，怎么能让孩子信服你呢？又怎么能教出一个好孩子呢？因此，请爸爸记住，你的言行都被记录在你孩子的脑子里，你是什么样的爸爸，你的孩子就有可能成为什么的人！

正爸爸鼓励孩子的理想，
负爸爸向孩子的理想泼冷水

理想能鼓励一个人勇往直前地朝着自己的人生目标不继去超越和拼搏，理想能让一个孩子变得更加出色和优秀，理想就像大海里轮船的帆……孩子们大多都有自己的理想，有的长大了想当画家，有的想当歌唱家，有的想当科学家，有的想当老师、医生……

作为爸爸，你关注过自己孩子的理想吗？为此你给予过他（她）鼓励和帮助吗？也有的孩子没有理想，那是因为他（她）们还没有想好自己长大了想干什么或能干什么，有理想的孩子并不见得懂得如何去追求，没理想的孩子也不见得就没有追求，这需要爸爸去关注和引导他们发现自己的长处和兴趣，从而帮助孩子树立自己的远大理想，并为此去努力拼搏。

著名画家达·芬奇6岁那年上学，在学校里学了很多知识，但他对绘画最感兴趣。一天，他上课不专心听讲，还给老师画了一幅速写。老师很生气，把达·芬奇的父亲请到学校，让他好好教育调皮的儿子。回到家后，父亲不仅没有生气，反而夸奖达·芬奇画得很好，并决定培养他在绘画这方面的能力。16岁那年，父亲把达·芬奇带到画家维罗奇奥那里学画。在维罗奇奥的指导下，达·芬奇刻苦学习，掌握了很多绘画技巧，经过不懈的努力，他终于成为一代大画家。

达·芬奇的爸爸从儿子的兴趣中帮助儿子树立了属于他自己理想。如果达·芬奇的爸爸从儿子的学校回来之后，不是鼓励儿子，而是"赏"儿子一顿打骂，也许一位天才的画家就会这样消失。

因此，那些总是抱怨孩子不听话、不上进、不成才的父亲，我们是不是也应该反省一下，我们是如何教育孩子的？很多时候，我们是不是也得学习例子中的正爸爸的这种做法，帮助自己的孩子寻找到自己的理想目标？

然而，在那些正爸爸鼓励孩子的理想时，却也有一些负爸爸，不但不鼓励，却总是在向孩子的理想泼冷水，让孩子受打击。

一个小男孩和爸爸去看武术表演，表演中的一个男孩儿腾空翻筋斗的硬功夫吸引了小男孩。

小男孩羡慕地说："要是我是他就好了！"

坐在一旁的爸爸说："那是不可能的！人家从小苦练，你怎么能做到呢？"

回到家后，这个小男孩开始自己尝试翻筋斗，他在屋里翻，爸爸吓得惊叫："这不可以，万一摔伤了怎么办？"

小男孩建议爸爸给他报个武术班，但爸爸说："算了吧，人家都是从小练，你现在都9岁了，能练成什么样？那不是瞎耽误工夫吗？"

但小男孩并没有放弃，他终于可以翻上一个筋斗了，他有了进步。

有一次，他在外面给小伙伴们展示自己翻筋斗的功夫时，不幸失误，头狠狠地"蹭"在了水泥地上，着地的那一块头皮上的毛发被"蹭"没了，而且很快起了一个大包。他在被别人拉起来后，很长时间都在犯迷糊。

爸爸不得不带小男孩去医院，并因此感到非常恼怒，他认为是小男孩不听话，认为是他自找的。于是他大发脾气，说："我早就说过你不行的，你不听，这下好了吧？我最讨厌的就是自己明明不行，却没有自知之明的人。你知道你这叫什么吗？这叫自不量力！……"

从那以后，这个小男孩在爸爸的多次打击下，再也不敢尝试了。而一开始和他一起折腾翻筋斗的其他孩子，却有人学会了翻筋斗。这使小男孩不甘心，他问爸爸："为什么别人能做到，我却不能做到？"

爸爸毫不犹豫地说："因为你不是他，所以你不能……别人能行，但你不行，我是你爸爸，我了解你。"

就这样，爸爸打击他的话随时响在他耳边，这个小男孩的梦想火花就这样被爸爸彻底地扑灭了。

虽然我们相信这个小男孩的爸爸一定也希望自己的孩子出类拔萃、充满自信，但他却不知道如何帮助孩子树立自信，相反，他不但帮不了孩子，反而向孩子的理想泼冷水。例子中的爸爸的这种做法，很容易让孩子形成自卑、胆小、犹豫不决的性格，严重的更有可能产生自闭、自暴自弃的行为，影响孩子健康成长，给孩子带来一系列难以想象的不良后果，从而让孩子的一生都充满了挥之不去的心理阴影。

如果这位爸爸能够理解孩子、鼓励孩子，他的孩子还会退缩吗？毫无疑问，这是一个勇敢的小男孩，这是一个敢于挑战自己的小男孩，结果又怎么样？结果这个小男孩的梦想还是毁在了爱自己的爸爸的身上。如果例子中的爸爸，在孩子流露出对别人能力的羡慕时，告诉孩子，"他（她）之所以能取得这么好的成绩，是因为他付出了很多的努力，他刚开始做的时候也做不好，但他相信自己能行。成功是不断努力的结果。如果你从现在努力，你也可以做到他那样，爸爸相信你也一定能行，也许比他还棒！"那么这个小男孩一定是另一个样子。

在生活中，如果爸爸遇上孩子有良好的愿望却没有相应的能力时，应帮助孩子如何去提高，而不是自己下结论说："你不能"，把孩子"一棒子打死"。即使孩子在追求的过程中真的如你所料而失败了或犯错了，但最起码让孩子有过体验，并因此更清楚地了解了自己，甚至知道错在哪里或"差"在哪里。所以，请爸爸们注意自己的言行，少打击孩子，多鼓励孩子。这样，孩子才可以从父母的言传身教中，快乐、自信、健康地成长，去朝着自己的理想拼搏、前进。

6

第六章

爸爸用行动把令人担忧的孩子变得让人放心

爱心爸爸，带领自闭的孩子走出小世界

　　小西是四（1）班的一个性格活泼的阳光女孩。她很普通，身上有着很多孩子都有的优点和不足，但她却拥有唱歌、跳舞、武术、读书、朗诵、绘画、手工等诸多兴趣爱好，并在多项兴趣比赛中获奖，也多次被学校评为三好学生和学习标兵，更多次参加校外的有关文艺演出活动。她快乐而健康地成长着……

　　而这一切，又会让谁想到她曾是个患有自闭症的孩子呢？

　　在小西8个月的时候，她的爸爸妈妈为了工作，便把她送往天津的姨奶奶家，由姨奶奶照看她。一年后，因孩子生病，爸爸妈妈才把她接回到身边。自小西被接回家，爸爸妈妈便发现女儿的性格变了，变得不爱说笑了，整天就拿着条毛巾放在嘴边亲。而且特别害怕面对陌生人，家里来了客人，她就躲起来，带她出去玩，她也不愿和别的小朋友一起结伴，这让她的爸爸妈妈伤透了脑筋。特别是小西的爸爸，对女儿非常喜爱，他翻阅了好多育儿方面的书，终于明白女儿已有自闭症倾向，而且还患上了"恋物癖"。这些都是因为女儿在需要爱抚的时候没有得到，便在其他的物体上找到了依赖，以此消除自己的不安并获取安全感……

　　为此，小西的爸爸也咨询了有关育儿专家，寻找原因和改变的方法，不断努力，对症下药。他常带女儿与小伙伴们共同游戏。让游戏渐渐成为她喜爱的活动。在游戏中，她渐渐能按照自己的意愿自由发挥，从而锻炼了能力和性格。使她在愉快的玩耍中消除了一些自闭现象。另外，爸爸还有目的地安排她与比她小的孩子一起游戏，让她有机会做姐姐、尝试领导、组织别人的经验，让她成为比自己小的孩子群里的受人关注和欢迎的一员。这对消除小西的自闭起到了一个行之有效的作用。他还总是在女儿取得点滴进步时，及时地给她送上一句夸奖。

爸爸就是这样一点一滴地引导、帮助着女儿逐步向能够适应陌生人和陌生环境的方向发展。同时，他自己也采取了积极的态度，用快乐的心情和欢声笑语去影响、带动女儿。

这位爸爸经过多年的努力，终于带领女儿走出了她自己的小世界，成长为一个阳光女孩。

有自闭倾向的孩子往往把自己封闭起来，拒绝与别的小朋友交往。作为一位称职的好爸爸，当发现自己的孩子有自闭倾向时，一定要清楚地意识到，随着孩子的成长，他与外界的接触会越来越多，孩子是社会中的人，孩子只有在适应社会的过程中，才能获得社会的价值观念、行为规范和知识技能，从而不断成熟。面对越来越激烈的生存竞争，患有这种自闭症的孩子将来如何能独立自主和适应社会?! 爸爸有责任对孩子的自闭倾向早发现早纠正。

产生自闭倾向一般有主客观两方面的原因：主观原因在于有些孩子本身可能具有腼腆、内向、害羞的性格；客观原因主要来自于家庭教育，就像小西，她的自闭倾向是由于缺少爸爸妈妈的爱而产生的。这个时候光靠妈妈的力量是不行的，因为孩子的心灵很脆弱，需要爸爸妈妈更多的行动和爱来温暖她。因此，爸爸首先要了解孩子产生自闭倾向的原因，才能对症下药。

美国著名的作家、慈善家海伦·凯勒的一生是奉献、成就、苦难的一生。海伦小时候被一场大病毁坏了原本美好的一切，这场病她变得又聋、又哑、又瞎。这一切，使小海伦的性格也发生了翻天覆地的变化，她变得自怜、狂躁、自卑、自闭起来……但她的父亲并不认为女儿从此就是个没有用的人了，他深深理解女儿的痛苦，为了让女儿走出黑暗而又沉寂的可怕世界，便为她请来了一位非常优秀的家庭教师。正是由于父亲这一伟大的举动，不但从此让女儿海伦走出了自己那个狭隘的小天地，而且使她成为一个为世界创造了财富和辉煌的人。

海伦父亲爱的力量在于：他给女儿提供了一个完全属于她的创造崭新世界的机会!

爱是相通的! 为了孩子的明天，爸爸要记住，让孩子在锻炼中成长很重要。要消除孩子对社会的恐惧心理就得鼓励孩子多接触社会、多交朋友。

大人要多带孩子去感受大自然，帮助孩子走过挫折，而不应该因为社会太复杂，就总把孩子收在自己的"羽翼"之下。如果养成习惯，孩子会对社会产生惧怕心理，无力承受外界的压力，极易形成自闭倾向。另外，独生子女本来就有"不合群"的性格，如果您没有耐心，时常抱怨孩子，也会伤害他（她）的感情，使他（她）变得无所适从，导致将他（她）将自己封闭起来。

爸爸应鼓励孩子在接触社会的过程中，通过对有些事情的解决，不断总结经验教训，使孩子逐渐从稚嫩走向成熟。

克服胆怯，爸爸赐予孩子力量

小建今年 8 岁半了，是个三年级的学生，虽然他是个男孩子，可他却比班上任何一个女孩子都要胆小，性格里有着过分的胆怯和怕承担责任的特点。在家里，小建至今都要大人陪伴才肯入睡；在学校，上课从来不敢大大方方地发言，更不能和男同学打成一片，以至被调皮的男生赠外号"温顺乖巧的小羊羔"。虽然小建很苦恼，可他却不知如何改变自己。

小建天生就是这样一个胆小的孩子吗？

根据小建的成长环境分析，他是由于受奶奶和妈妈的从小过分的溺爱才变成这样的！

小建的爸爸在外地工作，在家的日子很少。在小建的记忆里，爸爸总是像客人一样，来去匆匆。小健就常年生活在奶奶和妈妈的保护圈子里，很多男孩子成长过程中需要经历的一些冒险和应该去尝试的事情，奶奶和妈妈都不让他去体验，久而久之，小建就变成了这样一个因胆小而不能适应学校这样一个大环境的孩子。更重要的是他的内心充满了痛苦……

孩子为什么会胆怯呢？从以上事例可看出，虽然孩子胆小、性格内向有先天原因，但是后天的环境更为重要。更多单亲家庭的孩子在这方面的

性格缺陷就说明了这点——爸爸在孩子成长过程中对其健全性格影响的重要性！

有心理学专家研究证明，男孩与父亲接触的机会越多，在一起的时间越长，他们就越勇敢、坚强、豁达、乐观。因为父亲不会像母亲那样对孩子百般宠爱，父爱主要表现在冷静地面对孩子的优缺点，能教会他们应付和解决成长过程中遇到的各种问题，给他们坚定的意志和聪慧的头脑。而且，父亲与男孩的游戏方式多是动态的、较激烈的、富有对抗性和创造性的，这有利于男孩子强身健体和培养思维的敏捷性、创造性。

可在现实中，仍有不少爸爸因工作繁忙、压力大，便以自我为中心或较少与孩子交流，使孩子在特定的环境下，性格受到影响。也有个别爸爸和妈妈一起过分地溺爱孩子，总怕孩子与别的小朋友交往受欺负、吃亏，就鼓励、赞同自己的孩子不与外界接触，不与小朋友交往，他们并没有意识到这些消极的"叮嘱"会使孩子在还未接触社会之前，就已经对社会产生了一种恐惧感，使本来就软弱的孩子变得更加胆怯。相反，一个好爸爸，即使自己的孩子天生胆怯，但只要他能给予他（她）一个充满理解和关心的生活环境，孩子胆怯的心理和不良情绪也会逐渐被掩蔽和改变，最终不但可以改变孩子的胆怯心理，还完全可以帮助孩子成为一个非常出色的社会中人。

香港首富、企业家李嘉诚在他儿子李泽钜和李泽楷八九岁时，每次召开董事会，便让儿子坐在会议席旁的专门设置的小椅子上。有时大人们争得面红耳赤，吹胡子瞪眼睛，兄弟俩便被吓得哇哇直哭，李嘉诚说："孩子别怕，我们争吵是为了工作，正常现象，木不钻不透，理不辩不明嘛！"

有一次，李嘉诚主持董事会讨论公司应拿多少股份的问题，他说："我们公司拿10%的股份是公正的，拿11%也可以，但是我主张只拿9%的股份。"董事们有的赞成，有的反对，争论不休。这时李泽钜站在椅子上说："爸爸，我反对您的意见，我认为应拿11%的股份，能多赚钱啊！"弟弟李泽楷也急忙说："对，只有傻瓜才拿9%的股份呢！"父亲忍俊不禁。他说："孩子，这经商之道学问深着呢，不是1+1那么简单，你想拿11%发大财反而发不了，你只拿9%，财源却能滚滚而来。"

　　后来李泽钜和李泽楷在美国斯坦福大学以优异的成绩毕业时，父亲却"冷酷"得似乎不近人情，不但不接受他们来自己的公司工作，反而把他们推向社会。最终李泽钜在加拿大开设了地产开发公司，李泽楷成了多伦多投资银行最年轻的合伙人。兄弟俩克服了许多难以想象的困难，把公司和银行办得有声有色，成了加拿大商界出类拔萃的人物。两年后，李嘉诚才把经历了风雨已锻炼成材的兄弟俩召回香港公司任职。

　　后来，当人们称赞兄弟俩时，李泽钜却说："感谢父亲从小对我们的培养教育，他是我们最好的商业教师……"

孩子的性格是千差万别的，俗话说得好"知子莫如父"。作为爸爸，首先要了解孩子的性格，做孩子的朋友。了解孩子的性格可以让您对症下药，对孩子进行因势利导的教育。只有做孩子的朋友，才能让他（她）向你表达自己真实的内心世界，更好地采用一些方法去进行有意的引导和训练。比如：站在孩子的角度想问题，鼓励他与素不相识的人交流；让他勇敢地面对自己的错误，并且不加问责，等等。爸爸的男子汉硬派作风，往往会在其教养方式中注入阳刚之气。爸爸如果知识面宽广，就常常会灌输给孩子一些书本以外的知识；爸爸会鼓励孩子遇事自己动手、大胆尝试；爸爸对孩子的坏毛病不迁就，不妥协；爸爸对女孩子总是以"宠"的姿态，与女孩一起无拘无束地玩耍。爸爸只有做到理解、引导、耐心、关爱、鼓励、努力、要求，只有真诚地付出，才能真正帮助孩子克服身上胆怯的缺点。总之，要想让自己的孩子克服胆怯，爸爸一定要赐予他（她）力量！

爸爸为孩子撑起没有泪水的童年天空

　　小同出生在浙江，妈妈在她出生后3个月，便将她交给姥姥照看，自己到北京和小同的爸爸一起做生意。直到2007年春节期间，他们才把9岁的小同接到北京一所学校上学。

　　国庆节期间，小同的爸爸带着自己宠爱的"小公主"去参加

朋友的婚礼。在宴席上，小同的爸爸夸奖自己的女儿歌唱得好，于是，在座的朋友便随口建议让小同上台给大家演唱一首歌。可令人没有想到的是，小同不但不同意上台唱歌，反而为此变成了一脸哭样要求爸爸带她马上离开。爸爸怎么哄也不行，弄得爸爸很失脸面……

小同的爸爸想不明白，女儿平时在家歌唱得那么好，为什么就不肯在人前给他这个当爸爸的长点脸面呢？唱首歌能要了她的命？不唱就不唱吧，为何非得哭着离开？这是婚礼呀！爸爸从来也没有生过这样大的气，可面对的是自己的心肝宝贝女儿，也无可奈何，只得一路数落着小同回到家。

回到家后，爸爸便又当着小同妈妈的面说小同。小同跑进自己的房间里哭得更伤心了。这时，小同的妈妈反过来数落丈夫说："你整天就知道忙你的生意，你了解你女儿吗？你女儿什么时候在陌生人面前大大方方地说过话？你还要她当着那么多人上台唱歌？她是不敢，没有那胆量，害怕上台唱歌……"

生活中，就有一些像小同这样胆怯的"小公主"，她们在熟悉的环境和熟人面前有说有笑，可到了另一种环境或见到陌生人，马上就变成了一个"小哑巴"，不是畏畏缩缩地躲在大人身后，就是紧张得要命，脸涨得通红，一句话也说不出来，对于和陌生人打交道产生一种潜意识的惧怕。她们缺乏在众人面前露面的体验，从而使自己难以适应陌生的环境和事物而利用哭来逃避。小同从小跟姥姥生活，姥姥把她当心肝宝贝，生怕她出一点差错，总是让她待在屋子里，不让她出去和小朋友玩……这些都是造成小同胆怯的真正原因。

小同的爸爸被妈妈数落后，好好反省了自己，觉得必须改变女儿的胆怯："否则将来有成功的机会，女儿也不会抓住呀！"他下决心要把过去所欠女儿的，尽力去补偿给她。

爸爸首先从培养女儿的自信心开始，除了从生活中的方方面面注意去影响带动女儿，还找好了一个切入点，这个切入点落在女儿的优势上——他给女儿报了一个音乐班，这个班的老师非常和蔼，她能调动每一个孩子的积极性并让他们参与到表演中来。女儿本来就有一副好嗓子，歌也唱得不错，自然受到老师的重视。

慢慢地，女儿在老师的鼓励和众多孩子无拘无束的表现中学会慢慢展示自己了——慢慢地克服着胆怯。

在学校里，因为小同的歌唱得好，很快被选为音乐课代表。到了儿童节，小同被安排表演节目，尝试第一次登台演出。

那天，小同虽紧张，但她从台上下来后，同学们都夸她并为她鼓掌，所以她一直是兴奋的。回到家后，爸爸妈妈又由衷地夸她，都说为她感到骄傲。

爸爸问她："上台可怕吗？"

小同说："有点。"

爸爸说："你们班肯定有女孩子想上还上不了台，对不？"

小同自信地说："她唱得不好，老师不挑选她。我一共上了两个节目，一个独唱，一个合唱……"

爸爸问："下回老师再让你上台，你会比这次表现更好吗？"

小同大声地说："那还用问？……"

爸爸笑了："我们的小公主终于勇敢起来喽！上台再也不会哭鼻子喽……"

生活中，还有不少拿眼泪做"武器"的孩子，仿佛只有哭才能解决问题。他们其中的一类是因为性格懦弱、敏感，只要别人对他稍有恶意即能感受到，因为害怕，所以很容易就哭起来，企图以哭来阻止别人对他的伤害。再有一类是缺乏自信，对做任何事都觉得困难。在尝试做事或学习时，总是战战兢兢，还没付诸行动就先哭起来，这是害怕失败的表现。再就是以眼泪来抵御爸爸妈妈对他的要求。例如妈妈要他立即停止看电视，他（她）就大哭起来。

4岁的木木看到表姐有个新玩具，在表姐离开后他便缠着妈妈，非要马上得到同样的玩具。当时已是晚上，妈妈不可能在这个时间带他去买，结果木木便大哭起来。木木爸爸说："这孩子怎么越大越好哭了？"他生气地对木木吼道："不准哭，再哭就把你关在门外。"

木木被吓住了，但他抹着眼泪小声地哼哼着，直到哭累了睡去。

一般做爸爸的，最见不得孩子哭！因此，要改变孩子动辄就哭的习惯，让好哭的孩子不再流眼泪，爸爸就得了解孩子好哭的原因，再去寻找帮助

他（她）们的办法。上面例子中木木哭鼻子这件事，从表面看起来是木木太任性，在无理取闹。其实真正的原因是他看到新玩具上有个小灯很漂亮，木木想搞清楚那个小灯为什么会闪亮，这是一种好奇的心理需求。当这种心理需求得不到安抚和满足时，木木只能以哭来表示抗议。如果木木的爸爸能够问明原因并理解这种心理需求，及时表扬他爱动脑筋，再讲清楚晚上无法买到玩具的道理，大概木木就不会哭闹了。

爸爸若想让孩子感受到你对他（她）的爱和关照，同时又不愿成为爱哭的孩子的奴隶，爸爸首先有必要向孩子解释动辄哭泣是一种错误的行为，教导他（她）遇到问题应该想方法去解决。对于自卑的孩子，首先要引导他（她）与熟悉的人交往，对于他（她）与同伴交往中出现的积极表现及时给予肯定。其次，鼓励他（她）多参加集体活动，还要经常带孩子去开阔视野，接触人群，创造机会让孩子学习与陌生人交往。并在和孩子多沟通的同时，多给孩子自己去面对难题的机会，不要凡事替他（她）做主，或代他（她）去做；虽然做不好，也鼓励他（她）再试，失败了，教他（她）先不要哭，静下来想一想应该怎么做比较好，爸爸也可在得到孩子同意的情况下帮他（她）一起把问题处理好，再与他（她）一起检讨这件事。偶有不如意而孩子没有哭的话，就夸赞他（她）进步了，给他（她）一些口头称赞、一个拥抱或一个亲吻等。这样会让他（她）重新体验一种感受，慢慢地他（她）就会战胜自己，变得勇敢、活泼起来了。

童年是最美好的时光，也是一个人身心完整的发育成长的阶段。这个时期的情绪体验对一个人的心志结构、道德观念、性格模式的铸造至关重要，会深深影响人的一生，爸爸可不要忽视啊！

好爸爸，重视矫正好斗的孩子

小强在学校是个好斗的男孩子，他虽然才上二年级，却经常因和同学发生摩擦而引发"战争"。不是打破了别人的头，就是碰伤了别人的腿。在同学们都让他三分的同时，更让老师感到头痛。

老师虽多次"请"过他的家长，可他仍没有多大改变。原来，在小强的背后有他的妈妈在给他撑腰，他的妈妈在老师找过后对儿子说："没事，在老师批评你的时候，你就听着，以后该出手时还得出手，只要别把别人打伤了就行……"小强听了也是满不在乎地说："我知道!"

在小强上幼儿园的时候，有次因和别人抢玩具，一个小女孩把他的脸抓坏了一点。为此，回到家后，他的妈妈便再三嘱咐他："儿子，有人打你，你就也狠狠地打他（她）。不打他（她），你就吃亏了……"

多年过去了，他的妈妈仍是这样教育儿子——只准打别人，不准挨别人的打。小强的爸爸虽然知道妻子这种教育方式不对，但他同样溺爱孩子，便没有过多地干涉。终于在一个星期天，小强和小区的一位男孩子发生争斗，在他把对方牙齿打掉了一个的一瞬间，对方回手把他的眼睛给打瞎了一只，这次，小强的爸爸妈妈终于后悔莫及了!

每个孩子在成长过程中都会表现程度不同的攻击性行为，特别是男孩子。但有的孩子攻击性行为较多，且攻击方式激烈，这些都是由孩子不同的生活经历造成的。对孩子的攻击性行为，爸爸如像妈妈一样放任孩子，不给予孩子及时正确引导的话，最终结果就是害孩子。

有些爸爸妈妈过分爱护自己的孩子，生怕孩子在集体生活中吃亏，便在处理孩子与孩子间的矛盾上，对孩子迁就或替他撑腰，助长孩子的攻击性，养成了孩子欺负弱小的习惯。小强就是一个非常典型的例子——最终侵害了别人，也伤害了自己。也有个别爸爸不把孩子的教育当一回事，采取放任自流、不管不问的态度。这两种截然不同的教子方式，都完全有可能产生同样的结果，让孩子学会喜欢打架斗殴的流氓行为和没有谦让别人的好品德。

作为社会中人的爸爸，要拿出自己的威严来，要让孩子懂得并意识到，人与人之间应该和睦相处，互相帮助和爱护。经常打人的孩子是不会交上好朋友的。告诫孩子不要用武力解决和小朋友之间的冲突。让孩子在碰到争执时，最好是和小朋友讲道理，这样于人于己都是有利的。

两个4岁左右的小男孩小明和小佳在一起玩耍发生了冲突，

小佳被小明推了一跟头。在一旁聊天的小明和小佳的爸爸都保持了冷静，他们先让孩子自己说清楚发生冲突的原因。当他们了解到是因为小佳先去抢小明手上的玩具铲子，还推了小明一把，然后小明才去推他。两位爸爸都没有立即大声呵斥自己的孩子，也没有因为自己的孩子吃亏而护着孩子。两个爸爸让他们自己想想谁对谁错，并让他们自己提出解决冲突的方法，可两个孩子都不服气。

小明的爸爸对儿子说："虽然小佳先推你，可你比他大，你是大哥哥，应该让着他，更不应当推他摔倒。如果他摔坏了怎么办？爸爸就得拿钱给人家治，而且你这种行为会让小朋友们都不喜欢跟你玩对不对？所以这次，你要向小佳道歉。"

小佳的爸爸对小佳说："虽然你比哥哥小点，可那不是理由，不能因为小一点就做一个不讲道理的孩子对不对？一个不讲道理的孩子，同样到哪儿也不会受欢迎，对不对？如果你不先欺负哥哥，哥哥怎么会推你摔倒？所以是你不对在先，你也要向哥哥道歉。"

两个小家伙看着对方，谁也不先说出对不起。这时一位爸爸说："我说一二三，看谁先说？谁先说谁就是最懂事的好孩子。还有，谁不说，谁就马上回家，不准再玩。"

接着，另一位爸爸喊出了："一、二、三。"

只见两个小男孩子同时向对方大声喊出了："对不起！"接着他们大笑起来，又开始无拘无束地玩起了他们的游戏。

爸爸说："你们如果有什么问题，要相互商量，好好说话，如果谁再先动手打人，谁就先回家，而且明天也不许他出来玩。"

两个小孩子爽快地答应着："我们不打了，我们好好玩……"

例子中的两个小男孩不但在两位爸爸的教导下学会了与人相处的规则，最终还改变了好斗的行为，彼此都收获了快乐。美国的父母认为：做父母的有责任帮儿女接受一整套他们赖以立身处世的牢固的社会准则。这就是说要教育他们尊重别人的权利和意见,要尊敬师长,遵守法律。要使他们接受这样的准则,最好的办法就是身教！

作为爸爸，在生活中要注意自己的一言一行，给孩子做好表率，让孩子学会理智地对待生活。

爸爸为没有自制力的孩子"把关"

在小英五岁时,她的妈妈给她报了一个舞蹈兴趣班,她学了大约半年时间,有些动作还是做不好,便不想再学了。于是,她妈妈又给她报了一个钢琴班。这一次,小英仅上了两节课,就哭着闹着再也不愿去了。小英的爸爸支持女儿:"她不想学,你逼她学有意思吗?"就这样,小英放弃了学钢琴。在妈妈左哄右哄下,打算去报个英语班。还没等妈妈去带她报名,第二天女儿放学回家,主动提出要学武术,因为她们班有好几个孩子都在学武术。于是,妈妈听取她自己的意见,便给她报了个武术班,同样没有上几节课,她又想放弃了。原因是:"别人都学了好长时间了,自己是新来的,跟不上……"

就这样,两三年下来,小英不知报了多少个课外班,可都是学一样丢一样。在学校里,老师也找她的爸爸反映说:"这孩子的自制力太差了,上课总是随便说话,做小动作,而且老师的话她听不进去,我希望你们家长能配合学校引导好孩子,如果她这样下去,真的不是个小问题……"小英的爸爸为此感到头疼极了。这期间,他和小英的妈妈也不知因此而吵了多少架,觉得是她不会管教孩子。他想不明白:别人的孩子怎么学什么是什么,自己的孩子怎么干啥都没有长性呢?

现实生活中,有一些孩子在做事时总是只有三分钟的热度,经常半途而废,缺乏战胜困难、坚持到底的毅力和恒心。他们的兴趣和热情总是在变,这种态度如何能搞好学习和做好事情呢?一个自制力较差的孩子,往往不善于控制自己的行为和愿望,更往往是想做什么就做什么,所以出现种种"越轨"行为。究其根源,这种结果与孩子成长过程中没有获得对挫折的适应力有直接关系。像例子中的小英,她的自制力差,跟她的爸爸、妈妈的教育方式是绝对有关系的!倘若这样孩子的爸爸从小注重对他们进

行一种抵抗挫折的能力的培养，培养他们做事要善始善终、有恒心，他们的人生态度会完全是另一个样子。

鲁迅先生曾在《随感录二十五》里这样希望父母重视子女的家庭教育："生了孩子，还要想着怎样教育，才能使生下来的孩子，将来成为一个完全的人。"这也就是说，掌握正确的教育方法是非常重要的！

孩子的自制能力差与他们所处的环境密切相关。因为孩子的大脑中枢神经系统的神经纤维髓鞘化尚未完善，所以外界的各种刺激都极易引起他们的兴奋而难以自制。如果这个时候，孩子受到周围大人长期溺爱，大人无原则地迁就他、顺从他，则孩子会逐渐养成为所欲为的坏习惯，越发失去自制能力。

因此，爸爸要和妈妈统一教育思想，更要理智地爱孩子，有原则地爱孩子，给孩子创造一个张弛有度的爱的环境。因为过于严厉还是过于娇纵，都不能收到好的效果。

点点也是个自制力差的孩子，在选择学校兴趣小组活动时，她先是选择了画画，过了一周，上了一次课后，她又想改学唱歌，可刚活动了一次，她又后悔了。这时爸爸耐心地引导她说："自己选择的，就要坚持下去。我觉得你的眼光不错，你嗓子好，具备学唱歌的条件，如不唱不是对不起自己的嗓子吗？当然要选择唱歌喽！再说学唱歌还能让人变得快乐，而且歌词又都是像诗一样美的语言，将来还能帮你写作文……我相信你只要有毅力坚持下去，到了下学期，你一定会真正喜欢上唱歌……"

一学期下来，点点的歌唱水平果然提高了很多。到了第二学期，当她看到有那么多同学都报了电脑班，点点报唱歌班的想法又有些动摇了。这时爸爸又鼓舞她说："你还是报唱歌班吧，听爸爸的，没有错！如果你能一直坚持学唱歌，明年六一儿童节，说不定你就可以上台演出了，那多好呀！你只有选择一样，坚持下去，你才会比别人有优势……"

结果，点点从一年级到六年级一直学唱歌，这期间，爸爸还让她去少年宫专门报了声乐班，参加了少年宫合唱团，还多次参加唱歌比赛，为自己赢得了声乐方面的特长。

对于缺乏坚持性、没有耐性的孩子，爸爸就得及时对其进行培养和纠正。因为孩子的经验不足，感兴趣的东西有限，所以做爸爸的应懂得尽量让孩子多接触新鲜事物。要使孩子精力集中地去干一件事并坚持到底，就应启发并培养孩子的兴趣，如弹琴、折纸、下棋、唱歌等，针对孩子的兴趣，选出一项让孩子坚持下去。如果处处放任孩子，就会使孩子不能心平气和地去做一件事，而总是追赶着去应付新的变化。

因此，一个成功的好爸爸，还应根据孩子最初的自制能力在他（她）的一些生活习惯方面进行培养，比如要求孩子准时就寝、起床，按时定量饮食，不偏食、不挑食等。随着孩子年龄的增长，对其自制力的培养可逐渐地转向社会道德规范和社会责任心等方面。要告诉孩子不能随心所欲地侵犯别人的利益或做一些社会所不允许的事。如到公园里随便地采摘花朵，在楼上往楼下倒脏水或乱抛垃圾等。爸爸若长期配合妈妈坚持一贯的要求，不作无原则的迁就，孩子就会逐步地学会控制、约束自己。

爸爸在培养孩子具有良好的行为习惯时，一定要以身作则，坚持说理，既要让孩子知道"要这样做"，"不要那样做"，也要使他们知道"为什么要这样做，不要那样做"，为孩子建立一套行之有效、能持之以恒的行为准则，作为孩子评价、判断自己行为的依据，以此来约束自己的行为。只有让孩子理解了行为规则的意义，他才会心悦诚服地遵守和执行，并自觉地去抑制自己不符合规则的行为。

教会孩子对自己的行为负责

春春是个丢三落四的女孩子，上学常常忘记带学习用具，每次到校后又急匆匆给爸爸妈妈打电话，要求给她送过去。

有一天，春春去少年宫参加"六一"儿童节的彩排节目，虽然不是正式演出，但已是最后一次彩排，老师要求每个孩子的服装必须按正式演出的要求到位。可由于上次老师说要求时，春春没有认真听清老师说的话，忘了将要求必须穿着的服装带上了。于是，春春又急忙给爸爸打电话，恳请爸爸尽快开车把服装送来，

以免耽误自己参加节目演出。爸爸拒绝了她："可能不行，我现在正在和别人谈很重要的事！"

春春在电话那头恳求爸爸："时间来不及了，爸爸，我求求你，一定要行，不然老师要批评我了！"

爸爸在电话那头沉默了一会，终于说："好吧，就这一次了！"

爸爸说着，便挂断了电话。

事后没有几天，春春上学又忘带音乐课要用的口琴了，只得又给爸爸打电话："爸爸，快给我送来，口琴我不能借别的同学的，只能你给我送来，否则这节课我就没有办法上了……"

良好的责任心是社会合作精神的基本体现，也是形成个人健全人格的基本要素。我们不知道春春的爸爸什么时候能理智地拒绝女儿，让她自己承担这个责任。只有当她的爸爸理智地拒绝她，才能让她知道再犯类似的错误，别人是不会帮助她的，一切都要靠她自己。

爸爸都希望孩子有责任心，可孩子的责任感并不是与生俱来的，也不能在一定的年龄自动出现。责任心和其他道德准则都不可能直接传授给孩子。责任感是需要在长年累月的生活中去经历和体会不同的情境才能慢慢地获得的。孩子会在生活的各种环境中对自己喜欢的人进行模仿，从而塑造自己的品质。

爸爸如果老是做事虎头蛇尾、丢三落四、不守诺言、推卸责任等，孩子都会"看在眼里、记在心上"的，因此孩子责任心的塑造主要还是要归属到爸爸身上。爸爸以身教创造了和谐的家庭气氛及对人对事对家的负责态度，孩子都会在潜移默化中受到影响，并在自己行动体验中巩固对爸爸的学习，逐渐使责任心成为自己人格的一部分。

美国总统李根在他十来岁的时候，有一次和小伙伴们一起踢足球，足球意外地飞出去，打破了一位老人家的窗户玻璃。其他伙伴都纷纷逃离，只有他胆怯地留下来向老人赔礼认错。愤怒的老人在李根委屈地哭了后，才同意他回家拿15美元来赔偿。李根回到家里，把发生的事情经过胆怯地说给父亲听，父亲听了，板着脸一言不发。母亲只好过来说情，父亲却认为家里虽然有钱，但李根闯了祸，他就应该对自己的行为负责。后来，父亲掏出15美元借给儿子先赔偿老人，但要求儿子必须想办法把钱还给他。就这样，李根

　　一边上学，一边利用空闲时间去餐馆帮人洗盘子，有时还去捡破烂，经过几个月的努力，才终于挣够了15美元，还给了父亲。

　　李根后来成了总统，在回忆往事的时候，他深有感触地认为是那次闯祸，父亲让他懂得了做人的责任。

　　从以上的成功事例可以看出，一般在孩子有过失的时候，正是教育的大好时机。因为内心的不安使他急于求助，而此时明白的道理有可能刻骨铭心。孩子由于年幼，缺乏经验，经常会造成一些过失，这并不奇怪。譬如，孩子不小心打碎了花瓶，一时冲动伤害了别人，粗心大意造成了麻烦等。发生这类过失的时候，爸爸不应该责怪孩子或袒护孩子，而应让孩子自己负责。因此，爸爸要利用孩子犯错的时机，耐心地给孩子讲清道理，明确指出弥补过失的办法，使孩子建立起责任心。

　　爸爸在培养孩子责任心的时候，要注意鼓励和信任孩子，从而使他们相信自己有承担责任的能力。有一对双胞胎兄妹，当他们回答别人的询问时，总是哥哥回答，妹妹只是做些简单的补充，哥哥的性格大方开朗，并且很有责任感，妹妹则性格内向、腼腆，有些胆小怕事。这两种不同性格的背后，则是奶奶常对他们说的一句话："你是哥哥，要爱护、保护妹妹，这是哥哥的责任。"正是哥哥的责任，让哥哥从小担起保护人的角色，而妹妹则成了被保护的角色。不同的角色，造成了二人不同的个性品格。当男孩被信任，被认为有能力并被接受的时候，他会关心更多的事物，没有什么比信任更能促使男孩建立起责任感了。反过来，信任的缺失最终也必将导致男孩责任感的缺失。在信任之外，还有一些因素是我们必须提及的，因为信任的缺失往往伴随着他们而来：在家中，不应该总把孩子当小孩看待，家中的许多事都要听取孩子的意见，让他体验到一种家庭生活的参与感。如此，同样将会使孩子乐于帮助别人，从而培养起孩子的责任感。

　　爸爸的言行举止对孩子的影响是深远和巨大的。一个在生活中处处表现的不负责任的爸爸，即使想教育孩子做事要有责任心，孩子也会很不服气，很不以为然。反之，如果爸爸对待学习、工作都报着很认真负责的态度，孩子也会耳濡目染。此外，爸爸可以时常有意识地与孩子谈自己的工作，把自己完成一项任务、克服一个困难后的愉快和成就感传达给孩子，使孩子能具体地感觉责任意识在生活中的重要性，从而主动、积极地养成负责任的习惯。

改掉孩子粗心大意的毛病

　　小义是个特聪明的孩子，可她有个极不好的毛病，每次写作业和考试，越是简单的题越是出错。而且错的地方总是让人不可思议，要不是看错题，要不就是抄错题。老师多次给她指出来，可她就是改不了！

　　有一次期中考试，小义是第一个交试卷的，她满以为这次自己的成绩不错，她对关心她的爸爸说："都是太简单、太容易的题……"可成绩出来，她却因为粗心出错，成了班里倒数第五名。老师无可奈何地对她的爸爸感叹："她要是不会做，老师可以给她多辅导、多讲讲，可她哪道题都会，就是考不了100分，让老师拿她一点办法也没有！我说过她不知多少次了，可她这粗心大意的毛病怎么就改不了呢！如果将来考大学，都会做的题却考出这个分数来，您说亏不亏呀？"

　　老师在多次提醒她的爸爸加以重视后，她的爸爸才意识到女儿的粗心，的确不是一个小问题。

　　可如何才能改掉宝贝女儿粗心大意的毛病呢？

　　小义的父亲在咨询了有关教育专家后，意识到自己宝贝女儿的粗心大意的毛病跟她从小就生活在一个无序的家庭中有关系：没有一定的作息时间，东西可以随处乱放……女儿在学习的时候，他常常在看电视，惹得女儿总是写一点作业，就过来看几眼；家里常有人和她的妈妈搓麻将……

　　专家还告诉小义爸爸：因为幼儿的注意力是极易受到干扰的，你的这些做法怎能要求孩子没有粗心大意的行为呢？只能让他无法将注意力集中到学习上，长久之后，孩子便养成了这种一心二用的坏毛病。

　　从那以后，小义的爸爸从自己做起，做什么事情都讲究有个规律、不随心所欲了，要求家中每个成员做到东西摆放整齐，实实在在地在家中给女儿创造了一个良好的氛围。

渐渐的，小义除了在生活上有了规律、习惯外，在学习上也能做到认真仔细了。

一般说来，孩子都有或轻或重的粗心大意的毛病，这首先是因为孩子的视觉记忆和辨识能力较弱；其次是爸爸妈妈没有及时纠正孩子的马虎，久而久之就形成了习惯；再者由于孩子缺乏责任心，做什么都心不在焉。

在现实生活中，在孩子做完作业后，通常都是由家长将作业中的错误检查出来，再让孩子改正。其实，这样对孩子克服粗心的习惯没有一点好处，而且还会造成孩子的依赖思想。聪明的爸爸，应该让孩子自己检查并改正错误，这样才能让他对自己的学习效果有一个了解。即使是爸爸帮助孩子检查作业，也不要发现错误便立即指出，而应为孩子划出一个范围，让他自己再检查并改正。最后，还应告诉孩子一次做对的重要性。如果孩子因为粗心，作业不太理想，那么你可以对他进行一点小小的惩罚。例如：取消原定的外出计划，少看一会儿电视，或者让他自己罚自己背几段有关不能粗心大意的小诗、格言、小故事等。

如果在你的朋友或亲戚中有人是从事精密、细致的工作的，你不妨与他们联系好，带上孩子去看看他们工作时的情景，让孩子从中受到启发。

不论是在学习还是在生活中，我们都会遇到许多"细致活儿"，不认真对待是不行的。爸爸可以多让孩子干"细致活儿"，如择洗蔬菜，写毛笔字，缝纽扣等，这些活儿都能训练孩子的细致程度。让孩子有目的地去做这类事情，久而久之，自然能克服粗心的毛病。

孩子爱发脾气，爸爸怎么办

小文今年7岁了。上个月，她的妈妈答应星期天带她去游乐园玩，可由于单位临时有事，妈妈只得取消了计划，不想小文大呼小叫地哭喊起来："不行，不行，你说话不算数！……"

为此，小文的妈妈只得求她的姑姑带她出去玩了。但玩回来

的小文，因姑姑没有给她买一个她想要的小玩意儿，便嘟着个嘴，赌气不吃晚饭。妈妈和她说话，她也不理。妈妈是又气又急，哄也哄了，骂也骂了，可就是拿她没有办法。

在一个家庭里，如果在母亲对孩子感到束手无策时，做爸爸的就应该马上出面解决问题了。现在的独生子女家庭中，很多孩子都爱发脾气。爱发脾气其实是孩子意志薄弱，缺乏自控能力的表现。其主要特征是，想要什么就得给什么，想干什么就干什么，达不到目的就哭闹不休。对于这类孩子，爸爸一般会有两种反应：一种是放任自流，认为孩子年纪尚小，不懂事，由他去；另一种则是过于严厉，每每采取严厉的责骂和处罚。这两种态度都不妥。前者过于放任，易造成孩子骄横任性的性格，后者则限制太严，会使孩子变得胆小自卑或形成强烈对抗，出现"教育不了"的情况。因此爸爸要为孩子确定每个行为的可接受界限。

7岁的男孩建建脾气很暴躁，动不动就大发脾气。比如，晚上9点多了，妈妈告诉他收拾好玩具准备睡觉了，建建竟然开口就骂："去你的，我还没玩好！""该死，你把我的玩具弄坏了！"

有一次妈妈带建建去商场，建建看上一个"奥特曼"，非要妈妈买，妈妈没同意，建建就大哭起来，越哭声音越大，一边哭还一边骂，引起了好多顾客围观，妈妈面子上过不去，只好边斥责建建边掏钱买了玩具。回家后，妈妈把建建的"劣迹"告诉了爸爸，结果建建被爸爸打了一顿。

建建的父母很困惑，他们对建建的教育很重视也很严格，经常告诉建建要做个有礼貌的孩子，建建也点头答应，为什么就是改不了呢？听老师反映，建建在学校的表现也很不好，经常发脾气，跟同学打架。

建建天生就是这样的吗？不可能的！其实建建的爸爸就是个脾气暴躁的人，说话很冲，不太懂得体谅别人。建建爸爸自己也说，自己管教孩子的方式就是"打"，有时候会为一点小事打孩子。

对于一个爱发脾气的孩子，爸爸既不可一味用糖果饼干引诱，也不能用拳头棍棒威胁或破口大骂，这些都有伤孩子的自尊心，都会给孩子心中留下不可磨灭的烙印。必要时可采取一些处罚方式，例如罚停看电视，罚面壁思过等（这种方法可以用于对付态度强硬的孩子）。另外，这个时候，全家人还要一致配合，如果爸爸认为该处罚，妈妈或者奶奶出来护短，孩子就会学会钻空子甚至用说谎的办法——"妈妈答应过的"来达到目的。当孩子哭闹或被处罚之后，即使孩子已经平静下来，并主动"讨好"爸爸，爸爸也要刻意对他保持一段时间的"冷漠"，这样做为的是让孩子意识到自己刚才的"脾气"很让爸爸"不高兴"，然后再向孩子说明道理，让孩子保证以后不再这样任性地哭闹。身教重于言传，父亲的每一个眼神、每一句话、每一个举动都会被男孩收入眼中、心中。如果父亲自己行为不端，又怎么能要求孩子不出差错？再就是，爸爸一定要积极主动地了解孩子发脾气的主要原因，以便有针对性地安慰孩子，满足孩子的合理要求，帮助孩子克服困难，使孩子紧张的心理与压力及早解除。有时候，爸爸也不要把孩子发脾气、不满等行为一概视为错误的行为而严加批评、制止，应充分理解孩子。在孩子憋气、窝火时，不妨给孩子一定的机会，让孩子出出气，宣泄一下，例如：去打打枕头，对着镜子哭。这样有助于他愤怒的发泄。

但爸爸一定要纠正孩子不良的宣泄方式，有些孩子心中有气时就随意摔东西，撕坏衣物，打骂小朋友，拒绝吃饭等。这些不良的宣泄行为，极易使孩子形成不文明的行为和不良的性格。爸爸在允许孩子发泄的同时，要掌握适度的原则，尽量使孩子从小形成比较文明的发泄方式。如向爸爸妈妈倾诉心中的委屈，通过放声歌唱来发泄心中的不快等。

如果孩子发脾气的目的就是为了实现自己的心愿，这时爸爸一定要坚持原则，对的可以满足，如果是无理取闹就不能让他得逞。爸爸可以对孩子的"脾气"视而不见，让孩子闹腾。等孩子闹够了，爸爸仍要保持一段时间对他（她）的冷漠态度，让他（她）明白哭闹、发脾气并不能达到自己的目的，而是让他（她）学会克制自己，并慢慢地改掉爱发脾气的坏习惯。如果爸爸置之不理仍然不能让孩子善罢甘休，适当的时候可以进行耐心的说服教育。简洁地对孩子讲道理，让孩子明白为什么爸爸不能答应孩子提出的要求。但是，千万不能向孩子妥协。因为有了第一次的妥协，就必定会有第二次，久而久之，孩子就会越发任性。

爸爸还可以引导孩子在做角色游戏中不再任性，当孩子认识到错误后，应给孩子立几条规矩，做到就马上给予表扬，使孩子懂得按规矩办事比哭闹耍赖更有效，更招人喜欢。当孩子有了多次经验后，就能渐渐克服任性、发脾气的毛病。

明智爸爸，重视对待孩子说谎

有一天，一位爸爸接 4 岁小男孩产产从幼儿园回家，遇上儿子班上同一个来接孩子的父亲，他对产产爸爸说："听说你买了一辆新车。什么牌子的？"

产产爸爸吃惊："谁说的，没有啊？"

对方说："没有，你儿子对我女儿说他爸买了一辆特漂亮的车……"

产产爸爸急忙问产产："是吗？"

产产瞪着爸爸，不高兴地说："我没有说。快回家，快回家。"

于是产产爸爸对问他话的人说："小孩子说着玩，你女儿可能听错了。"

后来又一天，产产的爸爸下班回家发现产产的姥姥来了，便像平时一样客气地同老人打招呼，却发现老太太不高兴。产产爸爸问她发生什么事了，不想老太太生气地说："你说什么事？我为你们做得再多，你们也不说我一声好……你们不想让我来，我偏要来，你们能把我怎么着？"

产产爸爸愣在那里。

产产的妈妈急忙过来向丈夫解释，便逼问产产："产产，你爸爸什么时候跟妈妈说，以后不欢迎姥姥上咱们家来？你说呀？"

产产的爸爸明白了，也生气地说："这孩子不能要了，这么小就学会说谎了！快说，我什么时候说过？"

产产胆怯地看着生气的爸爸，又转过脸可怜巴巴地看着姥姥。姥姥一把拉过产产："干啥呀？当着我的面吓孩子呀？我可不吃这些。这么小的孩子能说假话……"

心理医生分析说：天真无邪的孩子常常会说出天衣无缝的谎话，这并不是孩子的品德出了问题。其实大部分孩子的谎言并不像你所担心的那样可怕。重要的是爸爸应了解孩子说谎的原因，并做出适当的引导。

孩子说谎的主要原因有以下几方面。一是把想象说成现实。孩子心理发展水平低，认识能力差，常常分不清哪些是想象，哪些是现实，所以经常把想象的当成真实的事来描述。二是做错了事，为逃避惩罚、责骂而说谎。这种谎言，其实正表示了孩子的羞耻心和自尊心非常强烈。因为他确实认识到自己犯了错，只是没有勇气去面对。三是缺乏安全感，用说谎来寻求保护。这种情况，多半是由于孩子缺乏"爱"。例如，爸爸妈妈离婚、亲子关系冷淡，得不到爸爸妈妈疼爱，等等。这种情况下的孩子最常说的谎言是：爸爸妈妈如何疼他，买许多新衣、玩具给他，他要怎样爸爸妈妈都会顺从他，等等。他就是从这些自己编造的谎言中，找到自我安慰的办法，得到满足的。四是为了吸引他人注意。常被爸爸妈妈忽略的孩子，经常会以说谎来引起爸爸妈妈的关心，例如假装肚子痛、头痛等。不被幼儿园老师注意的孩子可能会对小朋友以谎话夸耀他的爸爸妈妈如何了不起，家里如何富有等。五是为了达到某种目的，或为了得到一些东西而说谎，例如为了得到玩具电动车告诉爸爸妈妈他在学校得了第一名。六是受到环境影响而说谎。平时所接触的小朋友、亲友或爸爸妈妈常常说谎，久而久之，孩子也学会了。

小正长得虎头虎脑，脑袋瓜也特好使，是个长相讨人喜欢的小男孩。小正在家一直表现不错，是个让爸爸妈妈觉得放心的孩子。可最近，他的爸爸妈妈却为他愁坏了——他已是个说谎成瘾的孩子。

在班里，小正和同学吹牛说自己的爸爸是一家公司的老板，自己的姑姑在美国留学；他向老师说他的爸爸常年忙工作不在家，她的妈妈整天打牌，很少管他的学习；他向妈妈说，他每次考试在班上都是第一名，学习根本不用妈妈操心；他向爸爸说老师对他一点也不好，最好给他转一所学校……终有一天，妈妈和老师面对面时，才突然发现自己的儿子满嘴都是假话！

原来，小正的爸爸和妈妈原在市内开了一家餐馆，挣了一些钱，便购买了商品房。后因拆迁，他们的餐馆停了业，此后爸爸便给别人打工，妈妈因没有找到合适的工作，便在家侍候儿子上

学。他们的日子过得越来越困难起来……

小正说谎成瘾的事被妈妈发现后，老师建议小正的爸爸带他去看了心理医生。通过心理医生，爸爸了解到小正一开始的说谎是因为同桌的爸爸是一位经理，他怕同桌瞧不起自己。于是他说了谎话。后来，他因没有完成作业，为逃避老师的批评，便谎称妈妈整天打牌，影响了他。总之，每一句谎言都是有其原因和目的。

小正的爸爸听取了心理医生的话，对他进行了细心的引导。为了让小正重新开始没有谎言的生活，爸爸妈妈真的给他转了一所学校，让他重新树立自信，重新向同学展示真实的自己。没有了谎言的小正变得轻松、快乐起来了！

对于孩子说谎，爸爸不宜反应急躁，应先查明原因，了解这些谎言背后的动机后，会更容易处理。最彻底的方法，就是想法子让孩子明白，根本没有说谎的必要。

发现孩子说谎时，不要生气，先要保持冷静，也不能假装不知，用缓和的、坚定的语气向他表明爸爸妈妈向来很疼爱他，不过不喜欢说谎的孩子，如果他能不说谎，能把真相说出来，爸妈会更爱他。通常，孩子知道自己犯了错，又知道爸爸妈妈没有因此而不再爱他，会乐于把真相说出来。应避免粗暴、严厉的惩罚，因为这样做无疑是让孩子肯定了他的想法是对的："做错事一定会受到严厉的惩罚！"孩子撒谎其中一个原因是想逃避惩罚。害怕受罚的心理，将会使他一次又一次说谎。

爸爸要以身作则，要避免在孩子面前说谎。

当孩子随便拿人东西时

在某学校二年级的一个班里，有个孩子交饭费的钱丢失了，她哭着找到了老师，老师只得根据同学们提供的线索进行排查，最终发现是一个平时极老实的男同学所为。

老师为了让这个孩子的家长配合教育，便特意对他进行了家访。老师到了这个家庭后，了解到这是一个只有爸爸的单亲家庭。孩子是由于在需要购买学习用具时，爸爸总是不能及时的给孩子购买，造成了孩子偷拿别人财物的行为。

据这个孩子说，在老师要求同学购买一些学习用具时，他总是要求好多遍后，爸爸才给他买，为此老挨老师批评。有一次，他新买的橡皮找不着了，便提出让他的爸爸再给他买一块，可爸爸总是忘记，那天晚上，他哭了，爸爸便生气地说："刚给你买的，就丢了？肯定是哪个同学拿了你的了！别人能拿你的，你就不能再把它拿回来？"

就这样，这个孩子把另一个同学拥有的和他丢失的一模一样的橡皮偷偷拿走了……再后来，他没有笔用，便又随手拿了别人文具盒里的笔来用。而丢笔的同学丢也就丢了，因为同学中很多学习用具是一样的，大家很难分清自己的被谁拿走了。此后，他还拿过同学的尺子、书、本等物品，最终发展到拿了别人的钱……

了解到儿子的行为后，这位做爸爸的才意识到自己言行深深影响到了儿子的品质，他后悔极了。

孩子从很小的时候起，就会很开心地把一些自己喜欢的东西悄悄地塞进衣袋里。这是因为孩子并不懂得不经允许拿别人的东西就是偷窃。甚至有的孩子还分不清楚什么是自己的，什么是别人的。但随便拿别人的东西，绝对是一个坏习惯，必须加以纠正。

从上面例子中，做爸爸的可以领悟到，我们平时的言行在孩子面前是随意不得的，否则就会起到反作用。面对孩子的偷拿行为，爸爸应该怎么办呢？

首先应和颜悦色地与孩子交谈，问他为什么要这样做，在注重语言策略的同时以温和的态度感动他、说服他，了解情况，再采取有效的教育方法。

当爸爸发现孩子拿了他人的玩具或物品回家时，应立即告诉孩子："这个不是你的东西，玩一会儿（或用完）就要记着还给别人"。在督促归还后，还要让孩子懂得：这是不好的行为，以后不要再发生类似行为。

为了教会孩子认识所有物品都有物主这个观念，爸爸不妨从小就教育

孩子在日常用品中分辨："这是爸爸的"、"这是妈妈的"，等等，让孩子慢慢学会分辨"自己"与"别人"的东西，同时教导他要用"别人"的东西时，必须先得到"别人"的同意。平时与孩子一起玩，不妨趁机灌输这个观念。例如问他可不可以随便拿他的东西，可不可以分享他的食物，通过这些实际经验加以引导。

父母教育孩子绝对不要态度粗暴，以免引起逆反心理。态度粗暴的结果往往是适得其反，孩子不仅不会放弃拿别人东西的习惯，还会把它当做报复处罚的手段，"既然拿别人的东西可以让你们生气，那我就再拿一次气气你们。"如此下去形成恶性循环，再想教育就难上加难了。

在孩子知道随便拿别人的东西不对之后，因为自控能力较弱，有可能还会有意无意地再次犯错，爸爸要密切关注孩子的行为，及时给孩子提个醒，让拿别人东西不对的观念深深地印在孩子的脑中，孩子就不那么容易犯错误了。让他改掉旧习，形成良好的习惯。

改掉孩子乱要东西的毛病

麦麦是个男孩子，在他6岁时，添了一个坏毛病，就是今天要买这个，明天要买那个，只要是他见到别的同学有的，他都要拥有。有时别的同学没有的，他也要拥有。

麦麦家里的玩具买了一大堆，都快赶上玩具店了。他的爸爸觉得要改改儿子这种乱要东西的毛病。于是他要求麦麦的妈妈再带儿子上街时，必须事先跟他说好，答应出外时不买任何玩具，否则就让他留在家里。有一次，儿子在一家商店看见班里同学有的机器猫，便抛开约定，站着不肯离开，肯求妈妈答应他。最终，妈妈还是给他买回来了。

爸爸知道后，当着儿子的面严厉地批评了妻子："儿子在家答应不要的，你为什么让儿子说话不算数呢?! 他就是哭也不准给他买。"

此后的一天，爸爸故意主动提出星期天要带麦麦去游乐园玩，还说要带他去一家养有海豹的大饭店里吃饭和看海豹表演。这次等麦麦盼到了星期天，爸爸却无情地推翻了自己的计划。麦麦伤心地哭了，爸爸这时却郑重地说："你上次说过上街不乱要东西，可你还是要了啊！你说话可以不算数，爸爸为什么不可以呢？如果你只有一次说话不算数，爸爸也就只有这一次。如果你以后再犯，我同样可以拿这种方法来对待你，你不怕让我伤心、失望，我也当然不怕你伤心、失望喽……"

自那以后，麦麦变了，他变得能克制自己了。

又有一次，麦麦学校的全体师生去秋游，妈妈给他装了20元零花钱，结果麦麦又装了回来。他回家后晚上告诉爸爸，别的同学有的买了风筝，有的买了棒棒糖，但自己一样也没买。爸爸听后，大大地称赞和鼓励了他，为了奖励他这次的行为，爸爸真的带他去看了海豹表演。

自那以后，麦麦果真改掉了乱要东西的坏毛病。

如果你的孩子也有乱要东西的坏习惯，是不是可以借鉴以上例子中的麦麦爸爸的做法呢？

无论是用什么方式去教导孩子，爸爸的态度都必须十分明确。爸爸的态度如果模棱两可，孩子就会觉得有机可乘，就会用尽办法令爸爸妈妈妥协。你若是对孩子妥协，就要为此付出代价。这样不仅会多花钱，而且还纵容了孩子动辄就以哭闹进行要挟的坏习惯。爸爸妈妈应摆出强硬态度，坚守立场，即使是孩子哭闹得再厉害，也应坚持自己的决定，以此来向孩子表明自己的态度是不可改变的。在孩子明白自己不能改变爸爸妈妈时，就会改变自己了。

小辉开始住校了，父亲和他约定，每个月月初都会给他寄500元钱作为一个月的生活费。

小辉还是头一次掌管这么多钱。最初的一个月，他完全没有节约的观念，三天两头跟同学朋友去餐馆挥霍。结果一个月还没有过完，他的口袋里就所剩无几了。小辉没有办法，只好向父亲求援。父亲容忍了他的做法，提前把第二个月的生活费寄了过来。

然而小辉并不觉得自己有什么不对。第二个月刚过了一半，

他就"预支"了第三个月的钱，然后在第三个月开始不久就捉襟见肘。于是小辉只好打电话回家："爸爸，我饿坏了。能把下个月的生活费给我吗？"

"孩子，饿着吧。"这一次，爸爸很干脆地拒绝了，没有任何商量的余地。

生活真是太奇妙了。在那之后只有50元钱的半个月里，小辉绞尽脑汁节衣缩食，居然也熬过来了。从那以后，小辉学会了精打细算。

作为爸爸，你应在生活中努力扮演着榜样的角色，同时，你还希望自己的儿子能像那些优秀的成功人士一样，具备一切优秀的品质：诚实、乐观、积极向上、有头脑、有能力……但是，爸爸的这些"希望"并不是很轻易就能够实现的。对于爸爸而言，"身教言传"不仅是一种责任，更是最适合孩子的教育手段。要知道，孩子是"尚在接受培训的人"，他们出于本能的行为习惯需要父亲的"循循善诱"。同时，与孩子交流，用语言把调皮、不懂事的孩子教育好，也是一门深奥的艺术。

聪明爸爸，把孩子的缺点转化为优点

一个孩子的妈妈，因孩子把她刚买回家的一块金表当成新鲜玩具给摆弄坏了，就狠狠地揍了孩子一顿，并把这件事告诉了陶行知先生（我国著名的教育家）。不料，陶先生却幽默地说："恐怕一个中国的'爱迪生'被你枪毙了。"这位妈妈不解其意，陶先生给她分析说："孩子的这种行为是创造力的一种表现，你不该打孩子，要解放孩子的双手，让他从小就有动手的机会。这位母亲听了陶先生的话，对自己的行为后悔不已。陶先生告诉了她一个补救的办法，就是让她带着孩子一起把金表送到钟表铺，让孩子站在一旁看修表匠如何修理。这样，钟表铺就成了课堂，修表匠就成了先生，孩子就成了学生，修理费就成了学费，孩子的好奇心终于得到了满足。这确是明智之举。如此方法，可以使较复杂的玩具都变成幼儿"表针为什么会动""手表的内部构造如何"的好奇对象。

其实，在一些家庭里，经常会发生以上类似情况，爸爸妈妈高高兴兴地给孩子买了新的玩具，但刚玩了两三天，就被孩子拆坏了，爸爸于是生气地把孩子痛骂或痛打一顿。原来，用这样的方式对待孩子的"过失"是真的不妥当的。在这方面，我们还可以看看美国《财富》杂志评选出的500强企业总裁戴尔的爸爸是怎样做的：

戴尔还在很小的时候，就喜欢摆弄各种玩具。父亲为他买回的小汽车、小飞机等玩具，他玩不了多久就被拆得七零八落。对此，父亲并没有批评指责他，而是鼓励他拆散玩具后要弄清玩具的构造与机械原理。戴尔稍大一些后，父亲就常把他带到电脑操作室或修理处让他观看和动手维修电脑，培养他对电脑的浓厚兴趣。在戴尔14岁时，父亲就为他买了一台电脑。戴尔为了全面了解电脑的组装和运行原理，将新买的电脑全部解体，反复仔细琢磨后再组装好。

后来，在父亲的帮助和支持下，戴尔不断地购买电脑零部件，改装成新的功能更强大的电脑。在初中毕业时，戴尔已能十分熟练地改装电脑了，并且以低价购进零件，再把升级后的电脑卖出去。如此不断地动手实践。到他18岁高中毕业时，戴尔就创办了自己的"戴尔电脑公司"。

看了以上的例子，我们做爸爸的是不是应从戴尔父亲教子之道中获得启示呢？做爸爸的只有转变教子观念，重视培养孩子的动手能力，才能使孩子成长为既有丰富知识，又有实际操作能力的综合型人才。

因此，当你再次面对孩子乱拆玩具时，切不可报以简单的否定或者粗暴的体罚了！而应从中寻找到教育和引导孩子的切入点，培养他的动手动脑能力。再就是要耐心提醒孩子："你把玩具拆坏了，就不能再玩了。"或是帮助孩子把坏了的玩具修理好，从中满足、启发孩子的好奇心和探索心理。再就是，对于孩子玩坏了的玩具，可以引导他修好后，送给那些没有玩具的孩子。培养孩子的同情心。这些作法，都是在帮助孩子把缺点转化成优点，作为爸爸，你何乐而不为呢！

拯救网瘾孩子，爸爸和孩子一起上网

小牛已是个中学生了，他在 2006 年中考期间对电脑游戏着了迷。他先是在家上网，感觉不过瘾后，便天天逃学到网吧去玩，一玩就是一天，常常连饭都不知道吃。为此，他的成绩一落千丈，变成了对任何事情都漠不关心的一个人。

小牛的爸爸从同学口中得知儿子天天逃学上网后，气得要命，但他表面却佯装不知道，悄悄跟踪儿子到了一家网吧。

等儿子回家后，爸爸没有在儿子面前提及上网的事，而是沉住气，打开家里的电脑，让儿子接着玩他的游戏。儿子玩了一会儿，说不玩了。爸爸便又拉着他，非要儿子教他玩。第二天，爸爸主动要带儿子去网吧，并对他说："玩得不过瘾，你别上学了，我也不上班了，咱们父子俩玩个痛快。"

儿子有些犹豫，但爸爸态度坚决。就这样，父子俩来到网吧。由于爸爸坐在身边，儿子玩了一会儿便提出不玩了。

就这样，这位爸爸硬是在三天里陪着儿子去了三次网吧。

第四天，爸爸又高高兴兴地带儿子去网吧，当儿子和昨天一样提出不玩时，爸爸却坐到了儿子的位置，说："这游戏多好玩呀！你不玩我玩！爸爸以后就不上班了，天天陪你一起玩。"

爸爸见儿子怔怔地看着自己，便又接着说："等我们上网把家里的钱花完了，咱爷俩就到外面去讨！要是嫌丢人的话，就去抢！可那又是犯罪呀？不行吧？接下来，该怎么办？不管那么多了，咱们先上网，痛快了再说！"

爸爸说着，故意只顾自己的玩了起来。过了一会儿，他再看儿子，发现儿子正低着头。他便故意"安慰"儿子："想什么呢？我什么都不在乎了，你还在乎什么？在乎你妈妈？你妈妈就知道一天到晚上班为你这个宝贝儿子去赚钱！你说，她要是知道咱爷俩一个不上学，一个不上班，都变成了不要命的网痴，她会怎么样？她会被气死？会的，一定会的！你怕她被气死？"

爸爸的话，让儿子的头一低再低。最终爸爸把儿子搂在怀里说："上网不能当饭吃，会毁了你的将来！儿子，你让爸爸痛心呀！虽然你上网成瘾了，但爸爸相信你能改掉。这样好不好，咱们一起改掉坏毛病，我戒烟，你戒网，我们一起努力，慢慢来，好不好？"

儿子终于点头了。

小牛因为上网影响了学习，以致中考成绩很差，没有一所中学要他，但他的爸爸带着儿子四处托人找学校、求校长。后来一所民办中学勉强收下了他。在这个过程中，小牛很受教育。因为爸爸没有责备他，相反却在安慰他："你现在成绩不好，但只要你以后努力，不再上网成瘾，爸爸相信你会赶上那些好学生，让别人瞧得起你和爸爸的！"

就这样，这位爸爸经过一年多的努力，不但把沉溺网吧的孩子拯救了出来，而且在暑期给儿子报了个电脑班，利用儿子对电脑的热爱，让他学习和掌握了更多的电脑知识。

现在的小牛偶尔还会上网，但他只是查查学习资料，"经营"自己的博客而已。

对于那些沉迷于网游的人来说，他们把人生的全部精力或者大部分精力投入到网游中，把网游当做逃避和发泄的渠道。如何评价一个玩家是否有不良的游戏习惯，取决于他们在游戏上花了多少时间、对游戏的依赖程度是否影响到他的生活能力。如今，不少孩子都因上网成瘾，陷在其中不能自拔。如果遇上这样的孩子，做爸爸的千万不要灰心，更不能让孩子放任自流。我们要学习美国人的父母观：做父母的所欠儿女的是坚定不移的指导和始终如一的约束。使青少年害怕的是让他觉得他必须自己管自己，这好比一辆没有刹车的小汽车。当别人的父母说"行"而自己的父亲说"不行"时,这位父亲表达了两重意思，他同样在说："我爱你,我不怕惹你发脾气,因为我不希望你出事。"

要想让孩子戒掉网瘾，爸爸首先要了解孩子染上网瘾属于哪种类型，是自控能力差，玩耍成瘾？还是缺乏监管，学习成绩差或因家庭不和睦，

孩子寻找满足或欢乐？等等，只有了解孩子上网成瘾的原因，才好对症下药。爸爸只有根据孩子的实际情况，采取妥善的办法去引导、教育，或和孩子一起上网，利用网络学习，才有可能在教育孩子方面少走弯路或把孩子引到正道上来。在引导、教育孩子的过程中，爸爸一定要把握一个原则，就是要允许孩子犯错误，站在孩子的角度想问题，从理解出发，循循善诱，动之以情，努力要求自己做到和孩子一起奋斗，共同进步，发挥自己榜样的作用。当孩子体会到了爸爸对他的关爱，爸爸的意见他会更乐意服从。

2005 年 9 月 19 日，中山大学本科毕业生、20 岁的王颖赴斯坦福大学攻读计算机博士学位，并得到了一年不少于 4.14 万美金的全额奖学金。

王颖上中学的时候，喜欢玩电脑游戏，每天玩好几个小时，他的父母想叫他少玩，可没效果，后来爸爸就买知识性的游戏给他玩，有的还是英文的，结果王颖的知识面和英语水平都大大提高。王颖很崇拜深圳中学的数学老师尚强，因为要参加数学竞赛，尚强老师给他打过几次电话，电话里给他布置一些数学题，每次尚老师给他打电话后，他都会兴奋很长时间，放下游戏，高兴地去做数学题，那种感觉大概就像影迷看到自己心中的偶像吧？如果孩子沉溺于某件事情难以自拔，那么最好找一件更有意思的事情来吸引他，让他的兴奋点发生转移。

爸爸要关注孩子上网，以免孩子患上"网瘾"。但也切不可因怕孩子患上"网瘾"，不让孩子上网，重要的是爸爸要引导好孩子。其实，网络游戏像我们小时候玩的过家家、跳皮筋一样，只是游戏的一种。我们可以在游戏中建立一个同现实生活中相类似的人际交友圈和社区，网络游戏构筑的是一个虚拟社会，你可以在游戏中扮演任何一个你想要扮演的角色。在网络游戏中，因为接触的都是活生生的人，所以不可避免地要引入现实生活中的规则，比如诚信、公德和友爱，这是有积极意义的。

7

第七章

榜样的不同力量

让男孩当个谦逊有礼的翩翩绅士

　　小进的父母都是下岗工人，而且妈妈身体不好，常年吃药。为了生存，爸爸只得借钱经营了一个小卖部，维持家里生活并供小进上学。看着爸爸早出晚归忙碌的身影，小进便主动帮助爸爸，成了爸爸的帮手，每次做完作业，便帮着爸爸数货、摆放、记账和照看店铺。

　　小进爸爸是一位普通而又明智的爸爸，他不管店铺和家中有多少事需要人手，经常给小进一些自由活动的时间，通常是让他出去和别的男孩子踢踢球或做一些他想做的事情。

　　小进逐渐长大，他经常帮着爸爸搬运货物，以及承担规划店铺进出货的账目工作。有次店铺无意走进几位外国顾客，由于学习了英语，小进很好地招待了客人。小进平时很少看到父亲笑，但这件事却让他的爸爸兴奋了好多天，也在人前夸了小进好多次。爸爸的言行鼓舞了小进从此更好地学习英语。除此之外，小进还爱好足球，世界杯期间，爸爸允许他在不影响休息的情况下收看比赛。

　　小进的学习成绩在班里一直是中等水平，老师说小进很聪明，如果努力学习，成绩会更好。可小进没有努力的时间，看着爸爸为他上大学攒学费，他不忍心不去为他分担忧愁。他对爸爸说："你们别太辛苦了，等我考上大学，我要自己挣学费……可我就是担心自己考不好，对不起你们。"

　　爸爸说："我是个小工人，不懂讲什么大道理，但爸爸知道你是个好孩子，尽自己能力就行，无论考得好不好，你都是我们的好儿子，我们不怪你……"

　　高中毕业的时候，小进考上了一所省里的二流大学。在大学里的学习压力不那么大，课外活动也多了起来。这时候，小进的

优势就显现出来了。他是校足球队的右后卫、校园广播电台的英语主播，还在一家英语培训学校当口语老师。毕业以后，小进一个人来到北京找工作，经历了无数次的失败，小进终于以自己流利的口语、独到的见地，彻底打动了一位外企经理，于是，小进成为那家公司的管理人才。

小进不是"幸运儿"，虽然他的家庭背景不好，成长道路也充满艰辛，但见过小进的人，都说他是一个真正的绅士，彬彬有礼，风度翩翩，更关键的是，他刻苦努力，办事稳重，性格上也是自信、开朗、达观、积极。跟他相处的人，无一不被他身上谦和的气息所感染。在公司里，具备优秀业务能力的不只小进一个人，可小进却是最受欢迎的一个，同事们都愿意跟他合作，因为他真诚、坦率，总能给同事们带来好心情；老板也喜欢把工作交给他，因为他热情、稳健，总能赢得别人的信任。小进的收入很高，但他的生活很简单，也没有什么不良嗜好，年纪轻轻的他，已经贷款买了自己的房子，而且，他还打算把父母接到自己身边，他已经具备回报父母的能力了。

一位普普通通的下岗工人，为我们培养了一位对社会对家庭都能负得起责任的"绅士"！

如今，"绅士"已成为一张具有无穷人格魅力的"男子汉"名片，因为"绅士"的身上有着一道人人敬仰的光环——他是一个有道德品位的人，一个可以做到温和、忍耐、宽容、博学、厚重、礼貌、勇毅——比"男子汉"还要"男子汉"的人！

早在 17 世纪后期，英国就开始实施"绅士教育"。它由英国哲学家、政治家、教育家洛克提出。目的在于培养那些"有德行、有用、能干的人"。最重要的是，无论出身贫富，都可以做一个"绅士"。18 世纪英国通俗道德散文作家塞缪尔·斯迈尔斯说："真正的绅士是一个被塑造出来作为最高典型的人。"如此这般，哪个男人不希望自己能被誉为有绅士风度的人？作为爸爸，你一定希望自己的儿子能成为一名"绅士"人物——有品位、有创造力、有思想、有影响力、生活得体。也许在物质上并不富有，但他们却是精神上的贵族！

也许，你早就按"绅士"的方方面面的标准去教育、引导、培养儿子，告诉他怎样才能进步，怎样才能做一名绅士，可遗憾的是：儿子的行为似乎总要慢半拍……你为此正着急上火，你认为儿子总是那么懒散，将来怎么能找到满意的工作？你认为儿子喜欢打球，你担心他肯定会玩物丧志，耽误了学习；你给儿子创造了好多有利于他发展的机会和条件，而儿子就是不理解父母的苦心，也不懂得珍惜。你可千万别为了把儿了打造成"绅士"而变得患得患失。事实上，孩子都缺少人生经验，你是从孩提时代走过来的人，你在孩提时代面对爸爸妈妈的叮咛是如何表现的呢？男孩子不懂得感恩，是因为他还不曾尝试失去。如果爸爸肯站在这个角度看待儿子，一扇通往亲密父子关系的大门就向你展开了。

爸爸应当知道责任感是男孩积极向上的内在趋势，因此培养男孩的责任感要从小抓起，循序渐进。男孩还小时，要养成生活自理的能力，慢慢长大的同时，要学习承担家庭和社会的责任。父母可以根据男孩的年龄及能力，向男孩布置一些任务，随着年龄的增长，赋予他们的责任也该相应增大。发展自己的爱好，用自己的方式处理问题，交自己的朋友，承担一定的家庭责任……经常听到一些父母感叹："现在的孩子很懒，什么事都要大人干"，其实这些父母应该反思自己的教育方式，有没有心疼孩子，不愿意让孩子吃苦的意识？或者是怕麻烦，宁愿自己快点做完节省时间、精力的想法？生活中许多家长担心男孩做不好而代替包办，久而久之，男孩就会以为什么事都应该由大人去做，和自己无关。有些男孩都上四五年级了，袜子还要妈妈洗，被子还要妈妈叠，甚至书包也要妈妈背，这样的男孩，怎么可能具有责任心呢？而真正的绅士必定是一位有强烈责任感的人。

这里我们还要告诉你最最关键的一点，如果你希望自己的男孩能成为像小进那样有着美好前程的"绅士"，你就得从现在开始审视自己，自己的言行像不像一位绅士？为了你的男孩，你要改变自己，规矩自己，发挥榜样的作用，只有让自己学着先变成一名"绅士"，你的儿子在通往"绅士"的道路上，也就"走"得容易多了。

告诉男孩：跌倒了需要自己爬起来

　　一个 3 岁左右的小男孩像匹不羁的野马，在操场上和几个小伙伴玩得无忧无虑。后来他在大人没注意的情况下，爬上了一个成人健身器的座位，没坐稳当，"咚"的一声，重重地摔倒在地上，两个膝盖和手掌受力较重，磨破了层皮，渗流着细细的血丝。有些在旁边的大人吓得惊呼起来，当好心人想伸手拉孩子一把时，却被小男孩的爸爸制止了："不要管他，还是让他自己爬起来吧！"小男孩的奶奶动了恻隐之心，想蹲下去安慰宝贝孙子，同样也被男孩的爸爸制止了。

　　小男孩确实摔痛了，一双大眼睛噙满眼泪，似乎要破堤而出。但是他忍住了哭，自己用衣角抹干眼泪，然后看着爸爸说："痛……"

　　爸爸没有安慰他，却质问他："爸爸说的话有错吗？爸爸告诉过你那个不能玩，只有等你长大了才能玩，是你自己不听话，怪谁呢？下回还玩那个吗？"

　　小男孩摇了摇头。

　　然后爸爸又一脸和气地说："做个勇敢的男孩子，自己摔倒，自己爬起来。"

　　小男孩迟疑了一会，缓缓地起了身。他拍拍身上和手上的尘土，露出了灿烂的笑容，忘了刚才的痛，若无其事一样继续自己的游戏。

　　小男孩虽为自己的冒险付出了代价，但也得到了宝贵的教训。在他跌倒时，他的爸爸没有伸出援手，甚至没有安慰他，使他乖乖学会自己承担自己的行为责任，变得勇敢起来。爸爸的做法，还让他从小已明白什么事要依靠自己，凡事靠别人是不行的，自己要用心去面对或处理所遭遇到的事情。

其实例子中的这位爸爸是位真正疼爱儿子的爸爸，也许这种说法让很多爸爸不服气，但事实就是这样，他懂得理智的爱儿子。你别小瞧小男孩这小小一跤，却为他今后的人生"收获"了无数的经验。如果家长能够逐步放手，给予男孩相应的信任，男孩的责任心就会随着年龄的增长循序渐进地培养起来。如果爸爸不懂得及时放手，男孩就会克制自己积极向上的一面，变得越来越冷漠，心怀敌意而难以管理。

在如今这个充满竞争的时代，几乎每个人都在打造"赢"的学问和本领。但人生有"赢"就有"输"——而且能"输"才能"赢"。因此，对于那些不谙世事的男孩来说，爸爸越早对他进行挫折教育，他的心智就会越早成熟起来。

小时候我们都是从跌倒中学会走路的，即使长大成人，这样的生活方式也不会改变，我们仍然得"从跌倒中学会走路"。因此，爸爸要在男孩摔倒的时候，做到像上面例子中的爸爸那样，对孩子说："跌倒了，自己勇敢地爬起来。"一个总能在跌倒中爬起来的人，能更好、更快的成长，才能取得更大的成功。

松下幸之助被誉为"经营之神"。他不是一个社会的幸运儿，不幸的生活却促使他成为一个永远的抗争者。松下幸之助9岁起就去大饭店做小伙计；父亲的过早去世使得15岁的他不得不担负起全家生活的重担，他体会到了做人的艰辛。

1910年，松下幸之助来到大阪电灯公司做一名室内安装电线练习工，一切从头学起。后来，他诚实的品格和上乘的服务赢得了公司的信任。22岁那年，他晋升为公司最年轻的检察员。就在这时，他遇到一次人生的挑战。

有一天，他发现自己咳的痰中带血，这使他非常害怕，因为这种奇怪的家族病史，已经有9位家人在30岁前离开了人世，这其中包括他的父亲和哥哥。当时的境况使他不可能按照医生的吩咐去休养，他没了退路，反而对可能发生的事情有了充分的精神准备，只能边工作边治疗，这也使他形成了一套与疾病作斗争的办法：不断调整自己的心态，以平常之心面对疾病，调动肌体自身的免疫力、抵抗力与病魔斗争，使自己保持旺盛的精力。这样的过程持续了一年，他的身体也变得结实起来，内心也越来越坚

强，这种心态影响了他的一生，最终助他走向辉煌。

美国成人教育家卡耐基经过调查研究认为，一个人事业上的成功，只有15％在于其学识和专业技术，而85％靠的是心理素质和善于处理人际关系的能力。

1976年奥运会十项全能冠军的获得者詹纳，曾从体育比赛角度作了类似的论述，他说："奥林匹克竞赛，对运动员来说，20％是身体方面的竞技，80％是心理上、人格上的挑战。"事实上，每个人都有充分发展自己，使自己取得巨大成就的智慧，可惜不少人却忽视了自我开发的巨大潜力，而这些潜力就来源于自己的耐力，而这种不屈不挠的耐力是需要从小时候在"跌倒中，自己勇敢地爬起来"中培养的！

亲爱的父母，请放开你的手，让孩子去经历他们应该经历的一切吧！只有从小学会在跌倒中爬起，他们才会永远属于自己，而不会在生活中迷失方向。

男孩应该"穷着养"

小南的爸爸原是一家自创公司的经理，可由于前年几次投资失误，损失惨重。为了偿还银行贷款，小南的爸爸和妈妈一筹莫展、夜不能眠。

就在这个节骨眼上，正上中学的小南却对他爸爸说："爸，明天我们班长过生日，给我500块钱，我要请他到卡拉OK包厢过生日。"

儿子的话，使爸爸感到惊愕。他此时悔恨不已，后悔自己之前对儿子的无度给予，后悔自己之前没有及时对孩子进行适当的理财教育。

于是，爸爸希望通过现实来说教儿子，他语重心长地对儿子说："儿子，爸爸现在破产了，你是知道的，爸爸哪有钱给你请同学过生日？你从此要学会节省了。再说，同学过生日，你为何非要请他到那种场所消费？那不是你们该去的地方。"

小南不以为然："我知道你最近没钱，可500块总拿得出吧。再说，请班长过生日，我是想让别的同学看看，我们哥们多酷多帅。"

听着儿子理直气壮的回答，爸爸呆了。

儿子这时急了："你可不能为了这区区500元，让我从此丢了面子，在同学面前抬不起头！"

爸爸只有哀叹不已！

面对家庭困境，儿子不仅不闻不问，还理直气壮地跟父亲要钱去消费。生活中，像故事中的孩子一样，不理解父母的苦衷、贪图虚荣、讲究排场的孩子并不在少数。无数的事实证明，如果我们给予孩子太多太好的物质生活和享受，他们就会永不休止地光顾着索取，而忘记了奉献和创造；如果我们时刻为他们遮风挡雨，他们就会变成养在笼子里的"金丝鸟"，永远丧失展翅高飞的能力……如今的独生子女家庭，有的爸爸对男孩子过于溺爱，宁可节衣缩食也要设法去满足男孩子的一切需求。久而久之，男孩子习惯了这种特殊待遇，对爸爸妈妈这种无私奉献视为理所当然。心中只想着自己，不断膨胀各种各样的无理愿望，根本不会去考虑别人的感受，更不要说去关心他人了。如果此时，爸爸再不对孩子进行必要的金钱教育，只是一味地满足孩子的要求，在孩子眼中，父母就会成为无限提款机，他们甚至会对父母说："没钱，就去银行取啊！"在他们看来，只要自己需要，父母就会像变戏法一样拿出钱来……这类孩子长大后，不仅会缺少赚取金钱的能力，更会严重缺乏感恩的心态，一味向父母索取，而不知回报。

曾连续两年排名"财富500强"首位的沃尔顿家族，是世界上最富有的家族之一。可谁能想到，身为这样一个公司的董事长山姆·沃尔顿，竟会叫自己的孩子从小时候起就开始为自己挣零花钱。

在孩子们很小时，老沃尔顿的四个孩子就都开始给父亲"打工"，干一些力所能及的活。他们跪在商店里擦地板，帮忙修补仓库的房顶，晚上帮助装卸简单的货物。父亲按照他们的劳动量，根据一般的工人标准付给他们"工资"。

要培养男孩子学会关心他人，爸爸妈妈需要多下些工夫才行。

所以，身为爸爸，就应运用自己的智慧，帮助孩子正确认识金钱，珍惜并尊重大人为此付出的劳动，进而养成从小节约的好习惯。

一位爸爸带着 5 岁的儿子到超市买东西。当孩子看中一样东西的时候，爸爸并没有阻止孩子，而是亲切地对儿子说："来，让我们看看这个东西的价钱是多少，哦，你觉得是不是太贵了？如果我们买旁边的那一个，省下一半钱可以买 5 包你爱吃的薯片，你看要哪一个呢？"

儿子想了想，选择要后一个。

购物结束的时候，爸爸又拿出了一些钱给儿子，对他说："小男子汉，帮爸爸结账好不好？"

在购物的过程中，爸爸既给了儿子充分的选择权利，又控制了孩子的非理性消费。这样，在尊重孩子意愿的前提下，不仅教孩子学会了比较后再购买的理财之理，更在结账的过程中锻炼了孩子对金钱的认知能力。

俗话说得好。"由俭入奢易，由奢入俭难"。当孩子习惯了花钱如流水、伸手钱便来的生活，面对父母的拒绝或家境的变故，他又怎么会理解和接受呢？而如果孩子从小就养成了节俭的意识，长大成人的他也必然会对财富倍加珍惜，并感恩父母为自己所创造的一切。遗憾的是，时下很多家长都是如此，他们总认为孩子还小，处处不放心，给予孩子过度的保护，什么事都替孩子安排好、处理好，不让孩子做任何事情，替孩子解决所有的问题……包办的背后是对男孩的不信任，而这样的男孩，其责任感在萌芽状态就被抹杀掉了，又如何期待他们"顺理成章、水到渠成"地承担起责任呢？

小施是家里的独生子，爸爸是一家公司的董事长，家庭的经济基础非常雄厚。按别人理解，对于家里的独苗，小施的父母应该很宠孩子才是。然而事实上，爸爸对小施很"苛刻"，一直把儿子当"穷小子"来养，从来不给小施零花钱，更不给他买任何奢侈用品，他穿的衣服都是姑姑家表哥穿过的旧衣服。一些不了解他家境的同学都认为他家很穷。小施跟同学结伴骑自行车去上学，放学后还常常买菜回家，平时还要帮妈妈做家务。

正是爸爸对小施的"苛刻"，使他成为一个朴素善良、勤奋好学、懂得感恩和追求人生目标的一个人格完全独立的人。小施大学毕业后，爸爸把他送到国外留学，后来，他回到国内自己创业，和爸爸一样成为一家创新机构的董事长。

现在的社会，对于男人的要求甚高，事业是男人的天职，男人想取得成功，必须要有知识和才能，而真正的成功取决于男人的毅力和勇气。成功男人具有独立的思考能力，吃苦的精神，所以家长要从小培养男孩自立、坚强、进取的思想。如何去培养男孩的吃苦精神呢？当然就得把男孩子"穷"着养。在这里，我们可以借鉴富商李嘉诚的教子方法，他的儿子小时候连买一辆新自行车的要求都得不到满足，只能骑着旧的自行车上学。然而，他的两个儿子最后都毕业于名牌大学，最终有能力继承父业，成为商界骄子。由此可见，成功的教育不是只要从父母的口袋里掏钱就可以办到的，而需要倾注爱心和努力；对孩子来说，拥有"独立之精神"以及开放多元的品质显然比"贵族腔""精英状"重要得多。一味地把教育引向贵族化、奢侈化，对下一代来说，膨胀的只是对物质的追求，丧失的却是做人的格调，这是很严重的后果，不能不引起警觉。因此，从小就要把男孩当成男子汉来培养。

英国的一位文学家曾经说过这样一句话："平静的海洋练不出精悍的水手，安逸的环境造不出时代的伟人。"

爸爸们，如果你们想让儿子早日成才，那就狠心地让你的孩子"贫穷"一回吧！

让你的男孩学做个内敛的小英雄

小童是个四年级的学生，在他班上有个家庭较贫困的男同学，他由于没有妈妈（妈妈去世了）疼爱、照顾，总是穿着又脏又旧的衣服。一天上体育课，小童发现那个男同学的两只脚上穿着两只不一样的袜子，于是，他动了同情心，回家跟爸爸妈妈商量，是不是可以把自己多出的一些衣服选一些送给他。爸爸妈妈欣然

同意，还大大表扬了他。

第二天，小童便拿着一大包衣服到学校给那个贫困生，不想被他拒绝了。

小童回到家里很委屈，觉得自己好心却没有人领情、接受。

爸爸想了想，问他："如果你是那个同学，有人当着全班同学的面给你赞助一些衣物，你会怎么想？"

小童沉思了起来："是有点……"

爸爸接着又说："有时候做好事也要讲究方式方法。否则你的好意同样会伤害别人的自尊，对不对？再说，你想想，哪一个真心做好事的人会大张旗鼓地表现自己？英雄不留名。儿子，做好事要悄悄地，是不是……"

小童点头："我明白了，爸爸。是我在帮助他的方式上欠妥。那我现在该怎么办？"

于是，爸爸给小童出了一个主意："首先，你从感情上去接近那个男同学，给他写一封信，解释你的好意和今天的行为，请他谅解。再就是爸爸可以通过学校或他的家长，从生活上或学习用品上给予他帮助……但这件事最好不要让那位同学知道。我们来做一回幕后英雄，怎么样？……"

爸爸的计划让小童兴奋不已，特别是"幕后英雄"这几个字，深深吸引着他。

随后，小童每当发现那位同学背上新书包，用上新钢笔，他的内心里都有一种帮助别人的快乐和自豪感。那是一种怎样的快乐和自豪感啊！特别是他还发现，那个男同学改变了，变得用功学习了，变得团结友爱了，变得即使穿着旧衣服，也洗得干干净净的了……这一切将鼓舞着他一生都会去做一个"有爱心的幕后英雄"。

同情心是一笔宝贵的精神财富，富有同情心的男孩子不冷漠、不自私、不霸道，喜欢照顾老人，扶助弱小，而在帮助别人的过程中，正好培养了男孩的正义感。男孩子的心灵将得到巨大的快乐和满足，人格将更加健康丰满。

一个具有同情心的男孩子长大后，会更具有男性魅力。他无论在家庭生活或工作中，更容易获得好评，也更成长为别人关注的焦点，成为一个高品质的"绅士"人物。对于男孩来说，信任、接受和赞赏恰恰是给予他们力量的秘密。赏识会让男孩感觉良好，认为自己的才能可以派上用场，价值能够得到体现，因此形成了积极的自我意识。

要想让你的男孩子成为一个内敛的小英雄，爸爸还应该让男孩多观察、参与周围发生的事，然后和男孩一起讨论，以提高男孩的认知能力。例如，看到一个小男孩欺负一个小女孩，可以问孩子："那个男孩做得对吗？为什么？你会怎样做？"让男孩知道欺负弱小的人是不道德的行为；看到小朋友摘花坛里的花，可以问孩子："他做得对吗？为什么？你会怎样做？"让孩子知道爱护公物是做人应有的公德。另外，父母可以有目的地和男孩一起看一些时事新闻，特别是有关治安和青少年问题的典型个案新闻，并和孩子一起讨论，诱导孩子分析个案的正、反两方面。例如，和男孩一起看警察抓小偷的新闻时，让男孩思考：小偷偷别人的东西对不对？警察抓小偷是为了什么？由于新闻是真实的个案，男孩透过自己的思考和分析，对善恶的认识会特别深刻，无形中增强了男孩的正义感。

如今许多独生子女家庭中的男孩子已缺乏一定的同情心和正义感，这主要是爸爸妈妈的教育方法不当造成的。因为童心是很柔软的，稍不注意就会被岁月磨得粗糙而坚硬，做爸爸的有责任培养和保护男孩子的同情心。要教会男孩子考虑他人的感受，只有设身处地地为他人着想，男孩子才可能体会他人的心情，才可能发自内心地去帮助别人。

对男孩子表现的同情心，爸爸妈妈要及时鼓励并予以引导。多为男孩子创造与人交流的机会，在交往的过程中，男孩子能亲身体验到别人的感受和想法，这有利于同情心的培养。如许多大城市组织的"手拉手"活动，是在城市和贫困地区的儿童间建立起来的互助合作，让城市孩子真切体会农村孩子没有书包、没有本子、没有橡皮的感觉，爸爸可以鼓励男孩子多参与这样的活动。要培养男孩子这种内剑、不张扬、不虚伪的品质。更需要从身边的小事做起，让男孩子学会体谅长辈，关心长辈。有好东西时应首先想到比自己年长的父辈、祖辈。受到别人的帮助时要懂得感激，要向别人道谢。在能够帮助别人的情况下，而别人又有事相求的时候，爸爸可以教男孩子如何帮助别人解决困难，通过实际活动认识问题，培养一种高尚的奉献精神。另外，家长在培养小男孩爱心的同时，可以让他更多的去思考，比如贫穷、富裕与世界公平性之间的关系，钱多、钱少与人的品行、

人格之间的关系……

如果爸爸严格要求自己，成为孩子潜移默化参照的一个优秀的榜样，孩子就会追随爸爸的身影，成为具有像他一样优良品德的人。这样可以让你的小男子汉更早地建立正确的价值观，做一名内敛的小英雄。

别让溺爱"吞没"了男孩

有一位爸爸因为自己是家中唯一的男孩，从小受父母溺爱，便在他有了儿子后，也和父母一样偏爱儿子，每当儿子有什么错，被妈妈说几句，爸爸和爷爷奶奶总是要反过来数落孩子的妈妈。有一次，孩子在妈妈带他去亲戚家时偷拿了别人家孩子的一个小玩具，妈妈便生气地打了孩子一顿，不想小男孩找到爷爷奶奶告状，结果爸爸回来把妈妈也打了一顿。在这以后，只要妈妈管孩子，家里便有战争。

这个男孩子成了家中的小皇帝，想要什么，家中人尽量去满足他。待他上了中学，完全成了一个在家在校都不能接受管束的孩子，调皮捣蛋已是小事，他不但不能安心学习，还和社会上一些不三不四的年轻人混在一起，常常惹是生非，让老师和其他同学的家长找上门来。可惜的是，他的爸爸此时还没有意识到问题的严重性，直到有一天，儿子匆忙回家，对爸爸说："我杀人了！"爸爸才惊慌失措起来，责问儿子是怎么回事。儿子吞吞吐吐说出自己和另外两个比自己大的男孩子一起强奸了一个小女孩，而且杀害了她的事情。

男孩说完后，还要求爸爸："帮我逃跑吧！"

爸爸一下子跌坐在沙发上："天那，你往哪儿逃啊……"

现代的孩子尤其是独生子女，在成长过程中，爸爸妈妈总想方设法排除一切干扰，宁可节衣缩食也要设法满足男孩子的一切需求，让其顺利成长，结果让孩子缺少甚至根本从未经历过挫折和磨难，那么孩子长大了，适应力从何而来，遇到困难又该怎能克服？

为了更好地抚养儿子换换，爸爸让妈妈放弃了一份颇为成功的事业，家里还请了保姆，爷爷奶奶也轮流来家里帮忙照顾换换。换换外出玩，身后跟着好几个人，生怕他磕着碰着。换换跌了一跤，几个大人前呼后拥，又是责怪保姆，又是跺地骂街。

换换在家喝的是纯净水和外国奶粉，吃的是"小灶"特供。也许是特级护理所致，换换的抵抗力变得越来越差，有次换换因为不愿洗澡哭了起来，当晚便感冒流鼻涕，后又转成肺炎住进医院。这一回，家人总结出经验：首先不能让换换哭，一哭就会生病。只要换换不哭，什么条件都能满足。

一家人就这样小心翼翼，如履薄冰，处处护着换换，包办了换换生活上的所有事情……

换换上学以后，家长也千方百计参与到他的学校生活中。换换要值日，有妈妈代替；换换不喜欢跑步，爸爸干脆搞了一张医院证明给老师，让换换从此不用再上体育课；要是换换打个喷嚏，那就连课都不用上了。尽管老师对家长的做法提出异议，换换的父母却振振有词：换换身体不好，跟其他的小朋友不一样嘛！再说，孩子的学习那么紧张，要是累着了怎么办？

就这样，换换在家长精心的呵护下长大了。看着孩子一天天长高，爸爸妈妈却多了一份担心：本来以为孩子大了，一切都会顺理成章水到渠成，可是没想到事情远没有这么简单。

换换终于考上了大学，可他因为无法独立生活，只得在家休学了一年，这期间，虽然父母意识到儿子应学着独立，可此时对换换来说真的太难了，眼看开学的时间马上就到了，换换处于恐惧之中，终于在一天清晨，他选择了自杀。

一个从小饭来张口，衣来伸手的人，即便考上了大学，他又能为社会和自己做出什么？还谈什么好的前途和命运？家长们毕竟不能包办男孩的一生，当男孩走入社会、独自面对风雨的时候，谁来替他包办呢？

一个以自我为中心，在外面不知道关心他人，在家里也不知道心疼爸爸妈妈的男孩子，在他成人以后，一旦无理的愿望得不到满足，除了对爸爸妈妈发脾气，也很容易走上犯罪的道路，再就是像上面例子中的换换，

最终因自己不能适应社会这个大环境而走上自我毁灭。

其实，孩子的独立能力以及自私心理大多是由爸爸妈妈的溺爱造成的。因此，做爸爸的一定要做到不和妈妈一起溺爱男孩子，不要让男孩子觉得自己就是一个中心，你们都应该围着他转，从而助长了男孩子的占有欲和以自我为中心的性格。同时要从小培养男孩子热爱劳动的好习惯，可以给他分配一些力所能及的事情做，不要什么事情都大包大揽。让男孩子从劳动中找寻快乐，体会爸爸妈妈的艰辛。爸爸妈妈可以在做家务活的时候，让男孩子与自己一起干活，比如扫扫地，擦擦桌椅，倒倒垃圾等。在吃东西的时候，要培养男孩为别人着想的习惯，有好东西，一定要与别人分享。可把东西分为3份，一份给妈妈，一份给爸爸，如果家中还有其他长辈，也要想到。不可让男孩子一人吃独食，不懂得关心别人。

让男孩子学会关心别人

在一个星期天，一个上高中的男孩子在家写作业。他的妈妈因为临时有事，急需出去一趟，并嘱咐儿子在家关照一下生病躺在床上的爸爸。整整半天过去了，儿子也没有出自己房间到爸爸身边关照一下爸爸。

到了该吃午饭的时间，男孩子的妈妈还没有赶回来做饭，男孩子便对爸爸说，他要自己到外面找地方吃点。

爸爸便要求儿子给他倒杯水吃药。其中有一种药需要用开水冲服，爸爸说水不开了，让儿子去烧水，儿子却说："我现在饿了，等我吃完饭回来吧！"

男孩子吃完回来后，爸爸问他："你吃饱了？"

男孩子："吃饱了。"

爸爸："你自己是吃饱了。我是你爸爸，你在吃的时候有没有想到我？给我也买点回来？"

男孩子有些奇怪地看着爸爸，说："早上我不是听见妈妈问过你，你说你一点也不想吃吗？"

爸爸："我吃不吃是我的事，你走的时候就不知道问问我想不想吃？"

儿子看出了爸爸的不满，但他却辩解说："我明明知道你不想吃，我还问你干什么？那问了不也是假的吗？"

爸爸没有再说话，等男孩子的妈妈回来，私下里叹息说："我算是看透了，这孩子长大了，让他孝顺你，我看没门！……"

在我们的生活中，类似上例中男孩子这样不懂关心别人，只顾关注自己的男孩子大有人在。也为此，我们常听到拥有男孩子的爸爸妈妈对有女孩子的爸爸妈妈感叹："还是你们的女孩好，女孩子听话、懂事，知道心疼父母。不像男孩子，心粗，一点也不懂体谅关心别人……"

可爸爸妈妈在感叹的同时，就不想想为什么我们的男孩子不会关心别人？难道和你们的教育没有关系吗？

爸爸妈妈平时往往看见儿子高兴就满意，看见儿子伤心就不安。一些老年人对第三代的爱抚更胜过对待子女。其实，百依百顺反而造成孩子对长辈不尊重、不爱护，造成男孩子自私和不懂关心别人的最终结果。

丛丛在家从来就是爸爸妈妈的宝贝，过着衣来伸手，饭来张口的生活。直到他上中学，连洗澡还是爸爸妈妈为他"操劳"。

有一天，爸爸妈妈出去了，只有丛丛和从小一直无微不至照顾他的奶奶在家。丛丛在家玩电脑，奶奶在外屋大厅"扑通"一声摔倒，痛得她好半天才回过神来，可她无法自己站起来，她便呻吟着叫孙子："丛丛，快过来一下。"

丛丛听不见。

奶奶又叫："丛丛，快过来帮帮奶奶……"

丛丛还是听不见。

奶奶只得拼命地叫："丛丛，丛丛……"

丛丛终于听见了，不耐烦地说："什么事？等一会儿再说！"

奶奶有气无力地说："我摔倒了，快给你爸打电话。"

丛丛仍在屋里："别叫了，再等一会儿……"

就这样，奶奶再也没有力气说话了，而男孩丛丛也始终没有伸头出来看看奶奶叫自己到底是什么事。结果直到中午丛丛的妈

妈回来，才发现瘫倒在地，已经筋疲力尽的老人。

我们可以试想一下，像丛丛这样的男孩子将来走向社会如何与人相处？又如何独立？更如何能承担起一个男人娶妻生子的责任？悲剧就在于爸爸们只看到眼前，没有为孩子想到未来。一个孩子总是要长大脱离父母，走向自己的生活，所以，孩子需要锻炼，家长必须为孩子提供这样的环境和氛围。平日里有意避免过分保护，给孩子机会让他们独立决定自己的事情。爸爸们要记住，不是所有的付出都是爱，你今天能给予他什么？你的儿子未来需要什么？

其实，男孩子和女孩子一样，只要你从小注意培养，男孩子一样懂得心疼父母。要让男孩子学会关心他人，爸爸需要从男孩子很小的时候抓起，建立男孩子初步的道德意识和道德情感，不仅要求他在家里想到长辈，在幼儿园也要学会去关心小伙伴。例如，家中每次分好吃的，大人不要将自己的一份留给孩子吃，如奶奶经常把自己的那份留给孩子吃，天长日久，男孩子就认为奶奶的一份理当归自己吃。

爸爸还要从小给男孩子为别人服务的机会，让男孩子知道心疼大人。当孩子的自私行为萌芽时，决不能因为男孩子小而有所忽略。应给予重视。否则日积月累，坏思想一旦形成就难以纠正。另外，男孩子对别人发自内心的体贴与关心，并没有受任何人的命令，而是平时看在眼里记在心里的结果。爸爸若希望培养一个会疼人的男孩子，那么，首先从自己做起。爸爸自己首先要做到经常想到别人，做出榜样。带男孩子乘公共汽车，遇到怀抱婴儿的乘客，应主动让座。这样，在爸爸言传身教的感染下，男孩子便会很自然地处处想到关心别人。

把女孩子当做自己的小公主

丽丽的爸爸和妈妈都是薪水不高的工人，所以家里并不算富裕，但丽丽爸爸相信一句老话：从来富贵多淑女，自古纨绔少伟男。对"富养女，穷养男"的道理深信不疑。爸爸把一切希望都寄托在了女儿身上，想让女儿能从家庭的背景中彻底脱胎换骨，成为高贵有品位的淑女。所以夫妻俩自己勒紧腰带过紧巴日子，却尽力让女儿吃山珍海味，穿高档衣服。为了让女儿开阔眼界长见识，夫妻俩每月发了工资都不惜带女儿去一次高档餐厅或一些高档娱乐场所。爸爸认为只有把女儿当做小公主一样娇惯宠爱，让她尽量体验"富"，将来才能够具有典雅、富贵的大家闺秀风范和魅力，才能够顺利进入上流社会，拥有真正的富贵生活。

女孩身娇肉贵，是父母的贴心小棉袄，像公主一样多疼爱一些，这没有错，这位爸爸的良苦用心是可以理解的。但真的是让女孩吃好的、用好的，享有充裕的物质生活，女孩就会拥有超高的品位、超高的审美能力，进而拥有高贵的气质了吗？

其实，女孩的爸爸们往往片面理解了"富"这个概念。"富"并不单单代表金钱的充裕、物质生活的绝对满足。"富"更意味着给予女儿更多精神世界的满足。把女儿当成自己的小公主，更意味着精神上的呵护与疼爱。而金钱充裕的"富"，很有可能会培养出一个娇纵、挑剔、禁不起任何打击、不能自立的柔弱女性。女孩是否有所成就，取决于她倾听并遵循内心声音的能力，而不是爸爸的过度保护。当女孩受到爸爸的控制过多时，她们的智力发育比男孩受到的损害更大，她们只会随着时间的推移变得更加失去自我。

让你的小公主吃山珍海味，远不如让她懂得礼貌恭俭；让你的小公主穿高档衣服，远不如让她懂得令仪表整洁大方的方法；让你的小公主过奢华的生活以提高品位，远不如让她拥有一个聪慧的头脑；只有给足女孩这样的"富"，才真正算是把她当小公主养，才真的会带给她一生的富足、一生的幸福。

把女儿当小公主，就要尽量给她精神上的呵护与支持，给她机会让她成长。因为女孩奋斗付出的代价要大一点，不能够让她从小就气馁、缺乏斗志，或者是因忽略让她走上歪路。爸爸要赋予女儿自信、自强等强大的意志力量。女孩是否具有高贵气质，很大程度上取决于她是否拥有自信。一个自信的女孩子，言行举止之间自然会蕴涵着超乎常人的坚定、果敢、骄傲等气质，而这恰恰是形成高贵气质的基础。在日常生活中，爸爸要注意培养女儿的高贵气质、培养女儿的自信。

情感对女孩具有非同寻常的意义。在家庭中缺失爱的女孩，精神会处于恐惧焦虑和无所适从状态，这不仅会影响女孩的心理发育和个性发展，还将导致她无法完成必要的角色认同。

爸爸要想把女儿当成自己的小公主，就要善待女孩的感情需要，然而这与脆弱是两码事。女孩是感情丰富的，这种丰富的感情如果得到爸爸的理解和支持，将会产生巨大的力量。

与父母亲密的情感交流、沟通是女孩生活中举足轻重的部分。对女孩来说，她自我意识的提升，从根本上来自情感的满足以及人际关系的质量。这种女孩在摇篮里就已经体现出的情感诉求是父母们最不能忽视的部分。因此，在家长精心营造的情感氛围中，既包括父母之间关系的偶像作用，也包括女孩所能获得的感情满足程度。女孩通过交流获得关心、理解、尊重、忠诚、体贴和安慰。

当女孩烦恼和沮丧的时候，爸爸是她最有效的安慰剂。要想让女孩从阴影里走出来，同自己的坏情绪作斗争，她仍然需要爸爸的帮助。因此，爸爸必须重视你的小公主的情绪变化——当你的小公主哭泣的时候，紧紧地拥抱她；当你的小公主想说话的时候，就与她交谈——这正是女孩所需要的最高境界的耐心、最好的见解、最无微不至的关怀。

对于将情感的满足看得无比重要的女孩来说，爸爸如果能够倾听女孩倾吐的困惑和心曲，女孩会感到自己获得了支持，找到了方向，她的人生观、价值观的建立会避免很多不必要的弯路，她的童年也会充满难忘而美好的回忆。如果女孩没有获得爸爸的倾听，而是失望和被疏远，那么女孩的人生观、价值观将会建立得无比艰难，而且很容易走弯路。简言之，父女之间的可靠联盟，是女孩健康成长的重要基础。

克服胆怯，让你的小公主勇敢起来

5岁的薇薇是个特别胆怯的女孩,很怕见人,家里来了客人,她就躲到卧室里不敢出来,平时爸爸带她出门,见到熟人,爸爸一让她叫叔叔阿姨，她就吓得躲到爸爸的身后。在幼儿园里，别的小朋友都学唱歌跳舞，可她总是独自躲到一边，不敢唱也不敢跳。老师每每问她话，她都红着脸支吾着不敢说，被别的小朋友欺负也不敢吱声。面对如此胆怯的女儿，爸爸真是不知道该怎么办才好。

薇薇的胆怯、怕生，正是缺乏社会交往能力的表现。做爸爸的要知道，你的小公主出生以后，不是生活在真空里，而是生活在一个复杂的社会环境中，是需要与别人交往的，这就是一个人的社会化过程。首先与她交往的是父母，然后扩大到亲友、邻居和小伙伴。喜欢与人交往是女孩的天性，她们需要在交往中锻炼自己的能力。如果女孩的生活中缺少了这一环节，她们就不知道该如何与别人交往，当碰到不公平的事情时，就更不知道怎么处理了。女孩在这些活动中逐渐产生出和别人交往的欲望，如果爸爸不注意让你的小公主与周围的人和事接触，那么这种社会交往能力的萌芽就会萎缩，就会影响她心理的正常发展。

女孩的自主性没有得到发展，是造成胆怯、怕生的另一原因。所有做爸爸的都想把女儿当作无比宠爱的小公主。爸爸事事代劳，总想做小公主的保护伞，火眼金睛地守在自己的小公主身边，希望自己有能力照顾她，为她解决所有的困难，让自己的小公主一辈子无忧无虑。结果就会压抑她自主性的发展，使她怀疑自己的能力，形成胆怯心理。爸爸们要明白，你的小公主不是一株温室里娇弱的、没有主张的玫瑰花，而是一个有思想有头脑的女孩。

你的小公主胆怯也可能是由于你这个当爸爸的一些不恰当的批评和指责造成的。比如，你的小公主主动擦桌子，由于人矮力小，可能擦不干净。如果爸爸任意指责，不首先肯定她积极的一面，也会使她怀疑自己的能力而变得胆怯。还有一种情况，是对她一些生理上的毛病或不良行为习惯，爸爸不从爱护的角度去关心和帮助她，而采取责备和取笑的方法，也会挫伤你的小公主的自尊心，使她形成胆怯的心理。

居里夫人曾有两个女儿，从小都很聪明，可就是非常怯懦、胆小。居里夫人认为，将来在事业上要有所造就，必须有胆略才行。于是，她向两个女儿提出了"四个不准怕"，即不准怕黑夜、不准怕雷电、不准怕坏人，不准怕疾病，教育孩子勇敢地对待人

生的坎坷和前进中的困难。由于她的言传身教、精心培养，两个女儿长大以后，在事业上都取得了成就：大女儿绮瑞娜也像妈妈一样，勇敢地攀登科学高峰，终于获得了诺贝尔奖；小女儿艾芙在音乐方面取得了较高的造诣，并写了一部著作——《居里夫人传》。

居里夫人的经验是值得爸爸们借鉴的。懦弱可能是女孩需要克服的最大障碍，这并不是说，懦弱是女孩的本性。事实上，所有的婴儿生下来都会害怕怪异的声音，怕从高处跌下。男孩也有类似的问题，只是他们天性中有更多对抗懦弱的成分(例如冒险和攻击性)，而社会对于男孩的教育也更有助于他们摆脱懦弱的心境。

做爸爸的要会"宠"你的小公主，要"宠"掉她的胆怯，"宠"出她的勇敢来。

首先，当你的小公主受到惊吓时，你这个做爸爸的要及时理解安慰她，不要强迫她否认和掩饰害怕，让她知道许多男孩甚至大人都有过害怕的经历，这样可以使你的小公主丢掉自卑感，增强自信心，从而克服胆怯心理。其次，要让你的小公主做一些力所能及的事，比如送东西到邻居家，吃饭前摆放碗筷，到商店买日用品等，锻炼她的能力，使她知道自己可以做许多的事情。另外，要对你的小公主进行科学的教育。向她讲清自然界哪些是可怕的，哪些是不可怕的，教会她躲避危险的办法，这样也能丰富她的生活经验，减少胆怯心理。如你的小公主怕过马路，你可带她参观交通岗亭，给她讲交通规则，让她知道什么时候过马路很安全，什么时候过马路很危险。如你的小公主怕小动物，可让她多玩玩动物玩具，观看别人和小动物玩耍，然后让她接近一些温顺的小动物，和别人一起抚摸它，最后让她单独接触。还有，爸爸在生活中也要大胆、勇敢，遇事要冷静沉着，不能大惊小怪或喜怒无常。再者，你的小公主犯错误的时候，要用比较温和的方式对待她，不要对她恐吓讥讽或动辄责打。很多情况下，你的小公主的胆小是被你编的鬼、野猫、大灰狼之类的故事吓的。对你的小公主的错误动辄就严厉惩罚，往往也会引起她的紧张和恐惧。

因此，爸爸要采用适当方法，耐心教育你的小公主。还有最重要的一点，就是要创设一个愉快融洽的家庭环境。这样，可以消除你的小公主的紧张情绪。如多让她与同龄孩子玩耍、游戏；客人来了，让她表演节目、端茶水等，并及时给予赞扬和鼓励；谨慎地替她选择故事和电视节目，尽量避免她见到强刺激的场面。爸爸们要相信，只有这样的宠爱与呵护，才能使你的小公主克服胆怯，真正变得勇敢起来。

爸爸让父女关系升温的秘诀

小真平时外表上表现得和妈妈亲，例如，妈妈和爸爸同时吃完饭，让她给盛，她总是先接妈妈的碗，还故意对爸爸说道："这么大人了，自己盛去……"全然不把他这个爸爸放在眼里。

有一天，小真的爸爸下班刚到家，女儿便从桌边跑过来，拉着爸爸，小声急切地说"爸，快过来。"

爸爸走过去，女儿嗫嚅地说："帮我签一下名。"

爸爸却笑着说："你不是一直都不和爸爸好，让妈妈给你签吧！"

女儿不服气地说："你是男人吗，怎么那样小气？"

爸爸问："你妈妈呢？"

女儿急切地说："妈妈出去买菜去了，马上就要回来了。你能不能快点？"

小真边说边遮遮掩掩地护着卷子上标出分数的一边。看这阵势，爸爸猜到孩子的成绩可能不理想，便温和地说："是不是考得不好？不敢让妈妈签？我看这事有些不好。你一直都信任你妈妈，还是让你妈妈给签吧！"

女儿用怯怯的眼神看着他哀求："就这一次行吗？下回我给你盛饭。"

爸爸故意地说："还有呢？"

女儿极不情愿："帮你倒洗脸水、刷牙水，还帮你拿拖鞋还不行啊？"

爸爸这才得意地笑了："要我签可以，也得让我看一下试卷，

235

才能签名。"。

小真依然捂着那头："你别告诉妈妈呵。"

爸爸极力宽慰她说："没关系的，即使 60 多分，爸爸也保证不让妈妈批评你，哪有常胜将军?"

当小真不情愿又不得不挪开手和胳膊，爸爸拿起卷子看到赫然映入眼帘的红色墨水批的分数是 60 分时，爸爸惊呆了!

小真是那种学习从来不用父母操心的孩子，今年读小学五年级，每学期都是"十佳"、"三好"学生! 上学期期末总成绩全班第一名，英语 99.5，是全年级第一名! 现在刚开学的第三单元考试，却只考了 60 分! 怎能不让爸爸吃惊呢!

为了不让孩子看到自己的表情，这位爸爸签了名后，摸了摸女儿的头，想了想，严肃地说："小真，这个成绩还真不能让你妈知道。她要是知道非得去学校找老师不可。还有，她要是知道今晚准不能安稳睡觉了! 这一次，我一定帮你保密，但下一次最好不是这样的成绩……"女儿感激地望着爸爸，点着头："我保证，保证再不会了。"爸爸又说："下一次你可一定要给我看成绩的。我们拉钩。"父女俩高兴地拉钩，这时妈妈开门进来："啥事那样高兴?"爸爸说："我给女儿看了手机上的一个笑话。"

从那以后，父女俩在妈妈面前学会了"眉目传情"，彼此亲密程度大大超越了小真跟妈妈的关系。

很多爸爸都有这样的困惑：为什么女儿和自己越来越疏远了？这样的爸爸不妨自问，上一次，你是拿什么态度听女儿说话的？女儿在需要你的时候，你又为她做过什么？你是不是也像妈妈那样对女儿越来越不放心？和女孩谈话，要尊重女孩的意见和情感。即使年幼的女孩也不例外。你用什么方式跟女孩说话？是否定的、放任的还是干涉的？要知道，如果谈话的结果只是斥责和处罚的话，女孩是不会愿意跟你谈话的。反过来，如果女孩相信爸爸会对自己的诉说给予全部的注意力，她就会一次次来找你聊天。这个时候，请记得把你的两只耳朵都给她。如果你正在忙其他的事情，一定要把注意力转移到女孩那里，不要打断她，不要插嘴，也不要催促，只要和她待在一起就够了。这足以使女孩感受到自己的吸引力，感受到自己的重要性，从而自信满满。

有一首歌里唱到："女儿亲老爸"，可现实生活中，要让你的女儿真正亲你，还真得下点工夫，对她关注多一些，让她更自信。女儿和爸爸的亲密程度通常取决于父亲对其关注的多少，更重要的是在女儿最需要的时候能帮她。关于爸爸和女儿的很多事情可以用"宠"来解决。就像上面例子中小真的爸爸，感情通过和女儿的一次"保密"就升温了，这位爸爸不失英明的地方就是，既赢得女儿的亲情，又鼓舞、教育了女儿如何努力超越自己，为女儿也赢得了一个更好的成长空间。

小义是个性格外向的女孩子，老师对她的爸爸说："这孩子外向，跟男孩子似的……"

爸爸却不觉得这有什么问题，还表扬小义："在爸爸看来，你玩的时候跟男孩子似的活跃没有什么不好啊！再说你动能动，静也能静，证明你是个乐观开朗的女孩子，也说明你的智商没有问题……"。爸爸的话，不但化解了老师对她的偏见，反而鼓励了小义更加相信自己。后来的小义，成为一名节目主持人，她说："我一直保持着爸爸给我的人生基调，这让我受益匪浅……"

做爸爸的，要懂得教会女孩保持和欣赏自己的独特性。每个女孩都是一种能力和气质的独特混合体，如果爸爸能够尊重女孩的这份独特，女孩就会在情绪上获得满足，信心百倍地向前努力。如果爸爸把女孩的独特性当成一种问题来解决，女孩就会失去表达自我的勇气，迷茫而不知所措，自然也就会和爸爸在情感上产生隔阂。聪明的爸爸会选择前者还是后者呢？

无论如何，女儿的时代跟爸爸的时代已有所不同，这并不代表女孩不需要爸爸，相反，爸爸对女孩更有吸引力。爸爸的责任是能发现女儿的优点，重要的是把自己的发现传递给女孩，让女孩认识到自己是被"宠爱"着的。但爸爸也要从小给女孩子立几条规矩，不能让女儿因"宠"就不去打造自己——去做一个优秀的女孩子。让女孩懂得按规矩办事比哭闹要赖更有效，更招人喜欢，让女孩子渐渐克服任性和一些不好的毛病。

豆豆从小生活在一个幸福的家庭里，爸爸妈妈非常宠爱她。从小到大，豆豆几乎没做过什么家务活，只要豆豆想做点什么时，爸爸便对她说："让你妈妈帮你吧，你还小……"进入学校以后，豆豆发现同学们都很能干，唯独自己什么都不会，心里很不是滋味。四年级的时候，在一次烹饪比赛的班队活动中，其他同学都

做出了好吃、好看的菜,豆豆却连菜都洗不干净。这件事让豆豆变得很消沉,她觉得自己什么都不行,做事也越来越没有信心了。

关爱能使爸爸和女儿之间的关系立即升温,因为关爱是一种适合女孩成长的方式。但爸爸要清楚自己给予女孩爱和关注,不是要把女孩培养成无能、无助,或只知道索取的人,而是要培养女儿主动参与的勇气,让女孩学会承担责任,做自己生活的向导。当女儿在质疑自己的能力时,爸爸会对她说:"爸爸相信你的能力!如果遇到什么问题,爸爸就是你的高级顾问!"

爸爸要支持女孩,帮助女孩掌握实用的技巧,让女孩逐步地承担责任。如果女孩相信自己有能力把握自己的生活,就不会在困难面前束手无策,总是等待别人来拯救。

爸爸要想和女儿的关系升温,那就马上行动——陪女儿一起去游戏或运动吧。将那种"这不是女孩子玩的"的观念抛开,只要女儿喜欢,你为什么不带她去踢球呢?女儿从中获得的不仅是身体的健康,更会培养出竞争意识和开朗的性格。

要想和女儿的关系升温,爸爸还要在日常生活中为女儿树立榜样,切记不可像妈妈那样过多地溺爱女孩子,过多地批评女孩或表达对她的失望,而是让女孩知道她是被爸爸"宠"爱着的,她可以去做某件她想做的事;也要让女孩知道,她总是可以从爸爸这里得到理解和安慰、帮助和支持,而不用担心被批评或惩罚。

让女儿知道外表没她想象得那么重要

有一个上五年级的女孩子,长得胖嘟嘟的,样子很可爱。当班里的男孩、女孩们都称她"胖妞"之后,她就开始拒绝吃晚饭了。她残酷的减肥计划,使她常常饿得头晕眼花,而且心灵也常常处于极度自卑之中。爸爸安慰她说:"有些人的胖是天生的,是父母遗传所致,你不必过分在意。"

不想女儿却不满地说："你不了解，我这样的女孩子就相当于二等残废，知道吗？就因为妈妈偏胖，所以我才这样，让人一点自信也没有……"听了女儿的话，爸爸才意识到问题的严重。

于是爸爸把庄子讲过一个故事讲给女儿听：有一个叫支离疏的人，脸部隐藏在肚脐下，肩膀比头顶高，颈后的发髻朝天，五脏的血管向上，两条大腿和胸旁肋骨相并。替人家缝洗衣服，他足可生存下来；替人家簸米筛糠，他足可养十口人；政府征兵时，他摇摆游离于其间；政府征夫时，他因残疾而免劳役；政府放赈救济贫困时，他可以领到三斗米和十捆柴。在我们眼里，这个人是很惨的，可庄子却说，残缺也许是福。

女儿听后不屑一顾："现在是什么年代？这个故事站不住脚的！"

接着，这位爸爸又去搜集了好多有关身体有缺陷的人物的故事来说服女儿，其中就有美国最受爱戴的总统罗斯福——他八岁时患有先天的缺陷，身体虚弱到了极点，呆钝的目光露着惊讶的神色，牙齿暴露唇外，不时地喘息着。他说话时嘴唇翕张，吐音含糊而不连贯，真是低能儿童的典型。而世界上像他一样的儿童不知有多少，而且大都神经敏感，稍受刺激，情绪便会受影响，处处恐惧畏缩，不喜交际，顾影自怜，毫无生趣。但罗斯福并不为自己的缺陷而自卑。他抱定人定胜天的信心，克服先天的缺憾，而不为其所屈服。

随后有一天，爸爸又带女儿上街去见一个卖报纸的女孩，她长得很丑、很矮，也很胖，但她乐呵呵、热情地为每一个买报纸的人服务着……

爸爸问她"如果你是她，你会怎么样？"

女儿不再说话。

爸爸说："古今中外有那么多外表更不如你的人，但人家却成为一个个出色的人物。而在我们现实生活中，你看大街上同样走着许许多多外表不完美的小人物，但他们同样也活出了自己的精彩……爸爸这样做，就是要告诉你，不要太在乎自己的外表，它不是最重要的，重要的是你应该正确地面对它，以至做到善待

自己。其实世界上没有十全十美的人，只是你太关注自己的缺点，再美的人，如果没有善良的心，又怎么样呢？不必太在意自身的不足，努力地做好自己该做的事，使自己更充实，更有内涵，做一个开朗、善良，并且积极进取的人，那才是最值得敬爱的。像张海迪，你是不是比她幸运一万倍？可人家是怎么做的？面对无情的人生厄运，永不言弃，勇敢抗争，用坚强创造了人生奇迹。女儿，爸爸是因为爱你，所以希望你正视自己，外表真的不是最重要的！"

女儿感激地望着爸爸："谢谢你，爸爸，我知道怎样看待自己了。"

女孩子一般都比较爱美，特别是处于青春期的女孩，还有那些身体有缺陷的女孩子，她们更容易因此而陷入自卑中不能自拔，以至作茧自缚。曾经就有一个小女孩子，因为在学校里被同学称为"胖猪"而自杀。

过于在意自己在别人眼中的印象会成为交流的一大障碍，久而久之就会变成一种极大的压力，压得自己无法喘息。

有这样一则故事：

一个画家想画一幅人见人爱的作品。画好后，他决定拿到市场上检验检验。于是，他把画挂在市场上，并在画的旁边放上一支笔，写明"请在你认为不完美的地方做个标记"。

一天后，画家取回了画。天呀，画上到处都是标记。画家失望极了，原来自己的画就这个水平呀。但画家转念一想，不至于呀，自己好歹也是个专业画家，不会差到这个程度。

于是，画家决定再换另一种方法试试。

第二天，画家又描摹修正了同一幅画，然后挂在市场上，并写明"请在你认为最满意的地方做个标记"。

晚上，画家取回了画。看完画，画家笑了。原来，画上也涂满了标记，在原来不满意的地方，也被人做了最满意的标记。画家明白了，不论什么事，让所有的人都满意是不可能的，一人一个眼光，一人一个看法，让一部分人满意就足以欣慰了。

在我们的现实生活中，绝大多数的女孩对于自己的外表都不满意，她们总是觉得自己的外表有缺陷，不是太胖了，就是太瘦了；不是鼻子太大了，就是胸部太平了；不是大腿太粗了，就是胳膊上的毛发太重了……

　　爱美虽是女孩子的天性，但太过于关注自己的外表又会给这些小女孩带来很多麻烦。作为爸爸，当你心爱的女儿为自己的外表忧心忡忡时，要告诉女儿没有一个人是完美无瑕的，每个人或多或少都会有些缺陷，有的暴露在外，有的隐藏在内。难道有缺点和不足就要自怨自艾，整天沉浸在烦恼之中吗？其实，只要你把缺陷、不足这块堵在心口上的石头放下来，别过分地去关注它，它也就不会成为你的障碍。因为这些缺陷都不妨碍一个人追求快乐圆满的人生。

　　对于一个人来讲，如果不完美已客观存在，怨天尤人是没有用的，在羡慕别人的同时，不妨想想，怎样才能走出误区。或用善良美化，或用知识充实，或用自己的一技之长发展自己……生命的可贵之处，在于看到自己的不足之处之后，能坦然面对，最终走出误区和失败。

　　爸爸们有权利和责任让心爱的女儿知道，自己虽然无法使自己的外貌完美，但绝对有能力使自己的内心完美，不会被缺陷和完美的种种所累！世界上没有绝对的完美，即使缺陷再大的人也有其闪光点，正如再完美的人也有缺陷一样。能够充分发挥自己的长处，照样可以赢得精彩的人生。

在女儿面前流露出你的细腻温情

　　有个单亲家庭的女孩子，因爸爸和妈妈离婚，给她留下了很深的心理阴影，从此便不能静心学习，成绩一落千丈。爸爸先是说教，后是责骂，可女儿每次还是只考了几十分。

　　有次在爸爸责骂女儿后，女儿看见爸爸流泪了！这位爸爸流着泪向女儿保证要改变对女儿的态度，以后再也不骂她了。

　　于是，这位爸爸真诚地向周围一些有教子经验的人请教。回到家后，便主动、真诚地给女儿写了一份保证书：保证自己每天早晨必须给女儿准备早餐；保证以后再不打骂女儿；保证经常和女儿一起背英语单词；保证每星期抽一些时间陪女儿，或外出上

公园，或去其他的游乐场所……

8岁的女儿受宠若惊。接下来，女儿拿回一张成绩为35分的考试卷来"考验"他。虽然爸爸昨天刚给她下了"保证"，但她仍是胆怯的，因为这一次得的分数真是太低了，比上次的分数还要低。上次考的比这次多十几分还挨了打，这次自己怎能躲过爸爸这一关！

哪知爸爸看了后，却平静地说："很好啊，说明我女儿已学到了35分的知识。"

女儿疑惑地看着爸爸。

爸爸仍平静地问："告诉爸爸，你的前一名同学考了多少分？"

女儿小声说："38分，比我多3分。"

爸爸说："好，没关系，看看你下次能不能追上他。"

女儿抬起头来望着爸爸。爸爸诚恳地说："过去，是爸爸不好，爸爸因为自己烦，并对你关心不够，好多地方都做得不对。以后爸爸有不对的地方，你给爸爸指出来，爸爸要努力地做个好爸爸。希望你理解爸爸，也希望我们父女俩从今以后相互理解，助互帮助，努力把日子过得开心，不要让人家看不起咱们，或笑话咱们，好吗？……"

女儿点头，并流下激动的泪水。

更可贵的是，这位爸爸说到做到，严格要求自己。有一次爸爸因为加班回家晚了，没有陪女儿背英语单词，便在事后罚了自己抄写了五遍，然后让女儿检查。

爸爸在女儿面前流露的细腻温情，积极地影响了女儿，她终于露出了笑脸，安心地学习了。

从那以后，女儿的成绩渐渐上升，也稳定了，父女俩的小日子也过得满意多了。一天，这位爸爸想给女儿买礼品，想来想去，决定带女儿去买新衣服，因为女儿就要过生日了。

女儿听了爸爸的话后却说："爸爸，我可以不要新衣服，改提一个要求可以吗？"

爸爸让女儿提。可女儿犹豫着。

于是爸爸说："只要是正当的要求，爸爸都会答应你。"

于是，女儿说她不要礼物，只想让爸爸带她去见一次妈妈。女儿话还没有说完，眼泪已流出来了。

爸爸一把搂过女儿，坚定地答应了女儿的要求。于是当着女儿的面，开始给她的妈妈打电话，可电话那头没有人接听。于是，爸爸又安慰女儿："可能妈妈正忙，没有听见，或者是妈妈不愿接爸爸的电话？这样吧，我们一起给妈妈发信息，说明你想她……"

发完信息，父女俩便开始等待，一天，两天，仍没有回音。

女儿委屈地哭了："妈妈是不想要我了！……妈妈骗人，她说过她永远爱我的……"

爸爸也觉得奇怪，虽然是前妻提出的离婚，但前妻也和他一样是爱自己的女儿的呀？怎么她走后两个多月了，连一个电话也没有打？

眼看第三天就是女儿的生日了，爸爸只得在中午请假去前妻单位寻找，不想别人告诉他，他的前妻离开已半个多月了，到哪儿去了就不知了。

于是，这位爸爸拨了所有有可能找到前妻的电话，包括前妻在外地的娘家。最终，前妻的一个好友告诉他，他的前妻离婚后，本来是要和自己相好的那个男人结婚，哪知那个男的是个爱情骗子，她身上的钱都被骗走了，心灰意冷的她，选择了逃避，现在躲哪儿去了就不知道了，因为她上次给她打电话时不愿意说，只有手机上还留着那次通电话的号码……

于是，这位爸爸拨通了这个电话号码，接电话的说对方是一家家政公司。通过对话，他确定了自己的前妻正在那上班。

女儿生日那天，这位爸爸通过多方努力，终于实现了他对女儿的诺言，让她见到了日夜想念的妈妈。

试想一下，如果上面例子中的爸爸没有及时地反省自己和严格要求自己，结果会怎么样？我们或许不想去想象，只会为那个小女孩感到庆幸，因为她的爸爸是个知错就改的好爸爸。

不管怎样，女孩的需要是不能被忽视的：她们需要父母把她们带到现

实中，需要父母温暖的怀抱、看护人稳定的呵护、有节奏的家庭生活、适合年龄的活动和玩具、适度的自由和家长们为她们做出恰当的决定。最根本的是，她们需要家长们倾听她们内心深处的声音，通过家长的关爱和帮助，获得希望、力量、勇气、理解、同情和友善。尽管母亲曾更多地和孩子接触、玩耍，但那一切代替不了爸爸，如果爸爸能以"大朋友"的身份经常带女孩子到室外去、到大自然中去，和孩子玩捉迷藏、打雪仗、爬山远足、摔跤等游戏和活动，女孩便会从中体会到爸爸带给她的喜悦和细腻温情，也会因此变得更加快乐和自信。

对她关注多一些，让她更自信

妍妍的爸爸工作很忙，但是不管多累，回家总是要陪女儿说会儿话并亲亲女儿，听她背在幼儿园里新学的儿歌，看她跳在幼儿园里新学的舞蹈，对女儿的每一点小小的进步，爸爸都会给予夸奖。

于是，妍妍每晚总想等爸爸回来再睡。有时爸爸回家时，女儿已睡了，但爸爸照样会去女儿的房间看一看她或者亲她一下。也有时妍妍刚睡，爸爸一亲，妍妍就会醒过来。然后，她就会从被子里伸出小手，抚摸爸爸的脸，爸爸的胡子。爸爸给女儿一个拥抱，然后为她盖好被子说："宝贝，乖，睡吧。"妍妍脸上就会带着甜甜的笑意睡去。

有一次，爸爸回家实在太晚了，奶奶、妈妈哄了妍妍半天，她也不肯上床，最后实在困得不行了，便趴在桌子边睡着了。爸爸回家后听说了妍妍的举动，便在第二天告诉妍妍："昨晚爸爸亲你的时候，你正在做一个甜甜的梦，正好让爸爸亲着了……"女儿瞪大了惊奇的眼睛，便要求爸爸告诉她有关她那个甜甜的梦，于是，爸爸让女儿的"梦"长出了好多想象的翅膀……爸爸还告诉她：只有她在该上床的时间上床睡觉，爸爸才有可能亲到她的梦。

　　从那以后，妍妍为了让爸爸能亲到自己那个神奇的梦，她总是在她该上床的时间爬上床去……于是，好多童话般的故事带给了她成长的快乐，不但养成了妍妍按时睡觉的好习惯，还给了父女俩从此无限美好的亲密时光。更使得妍妍在幼儿园各方面的表现都非常出色。有一次，老师教了个有些难度的舞蹈，别的小朋友都学不会，只有妍妍一人学会了。老师问妍妍为什么她能学会，妍妍自豪地说："晚上回家我还要给爸爸表演，因为爸爸说妍妍是最棒的！"

　　例子中的小女孩妍妍，由于爸爸的关注，便努力让自己做得更好。由此，我们相信，将来她长大了，也一定是个非常出色的女孩子，因为她的爸爸在她很小的时候，便在对她的关注和肯定中，帮助她建立了很好的自信。

　　现实生活中，爸爸往往是家庭中最忙碌的角色，导致妈妈与女儿待在一起的时间较多，正因为如此，爸爸对事物的评论和反应对女儿的影响更大，也更容易给女儿带来方方面面的影响，特别是安全感。

　　密西根大学 50 年的 100 项调查回顾显示：爸爸的关爱对于女儿的智力发展、情感形成以及身体的健康至关重要。这种影响波及女儿成年后的行为、情感稳定性及精神健康。也就是说，爸爸手中有一根看不见的丝线，左右着女儿的人格、心理以及行为过失。调查还显示，女儿在童年时得到爸爸的关爱，长大后遇到挫折时心理自愈能力更强。究其原因，一方面是因为牢固、可靠的爸爸形象令女儿产生安全感，另一方面也得益于爸爸在游戏中让她学习如何面对失败。调查还显示：具有幽默能力的成年女人承认自己童年时代从爸爸那里学到了不少的东西。反之，爸爸性格的压抑较妈妈更容易使家庭成员承受压力。许多患有厌食症的女孩子在陈述病史时，会提到爸爸常常嘲笑她们长得不好看或是太胖。

　　女孩的自信来自更多的关心。爸爸应积极介入自己小公主的生活，从为她换第一条纸尿裤开始。这种介入不是干涉性的，而是建议性的，是建立在相互信任的基础之上的。爸爸可以在你的小公主童年时建议她读什么书，也可以在她成年后建议她穿什么样的裙子去约会，多项数据表明，女儿更易和爸爸建立朋友式的关系。你的小公主需要感觉到，爸爸是值得信任的，是理解她的感觉和需要的，当她脆弱的时候，可以从爸爸这里寻求

支持。如果这种需要得到满足，你的小公主就会觉得自己很可爱，并且感到安全、幸福和满足。

作为女儿生命中的第一个男人，爸爸的角色是一种美好的人生体验，他甚至可以重新塑造自己。爸爸介入女儿的生活，不要像母鸡一样时时张着翅膀，大包大揽，一副女儿的事情我什么都懂的样子。要知道，爸爸、妈妈共同的关怀才能让你的小公主健康地成长。爸爸可以独自带你的小公主去玩，给她讲睡前故事，一起看书、游戏，下厨给她做饭，甚至偶尔一起下厨房。任何涉及你的小公主的问题，爸爸都应介入和妈妈一起商量解决。遗憾的是，很多爸爸都不了解这一点。爸爸们经常犯这样的错误，就是把男孩需要的东西给予你的小公主，爸爸凭借自己的成长经验，还以为给了女儿最重要的东西。有的爸爸在女儿没有请求建议的时候，就不断地提出解决办法，他们不了解自己的小公主更需要的是分享情感；有的爸爸给了女儿太多的信任和空间，而不知道这会让你的小公主觉得爸爸不够关心她，甚至会感觉被拒绝和遗弃。

女性气质对一个女人是非常重要的。女性气质虽然是在人一生中不断塑造的，但早期与爸爸的交往却会促进或阻碍这种气质的发展。如果爸爸欣赏女儿的女性气质，比如当女儿注视爸爸的时候，爸爸能够以微笑或眼神回应，如果女儿的新发型、新衣服或者新鞋子被爸爸赞赏，那么，她的女性特质都会倍受鼓舞。女儿对性别的自我认识很大程度上受到了爸爸对她的反应的影响。爸爸对女性的看法，在极大程度上影响你的小公主对自己性别角色的认识；而爸爸与你的小公主的关系，也会使你的小公主初步懂得如何与异性交往，以及如何看待男人。

一位成功的职业女性回忆说："我很小的时候，爸爸把我放在他膝盖上，告诉我世界上没有什么事能难倒我，只要我努力，就一定能成功。他给了我一种自信，造就了我的能力。"

中国的爸爸通常不说或是很少说一些充满情感的词汇。但是在美国，爸爸对自己的小公主说"我爱你！""我为你感到骄傲！"却是很常有的事情。女儿听到爸爸这样的肯定，会变得更自信。

自信是你的小公主一生受用的礼物。只要你的小公主对自己深具信心，对未来充满憧憬，满载希望，即使人生里有风有雨，都可以顺利度过。那么，爸爸就该给予你的小公主以更多的关注，帮助她树立自信。爸爸经常对你的小公主展示无条件的爱，就可以给她带来自信。还要教会她保持和欣赏自己的独特性。每个女孩都是一种能力和气质的独特混合体，如果爸爸能够尊重你的小公主的这份独特，她就会在情绪上获得满足，信心百倍地向前努力。如果爸爸把这种独特性当成一种问题，她就会失去表达自我的勇气，迷茫而不知所措地迎合爸爸。

爸爸要把你的小公主视作掌上明珠，耐心地去发现、欣赏明珠的光芒。心理学家威廉詹姆士说过："人性最深切的渴望就是获得他人的赏识。"当你以赏识的目光看待你的小公主的闪光点时，她会因为爸爸的一句赞扬、一声鼓励而自信满满。你的小公主会因赏识而快乐，因赏识而进步。

别让女儿成为刁蛮公主

爸爸带 4 岁的女儿朵朵上街，走到一个冷饮摊前，朵朵非要让爸爸给她买冰激凌。

爸爸说："现在天气凉了，你这些天脾胃不好，不能吃冰激凌。"

朵朵大声抗议说："不嘛，我就要吃冰激凌！"

朵朵见爸爸不给买，便不停地用脚踢爸爸。还大喊大叫起来："我就要，我就要……"

爸爸让售货员拿了一瓶酸奶，并将酸奶送到女儿面前，哄她说："朵朵，爸爸给你买瓶酸奶好不好，酸奶可好喝了！"

朵朵将酸奶狠狠地摔在地上，然后边哭边躺到地上打起滚来，丝毫不理会周围人的目光。万分狼狈的爸爸只好给她买了一只冰激凌，朵朵这才停止哭闹。可吃了冰激凌的朵朵马上又因肚子疼哭了起来……

小女孩朵朵小小年纪就已经懂得如何"支配"自己的爸爸了！如果再长大点会怎么样？爸爸想过能永远这样依着她吗？那对她将来的影响又会怎么样？在自己的爸爸面前，她要以得到满足，等她将来走进学校、走上

社会呢？谁又会在乎她的脾气？

在你的小公主的成长过程中，爸爸爱的因素非常重要。就拿女儿无理取闹、任性爱发脾气这事来说吧。对的，爸爸可以满足，不对的，要让她明白她的无理取闹是不能得逞的。如果你处处依着她、娇宠她，周围的一切就会统统变得适应她，这便使她失去了增强生活能力的先决条件——适应社会环境的机会，结果往往是害了你的小公主，更是爸爸们不想看到的。

显显就是一个从小被爸爸宠大的女孩子，尽管她的家境并不好，可爸爸总是千方百计地去满足女儿穿名牌等好多奢侈的欲望。女儿上大学后，爸爸为了给她交学费，已欠了亲戚朋友一屁股的债。可女儿到大学并没有好好珍惜学习的机会，仍在和同学比吃比穿。没到一个月，她就把爸爸给她的三个月生活费花了个净光，回头又打电话找家里要钱。

于是，爸爸又拼命地为女儿去挣钱、去省钱、去借钱……可爸爸妈妈再多的心酸和付出，换回的只是女儿一时的痛快和享受。再后来，爸爸对女儿的一次又一次的狮子大张口实在无法接受了，便拒绝了女儿。没想到女儿不去体谅爸爸妈妈，却做出了更让爸爸惊惶失措地举动：放弃学业，要嫁个跟爸爸年龄差不多大的款爷，要过阔太太的生活……

显显的爸爸真的拿自己的女儿一点办法也没有了，他只是在骂自己："我怎么就养了这么个不知羞耻的女儿呢？"

上例告诫了爸爸们，千万别把你的小公主宠得太刁蛮了！其实，把女儿培养成什么样的人，爸爸的作用是很关键的。因此，当你的小公主稍稍懂事，也就是初步具有可预见性的思维与行为时，做爸爸的便不能不断地满足她的需要，不能无限地对她的要求作出反应。比如说，你的小公主挑剔食物，就让她饿着，不额外给她食物，她如果真饿，就会觉得什么东西都好吃。要让你的小公主在相互适应的情况下渐渐与周围的人合作。当发现你的小公主开始有这类支配性的行为时，你要明确告之这样"不行"。绝对有必要让她看到并了解到爸爸的优势，这种优势不是靠打人，而是让她体会到爸爸比她有更多的才智。如果支配行为障碍一旦形成，纠正起来便绝非一日之功了，所以，为人父者应当重视这个问题。

如果你把你的小公主当成一株玫瑰来养育，她就会以为自己真的就是一株玫瑰，值得拥有世界上最好的一切。她会只关注索取，而不会谦逊地感恩。但是，当爱失去理智或失去限度时，对女儿的爱就成为极端的爱，这往往会导致她的身心发展出现障碍，心灵发生扭曲，对她将来的人生发展会有不良的影响。

做爸爸的要从小给你的小公主立下一定的规矩，要做到她按规矩办事你就表扬她，要让她懂得按规矩办事比哭闹耍赖皮更有效，也更招人喜欢。如果违规就批评教育，如果屡教不改不妨采取"冷处理"的方法。当你的小公主由于要求没有得到满足而发脾气或打滚撒泼时，你不要去理睬她，不要在她面前表露出心疼、怜悯或迁就，更不能和她讨价还价。可以采取躲避的方法，暂时离开他。当无人理睬时，她自己会感到无趣而做出让步。当你的小公主有了多次的教训后就能逐渐改正刁蛮任性的错误了。

更重要的是，爸爸同样是你的小公主的榜样，即使发怒的方式也一样。如果你的家庭经常以争吵代替交流，你的小公主的语言中就会带有"火药味"；如果你的家庭以交流代替争吵，你的小公主也会试着正面表达自己的感受。无论如何，健康的、直接的情绪释放是必要的。爸爸应该告诉你的小公主，不必为自己的生气而懊恼，她需要学会的是一种适合自己，又不伤害他人的情绪释放渠道和方式——即使无法避免的怒火，也可以不带指责、不带定性评价地表达出来。对于任何人来说，愤怒的情绪都是不可避免的，却可以采取不同的解决办法。有句话说："你希望别人怎样对待你，你就怎样对待别人。"爸爸对待你的小公主的态度应该是正面的。那些体谅的语言背后，是对你的小公主深深的尊重和理解，也必将换来你的小公主的同样的回报。

化解女儿的嫉妒心

小原从小聪明伶俐，在家中，她受着父母的"宠"，在学校，她受着老师、同学们的"宠"。她习惯了接受别人的夸奖，却从来不去夸奖和接受别人的长处。在她二年级的时候，有次老师表扬

一位写作业认真的女同学，她便嫉妒心起，趁给别人发作业时，故意弄脏人家的本子。后来，老师又狠狠批评了那个作业工整的女同学，看到那个女同学受了委屈，小原却暗自高兴。

有一年过年，家里来了爸爸的朋友——一家三口。朋友夫妇听了小原的成绩赞叹不已。小原的爸爸妈妈还让小原给客人表演了唱歌等节目。在小原唱完后，朋友的女儿也自告奋勇地站出来要唱，可令小原和她的爸爸妈妈没有想到的是，朋友的女儿在这方面更是强手，曾获全市学生歌手比赛金奖。她这一唱，可让小原受不了了，她的脸一下子变得特别难看，对爸爸吼道："你们让我唱，就是为了想听她唱是吗？"她生气地跑进自己的房间"砰"地关上门。弄得朋友尴尬极了。

朋友走后，爸爸一再向女儿表示自己不知道别人的女儿有这方面的特长。爸爸为了讨好女儿，还安慰她说："她唱得好没用，你看她长得一点也不好看，和你差远了……最重要的是你学习好，你的学习她肯定比不了……"

小原就是这样被爸爸袒护着一直走进一所名牌大学。在这所大学里，她遇到了众多的对手，无论是长相还是才学。

和小原同住一个寝室的就有两个比小原还要优秀的女孩子。其实要说优秀在哪？也就优秀在她们的性格上，她们与人相处总是那样如鱼得水，而小原总是那样目中无人，给人一种冷漠。相比之下，小原自然没有那两个女孩子讨人喜欢。小原眼看着自己喜欢上的一个男孩子来寝室找她们，嫉妒之火便又在心中点燃起来。只要一听到那两个女孩子自信的笑声，她心里就恨得要命，而此时，她已不在爸爸妈妈身边，她只能独自承受嫉妒之火的煎熬。在她看到其中一个女孩子在星期天和她喜欢的男孩子双双走出校园时，她开始受不了了。终于在一天，她实施了自己的计划，把那个女孩子约到小河边，将她推到河里。庆幸的是，那个落水女孩被人救起……

这里且不分析小原之所以"见不得别人比她强"的思想缘由，单就其结果——对别人生命的伤害来讲，就足见嫉妒心理的严重危害性，难怪西方某国已将嫉妒与麻风病相提并论。

　　嫉妒是一种难以公开的阴暗心理。在日常工作和社会交往中，嫉妒心理常发生在一些与自己旗鼓相当、能够形成竞争的人身上。女孩子一般比男孩子的嫉妒心重，女孩子处处嫉妒、苛求别人，有害自己的身心健康。有的女孩子总想占据中心地位，唯我独尊。例如做集体游戏，她非当主角不可，要是别人当了主角，她就不高兴；有的是因为看到别人有高档玩具或穿高档衣服，就心里憋气，向爸爸妈妈发脾气；有的是因别人受了表扬而自己没受表扬就不愉快。心理学研究指出，嫉妒心理是儿童情绪发育过程中自然发生的"人之常情"。在良好的家庭环境里，这种情绪会自生自灭，但有一部分女孩子会因家教不当而使嫉妒心理固着在性格之中，使自己常受折磨。这种不良情绪影响女孩子的健康成长，这就需要家长来正确地帮助女孩子克服和减轻嫉妒心理。

　　作为爸爸，要帮助女孩子正确的认识自己。首先要肯定女孩子好胜争强的愿望是有积极意义的，其次要帮助女孩子承认自己的不足，还要鼓励女孩子虚心向别人学习。谦虚不是自卑，而是自我确认，是能正确认识自己的表现。爸爸要从提高女孩子的认识入手，克服贬低别人、抬高自己的泄愤行为。

　　女孩子在嫉妒别人时，心里会非常难受，这时，要想消除这种心理，爸爸应以情感来慢慢激励女孩子，这要比动怒更有效。因为这其中包含了爸爸对女孩子的信任和对女孩子认识错误态度的肯定。爸爸妈妈在对女孩子的品德教育中，尤其是女孩子有了过失而又主动认识错误的时候，应当以宽容的态度给女孩子以心灵上的抚慰，进而强化女孩子改正错误的勇气。有的家长，看到别人家的女孩子比自己的女孩子做得好，就责备自己女孩子，让女孩子的心理更为痛苦，以至嫉妒心理更为强烈。要知道粗暴的打骂未必能够使女孩子吸取教训。有句古谚："要想公道，打个颠倒。"

　　爸爸要引导女孩子把嫉妒变羡慕。培养热诚、从众、合群的集体观念。鼓励女孩子多参加集体活动，与小伙伴友好相处；教育女孩子正确评价自己，防止目中无人、骄傲自大；告诉她要正确看待他人之长，不要总是盯着别人的长处不愉快；要培养女孩子"佩服他人、学习他人、超越他人"的和平竞争态度；教育女孩子正确对待别人的不足，不要别人搞糟了我就高兴。一般说来，放弃妒意中的愤恨成分，嫉妒就变成了羡慕。羡慕则是

赞美别人、激励自己的"助推剂"。

教育女孩子不要盲目攀比。培养女孩子自尊，克服自卑心理。家长要教育女孩子一切从自身实际条件出发，不要盲目攀比。爸爸妈妈要把女孩子的心绪定格在虚心谦和上，让女孩子的性格朝着健康的方向发展。

培养女孩子忍耐。父母不要溺爱女孩子，因为溺爱是嫉妒生长的土壤，受溺爱的女孩子总认为自己高人一等，天生应该受"捧"，因此，看到别人受称赞心里就不舒服。爸爸妈妈之间也不要常常埋怨，也不要埋怨别人，因为女孩子在埋怨声中将学会责怪别人。爸爸妈妈要有忍耐力，并教会女孩子忍耐；因为只有在忍耐的基础上才能学会宽容。即使别人错了，也要试图去了解他、理解他。容忍别人，宽容别人，同样能获得信任和支持。

在帮助女孩子克服嫉妒心理的同时，要培养女孩子学会宽容。只有爸爸自己克服嫉妒心理，宽宏大量，才能为女孩子作出表率。心理学家研究发现，一个人"由于常常嫉妒，苛刻待人，他的心理必然处于紧张状态，而其内心的冲突得不到缓解宣泄，会导致大脑神经高度兴奋，神经紧张，胃肠痉挛，消化液的分泌受抑制等，从而产生头痛、食欲不振以及心情烦躁等症状。所以，教育女孩子学会宽容、有益于身心健康；能促进女孩子的良好发展。爸爸不妨教女孩子试一试，把自己设身处地放在对方的处境下，问一下自己，要是我在这样一个环境里，我会怎样想，我会怎样行动？换个角度看问题，女孩子便能学会从别人的角度考虑问题，并且承认对方有表达自己看法的权利。那么，女孩子不仅可以了解别人，赢得友谊，还学会了与别人很好地沟通。

克服嫉妒，学会宽容，是健康人格的必备素质。家长要懂得培养女孩子宽容心态的重要性。在日常生活中，要多多理解和宽容女孩子，不要挫伤女孩子的自尊心，这是最基本的教育方法。因此注意女孩子的品格修养，尊重与乐于帮助他人，尤其是自己的对手，这样不但可以克服女孩子的嫉妒心理，而且可使女孩子免受或少受嫉妒的伤害。同时还可以取得生活的愉悦，何乐而不为呢？结合每一个人的实际情况，有意识地提高女孩子的思想修养水平，是消除和化解嫉妒心理的直接对策。

伯特兰·罗素是 20 世纪声誉卓著，影响深远的思想家之一，1950 年诺贝尔文学奖获得者。他在其《快乐哲学》一书中谈到嫉妒时说："嫉妒尽管是一种罪恶，它的作用尽管可怕，但并非完全是一个恶魔。它的一部分是一种英雄式的痛苦的表现。人们在黑夜里盲目地摸索，也许走向一个更好的归宿，也许只是走向死亡与毁灭。要摆脱这种沮丧的绝望，寻找康庄大道，人必须像他已经扩展了的他的大脑一样，扩展他的心胸。他必须学会超越自我，在超越自我的过程中，学得像宇宙万物那样逍遥自在。"